#Tanz #Körper #Seele

#Tanz #Körper #Seele

Cássia Lopes

CreateSpace

#Dance #Corpo #Alma

#Tanz #Körper #Seele
Aus dem Portugiesischen von Gesa Jasmann

Gedruckt von **CreateSpace**, einem Unternehmen von **Amazon.com**,
und vertrieben von Amazon.com, CreateSpace.com,
Amazon Europe
sowie anderen Einzel- und
Onlinehändlern - www.CreateSpace.com/6097153

Umschlagfoto: Cássia Lopes
Serie *'Lady Capulet'* **2006 ©Lene Münch**

Design: Julian Lopes Hinz

ISBN-13: 978-1530230730
ISBN-10: 153023073X
ID: 6097153

Für
Julian, Yolanda und Miguelzinho, in unbedingter Liebe
Thorsten, in Vergebung
Cintia, **Kelvin** und **André Luíz**, in Ewigkeit

Mein unermesslicher Dank gilt

Miriam*, die mich Verständnis, Respekt und Liebe für meine Gabe lehrte,*

Dorival*, der mir stets den Weg gewiesen hat,*

Cleyde, *die mich lehrte, dass man niemals ausgelernt hat,*

Mirtes*, für ihre Objektivität, Klugheit und Geduld,*

Letícia*, für ihr Wissen und ihre Klarheit,*

Ronaldo*, für seine Freundlichkeit,*

Jörg*, für die Zeit und Achtsamkeit,*

Marta*, für ihre unvergleichliche Intelligenz, Treue und Liebe und dafür, dass sie immer da war*

Jürgen Braasch, *für die Motivation, für die Geduld und für die Weitergabe so vieler Kenntnisse*

Gesa Jasmann, *für die „deutsche Seele"*

PROLOG

Sie entspringt einem Grundtrieb des Menschen und ist seit Urzeiten eines seiner wichtigsten Ausdrucksmittel. ***Kunst ist ein zur Meisterschaft entwickeltes Können.*** *"*

Rudolf Kuhr[1]

Reden wir Klartext

Liebe Leser!

Ich möchte Ihnen für Ihre Sympathie und Ihre Neugier auf meinen Weg als Künstlerin und als Mensch danken, und damit natürlich auch für Ihr Interesse an diesen Seiten.

Mit voller Absicht erzähle ich die Geschehnisse nicht in ihrer chronologischen Reihenfolge, denn ich möchte dieses Buch nicht als eine Autobiografie betrachten, obwohl es das ebenfalls ist. Ich möchte es mehr als eine Dokumentation verstehen, denn es steckt voller Erzählungen, Berichte, Fotos, Interviews und... Gefühl.

Auch wenn ich nun bereits über 20 Jahre in Europa lebe und seit 2008 sogar deutsche Staatsbürgerin bin, möchte ich ganz deutlich sagen, dass ich Brasilien niemals den Rücken gekehrt habe, obwohl es vielleicht so erscheinen mag. Ich habe nicht einen einzigen Tag lang aufgehört, Brasilianerin zu sein, auch wenn ich inzwischen fast vollständig an die Kultur angepasst bin, in der ich lebe. Die deutsche Staatsbürgerschaft bedeutete keine Flucht aus meinem Vaterland, sie war vielmehr eine Geste der Sympathie und Dankbarkeit von beiden Seiten.

Ich für meinen Teil habe sie angenommen, um Deutschland meine Dankbarkeit dafür zu zeigen, dass es uns, mich und meine Kunst, wie seine eigenen Töchter aufgenommen und „uns" ein komfortables Leben geschenkt hat. Von deutscher Seite aus wurde ich wegen meiner beruflichen und ethischen Verpflichtungen aufgenommen, nicht nur als Künstlerin, sondern auch aufgrund meiner Anpassungsfähigkeit und meines Respekts vor dem Sozialvertrag dieses Landes, insbesondere als dessen Staatsbürgerin.

Und dennoch spüre ich auch nach zwei Jahrzehnten noch jedes Mal, wenn ich

---

[1] Das Zitat entstammt der folgenden Website: http://www.humanistische-aktion.homepage.t-online.de/kunst.htm - besucht im Oktober 2013.

meine Eltern und mein schönes Heimatland besuche, dass ich niemals ausgewandert wäre, wenn es eine andere Möglichkeit gegeben hätte. Es ist eine traurige Erkenntnis, dass meine Karriere niemals so glanzvoll und gesichert gewesen wäre, wie sie war, hätte sie nicht hier stattgefunden. Eine Erkenntnis, die mir wehtut und mir gleichzeitig einen ungeheuren Respekt abnötigt, wenn ich an all meine Kollegen denke, die beispielsweise in Brasilien[2] versuchen, dem Tanz die Treue zu halten, und die höchstwahrscheinlich in Vergessenheit geraten werden, sobald ihre Körper die graziösen und athletischen Bewegungen nicht mehr erbringen können, die dieser Beruf fordert. Es kommt in den vielen Tanzkompanien dieser Welt sehr selten vor, dass ein erfahrener Tänzer einen Arbeitsplatz findet, der seinen beruflichen Bedürfnissen entspricht, und dass er so seiner Tätigkeit weiter nachgehen und mit seiner Reife auf den Bühnen einen Akzent setzen kann. Nur wenige erreichen überhaupt diesen Punkt, denn es gibt kaum freie Stellen und geeignete Kompanien, die den Tänzern eine angemessene Bezahlung bieten.

Ich muss allerdings zugeben, dass die Lage in Brasilien besser geworden ist, wenn auch langsam. Ausschlaggebend war das **Gesetz 6.533/78, das Regelungen in Bezug auf den Künstlerberuf in Brasilien beinhaltet.**

Einige Gewerkschaften bemühen sich sehr darum, die Rechte zu schützen, die Tänzer und andere Künstler bereits jetzt haben.

Aber diese Vorstöße treffen auf Widerstand, auch aus den eigenen Reihen. Denn die Regelungen für den Berufsstand wahren nicht nur die Rechte, die allgemein für Arbeitnehmer gelten, sondern ziehen auch Einschränkungen bei Angeboten und der Annahme bestimmter Verträge nach sich, da diese nun den gesetzlichen Normen entsprechen müssen: geregelten Arbeitszeiten, Tariftabellen für die verschiedenen Funktionen und Tätigkeiten, Bezahlung von Überstunden, Urlaubsentgelt, ein dreizehntes Monatsgehalt und so weiter. Und dennoch handelt es sich um ein vorbildliches und ernstzunehmendes Gesetz - ungeachtet der Kritikpunkte, die bestehen mögen - das dafür sorgt, dass professionelle Tänzer und Bühnenkünstler im Allgemeinen in Brasilien nicht mehr nur Pflichten haben, sondern auch Rechte, die respektiert werden **müssen**.

---

[2] Dieses Buch ist im April 2015 zuerst auf Portugiesisch erschienen, deshalb lag der Fokus auf den Arbeitsbedingungen innerhalb und außerhalb der brasilianischen Tanzkompanien sowie den Arbeitsbedingungen aller, die in diesem Land einen Beruf aus diesem Bereich ergriffen haben. Da das Werk jetzt einer breiteren Öffentlichkeit zugänglich gemacht wird, versuche ich, darin die Umstände zu beschreiben, mit denen die überwältigende Mehrheit der Tänzer auf der ganzen Welt lebt...und zwar in den meisten Fällen irgendwann einmal als Auswanderer!

Es ist ein gewaltiges Paradox, dass Brasilien im Hinblick auf eine gesetzliche Kontrolle dieser Situation so langsame Fortschritte macht, während es dort andererseits unzählige Festivals und Tanzwettbewerbe gibt, die immer stärkere Anreize und auch eine Wertschätzung für diesen Beruf vermitteln. Das größte, das Festival Anual de Dança de Joinville , (2015 zum 35. Mal durchgeführt) ist sogar ins Guinness Buch der Rekorde aufgenommen worden. Wir haben hervorragende Tanzschulen, die in einigen Fällen besser als die entsprechende europäische Ausbildung sind, und die größten und vielseitigsten Talente der ganzen Welt. Sie alle versuchen, bei den verschiedensten Tanzkompanien in ganz Brasilien unterzukommen, deren Stile sich ebenso sehr voneinander unterscheiden wie die einzelnen Regionen des Landes.

Das renommierte und überaus angesehene Seminário Internacional de Dança de Brasília, das 2015 zum 25. Mal stattgefunden hat, bietet zahllose internationale Stipendien für junge brasilianische Tänzer.

Gleichzeitig ist es kein Geheimnis, **mit welch schlechten Bedingungen sich unzählige meiner Kollegen an die Tanzkompanien in unserem Land binden**. Das ist allerdings auch in verschiedenen anderen Ländern oftmals der Fall … vielleicht nicht notwendigerweise wegen „mangelnder Alternativen“, sondern aus Prinzip, um für unsere Anerkennung als professionelle Tänzer zu kämpfen.

Wenn ich an dieser Stelle versuche, das System zu beschreiben, mit dem wir Tänzer uns hier in Deutschland verpflichten, dann geschieht das, um zu helfen oder eventuelle Möglichkeiten aufzuzeigen... oder, wer weiß, vielleicht möchte ich auch einfach provozieren oder den verantwortlichen Agenten Vorschläge machen und zu Ideen anregen, wie man Beschäftigungsverhältnisse aufbauen kann, die dem Tanz und den Tänzern nützen.

Den deutschen Leser bitte ich, über seine eigene Kultur und Geschichte nachzudenken, damit der Wert, der dem Tanz bis jetzt beigemessen wird, in Anbetracht der aktuellen und zukünftigen politisch-sozialen Entscheidungen nicht zerfällt und an Bedeutung verliert, denn dieses Land hat hart dafür gekämpft, die größte und dichteste Theaterlandschaft der Welt zu bieten[3].

Betrachtet man die Gründe der ungezählten brasilianischen Tänzer[4], die außerhalb Brasiliens Arbeit gefunden und es in ihrem Beruf zu Erfolg und Anerkennung gebracht haben - was letztlich keine leichte Aufgabe ist - ob nun

---

[3] Siehe ***Coda, IM NAMEN DER KUNST***

[4] Vgl. 2

in Deutschland, Österreich, England, der Schweiz, Frankreich, Portugal oder auch den Vereinigten Staaten, Kanada und Japan... so behaupte ich offen und ohne Zweifel, dass neben den künstlerischen Motiven dieses Berufs (unsere Vielseitigkeit und Leistung, unsere Musikalität, unser Rhythmus und unsere Kreativität) der Hauptgrund in dem Mut zu suchen ist, sich neuen Situationen ohne Angst vor den Risiken zu stellen. Wir passen uns den musterhaften Arbeitsbedingungen im Ausland an, weil uns bewusst ist, dass uns eine unglaublich seltene, beinahe einzigartige Chance geboten wird, uns beruflich zu entwickeln.

Und wir werden geliebt. Im Ausland sind wir wesentlich beliebter als in unserem Heimatland. Wir werden auf der Straße und in Restaurants erkannt... Wir geben Autogramme, Interviews... Unsere Bilder erscheinen auf Plakaten, wir machen Werbung für die Theater und andere Dinge. Wir werden beinahe berühmt... obwohl wir nicht hier sind, weil wir nach dem Glamour dieses Berufs oder auch nur dem Ruhm streben. Im Gegenteil, uns schwirrt vor Überraschung der Kopf, wenn uns klar wird, womit wir es zu tun haben: Einem breit gefächerten Publikum aus den verschiedensten sozialen Klassen, das genießt, diskutiert, kritisiert und seine Kinder und Enkel in die Theater bringt, weil es die Bedeutung der Kunst offenkundig erkennt. Auch die Arbeitsbedingungen sind für uns überraschend, mit wirklichen Verträgen, die uns ein stabiles und sicheres Leben ermöglichen. Diese Kombination bringt uns Popularität und Prestige, und sie erfüllt uns mit Glück, wenn wir begreifen, welches Wohlgefühl der Tanz dem Zuschauer bereiten kann.

Und dennoch gibt es viele Tänzer, denen es nicht gelingt, sich an das Leben außerhalb ihres Heimatlandes zu gewöhnen. Das kann an der großen Kälte liegen, an der Dunkelheit verregneter Tage, an der Entfernung zur Heimat, der sprachlichen Hürde oder auch an den kulturellen Unterschieden. Niemand sollte jemals glauben, dass es einfach sei... auch dann nicht, wenn alles, was wir hier erleben, beinahe paradiesisch erscheint. Denn es ist eine sehr harte Arbeit, körperlich und geistig.

Auszuwandern ist eine überaus schmerzhafte Angelegenheit! Egal, aus welchem Grund...

Vielleicht war es für mich **nicht ganz so schwierig**, das Heimweh und den Wunsch nach einer Rückkehr zu ertragen, weil ich mir hier eine Familie aufgebaut und Kinder bekommen habe. Sie haben mir jeden Tag wieder die Schönheit der deutschen Kultur gezeigt, und ich habe den Boden, auf dem ich gehe, lieben lernen können, ohne die Liebe zu dem Boden zu verlieren, auf dem ich das Laufen gelernt habe… wo meine Wurzeln sind.

Ein großer Teil dessen, was ich hier erzählen möchte, ist bei den unzähligen Proben und Übungsstunden entstanden, indem ich den künstlerischen Ausdruck meiner Kollegen aufmerksam betrachtet habe. Ich bin ihnen dankbar dafür, dass sie mir diese Momente geschenkt haben. Sie alle haben mir als Beispiel gedient: Ich habe sie beobachtet, von ihnen gelernt und mit ihnen reflektiert, diesen Menschen, die um mich waren und die Leidenschaft, den Enthusiasmus und die Hartnäckigkeit mit mir teilten… und auch die Enttäuschungen und die verlorenen Illusionen in unserem Beruf. Ganz egal, wo wir herkommen oder welcher Rasse wir angehören, was uns vereint, ist Hingabe und ein gemeinsames Ziel. Sie haben mir die Motivation gegeben, diese Schnappschüsse aus unserem Leben aufzuzeichnen und zu erzählen, und an einigen Stellen habe ich diese Erzählung autobiografisch erscheinen lassen, um die Identität meiner Kollegen zu schützen.

Dies ist kein Buch voller Weisheit und es will nicht belehren. Es ist aber auch nicht nur für Tanzliebhaber gedacht. Nein! Es ist für all jene, die, wenn sie es lesen, genügend Neugier und Mut mitbringen, um die unausweichliche Analogie zwischen dem Alltag in der Welt des Tanzes und ihren eigenen Erfahrungen zu entdecken. Wie in allen Berufen ist auch beim Tanz der Kampf um den Erfolg, die Anerkennung, die Größe und den Glanz direkt mit der menschlichen Notwendigkeit verbunden, Disziplin zu entwickeln, sich anzustrengen, beständig zu lernen, Informationen aufzunehmen und sie klug einzusetzen. Und auch die unumgängliche Konfrontation mit dem Alter ist nicht außer Acht zu lassen - solange wir leben, müssen wir uns der Tatsache stellen, dass es beständig näher rückt. Dieser Verlust der körperlichen Widerstandskraft und das Ende des Seins, das gleichzeitig den Schatz einer einzigartigen, lebenslang gesammelten Weisheit und das tiefgehende Wissen um deren Einsatz birgt. Als Tänzer jedoch trifft uns das „Altsein“ wesentlich früher und härter, unerbittlich und unumkehrbar… auf der einen Seite als „Prüfung“ des wahren Lebens und auf der anderen Seite als Verhängnis, gegen das wir ankämpfen, so sehr wir können, um das Unausweichliche noch ein wenig hinauszuschieben: den Beginn des „Lebens nach dem Tanz“!

Überraschenderweise müssen wir zu dem Schluss kommen, dass die Zutaten, die notwendig sind, um all diese Aspekte im Tanz zu erreichen, dieselben sind, die wir auch in anderen Bereichen der persönlichen Verwirklichung benötigen. Und vielleicht versteht auch der Laie, warum die Kunst essentiell ist und warum sich ein Tänzer mit so großem Ernst und Verantwortungsgefühl bemüht, sie wiederzugeben.

Kunst ist etwas Dynamisches, das mit uns wächst und sich entwickelt - und im Verhältnis mit uns selbst. Es gibt kein Richtig und kein Falsch. Es gibt den Geschmack. Den Wert, der jedem „Kunstwerk" beigemessen wird und der immer von dem Geschmack desjenigen abhängig ist, der sich damit beschäftigt. Aber Tomaten büßen ihren grundlegenden Nährwert nicht ein, nur weil ich sie nicht mag. So ist es auch mit der Kunst... ihr grundlegender Wert ist nicht davon abhängig, ob sie verstanden und angenommen wird. Er existiert. Das ist eine Tatsache.

Die Beschreibung meines Wegs auf diesen Seiten soll auch illustrieren, mit welcher Kraft uns diese Gabe packt, wenn wir dazu geboren sind, sie zu verwirklichen. Dieses Buch soll sie billigen und ehren. Und, wer weiß, vielleicht gelingt es sogar, der Gesellschaft ein paar neue Ansätze zu vermitteln, um die Diskriminierung, die Verleumdung, die Diffamierung und die Ignoranz zu durchbrechen, unter denen dieser Zweig der Kunst zu leiden hat. Vielleicht gelingt es, das Missverständnis auszuräumen, dem wir in so vielen Gesprächen in unserem Umfeld begegnen, dass Tanz/ Theater/ klassische Musik und die Kunst im Allgemeinen „überflüssig" seien.

Die Gesellschaft trägt die Verpflichtung, den Beruf des "Künstlers" zu reglementieren und ihn nicht nur ohne Vorbehalte und Nachteile - als Dienstleister - zu akzeptieren, sondern sich auch dafür einzusetzen, dass der künstlerische Ausdruck, der zur menschlichen Kultur gehört, kollektiv weitergegeben und von den nachfolgenden Generationen erlernt wird. Die Kultur repräsentiert unsere tiefsten Wurzeln, unsere gesamte Geschichte als „Volk", und sie zeigt sich nicht nur in der Art, wie man „guten Tag" oder „guten Abend" sagt, wie wir unsere Politiker wählen und diese dann mit unseren Ansprüchen umgehen oder wie die akademischen Kenntnisse in den verschiedenen Schularten weitergegeben werden. Nein, sie zeigt sich auch darin, wie wir die Künstler und ihr Auftreten - als Individuen - im täglichen Leben, in ihrem Streben nach Überleben, mit ihren grundlegenden menschlichen Bedürfnissen begreifen.

Die Diskussion über den Wert der Kunst ist - in Anbetracht dessen, dass **die Widerstände gegen die Förderung des künstlerischen Ausdrucks** im Allgemeinen in der **mangelnden Priorität** begründet liegen, die ihm **von denjenigen** eingeräumt wird, **die die Macht hätten, ihn zu fördern - ein polemisches Thema**, das dringend aufs Tapet gebracht werden muss, denn es bedarf zwingender Argumente, um die Widerstände zum Einsturz zu bringen, die den sozialen und ethischen Wert verkennen, den **die Künste** für die **Bildung einer Gesellschaft** und des **einzelnen Menschen** selbst haben. Sie erzählen uns von unserer Vergangenheit, bilden uns in der Gegenwart und bescheren uns eine mit einem geschärften Bewusstsein gesegnete Zukunft.

Ich wünsche Ihnen viel Spaß bei der Lektüre und umarme Sie herzlich.

Cássia

I AKT

Der Weg des Greifbaren

Ich habe beschlossen, anzufangen...
... so wie Sie beschlossen haben, dieses Buch aufzuschlagen, um zu sehen, wovon es handelt, und nun diesen Satz lesen!

Ich habe beschlossen zu schreiben, so wie ich mit fünf Jahren beschlossen habe, dass ich Tänzerin werden würde... noch bevor ich auch nur das Geringste über das Ballett wusste.
Ich erinnere mich, dass ich den Geruch der Spitzenschuhe kannte, ohne jemals einen gesehen zu haben.
Wenn ich mir ausmalte, auf einer großen Bühne vor ausverkauftem Haus zu tanzen, bekam ich jedes Mal eine Gänsehaut. Wir lebten damals in Curitiba, und meine Schwester und ich tanzten mit Begeisterung zu den „Klassikern", die mein Vater so sehr schätzte.
Ich weiß noch, wie ich mit acht Jahren zum ersten Mal einen Spitzenschuh sah. Er war in der Ballettschule auf den Boden geworfen worden, in diesem kleinen Raum, in dem die Lehrerin ihre Schallplatten und ihren Plattenspieler verwahrte. Wo sie die Musik auflegte...
Es war ein gebrauchter Schuh. Ich war allein, und meine Hände zitterten vor Freude, mein Herz schlug wie verrückt und ich starb fast vor Angst, entdeckt zu werden, als ich mich auf den Boden setzte und ihn über den Fuß zog. Es war beinahe ein Verbrechen. Ich wusste nicht einmal, wie ich ihn binden musste... aber ich wusste, dass ich für genau dies geboren worden war.
In meiner Stadt ist es immer sehr heiß, und im Ballettstudio hing stets dieser aufdringliche Geruch nach Schweiß und menschlichen Ausdünstungen, der einem in die Nase stach, wenn eine Klasse den Saal verließ und die nächste eintrat.
Eines Tages drehte uns die Lehrerin den Rücken zu und sagte uns, dass wir in der ersten Position verharren sollten, der Stange zugewandt, während sie die Musik auflegte. Wir nahmen die Aufforderung nicht ernst und entspannten uns ein bisschen - nur Patrícia... mein Gott, ich werde diesen Namen niemals vergessen... nur Patrícia tat, was man ihr gesagt hatte!
Als die Lehrerin nach den 5 Sekunden, die sie brauchte, um die Schallplatte zu wechseln, wieder in die Klasse kam, war das erste, was sie sagte: *„Nur Patrícia wird eine Tänzerin werden!"* - Patrícia war in der ersten Position geblieben, zur Wand gedreht, wie es die Lehrerin befohlen hatte. Ich war 8 Jahre alt und habe diesen Satz nie wieder vergessen... und ich habe für alle

Zeiten gelernt, dass Disziplin und Willenskraft die Grundbausteine für dieses Projekt sind… das Projekt TANZ!
Mit 10 oder 11 Jahren konnte ich meine ersten Stunden im Spitzentanz nehmen. Und von genau diesem Moment an verlor das Ballett seine zarte Maske und wurde zu etwas verwirrend Schönem, Wunderbarem, Hartem, Ungerechtem, Schlechtem, Gutem, Tückischem, Bösartigem, Berauschendem, süchtig Machendem, Lähmendem, Unersetzlichem und Unbeschreiblichem…
Ich bin Cássia Lopes und ich bin Solistin an der Staatsoper Hannover.
Geboren wurde ich 1971 in São José do Rio Preto, im Hinterland des brasilianischen Bundesstaates São Paulo, und meine ersten Ballettschritte habe ich an der **Ballettschule von Frau Cleyde Lerro Filiage** gelernt. Ich muss ganz ehrlich zugeben, dass man mir dort mehr beigebracht hat als nur die Bewegung selbst, nämlich auch, sie zu spüren, sie zu atmen, sie zu leben. Es war eine grundlegende Lektion für den Rest meiner Laufbahn.
Meine Eltern, integre und respektierte Menschen, wussten vielleicht ebenso gut wie ich, wozu ich auf diese Welt gekommen war. Was ich erreicht habe, habe ich ihnen und ihrer Zuwendung, ihrer Liebe und ihrem unbedingten Verständnis zu verdanken. Von meiner Mutter habe ich ganz unzweifelhaft die Liebe zu und den Respekt vor den Künsten geerbt. Ihre Begabungen in der Musik, der Malerei, dem Gesang und dem Theater haben meine **Seele** schon in den allerersten Jahren der Kindheit mit dem Bedürfnis nach der Harmonie und Schönheit getränkt, die die Kunst mir gibt. Ich habe viel mit ihr geprobt. Von meinem Vater habe ich die Kraft und das Rüstzeug geerbt, um zu kämpfen. Auch weil die beiden mich gelehrt haben, mich für das einzusetzen, was ich liebe, bin ich heute… wieder… glücklich. Man muss beständig für das kämpfen, was man liebt - zumindest ein paar Stunden am Tag und an den Wochenenden… oder man muss vielmehr bis zum Tod für ALLES kämpfen, was man liebt. Das ist mehr oder weniger das, wovon ich erzählen möchte…

Erste Schritte

Mit 16, 17 Jahren stieß ich zur Performancegruppe des SESC[5] in São José do Rio Preto. Zu dieser Zeit (1987-1989) stellte der SESC ein nationales Projekt auf die Beine (was er im Bereich der Künste in Brasilien regelmäßig tut), in dessen Rahmen er Tanzgruppen in verschiedenen Städten, Staaten und den Hauptstädten des Landes unterhielt. Das Projekt wurde von der *Mobil Oil Brasilien* gefördert *(SESC&MOBIL)* und die Laufzeit war befristet, aber es bot

[5] SESC: Serviço Social do Comércio (Sozialer Dienst des Handels)

eine grandiose Infrastruktur für die Umsetzung von Darbietungen, die später auch an anderen Orten aufgeführt werden sollten.
Wir erlebten das „Jahr der kulturellen Fruchtbarkeit in Rio Preto“ und ich steckte mitten in der Pubertät. Es war eine schöne und unvergessliche Erfahrung. Wir sind viel gereist und haben an den verschiedensten Tanzkursen mit den besten, international anerkannten Lehrern sowie Workshops mit den Stars der brasilianischen Tanzwelt teilgenommen - wie **Márika Gidali** und **Décio Otéro** vom *Ballett Stagium* - was uns einen unglaublich umfassenden Blick auf die verschiedensten Tanzstile ermöglichte. Wir haben mit der angesehenen modernen Choreografin **Rosalia Pie** gearbeitet, die uns die ersten Kontakte mit der Technik von **Martha Graham** bescherte, und wir sind in verschiedenen Städten im Binnenland und auch in der Hauptstadt aufgetreten.

Es waren gewaltige Anreize für mich und all diese neuen Tanzerfahrungen bedeuteten eine großartige Erweiterung meines Horizonts, aber dennoch durchlief ich in genau dieser Zeit massive existentielle Krisen. Ich war halb professionell und stand vor der Aufnahmeprüfung für die Hochschule. Mein Gefühl sagte mir, dass es das Ballett war, was ich wollte. Mein Verstand sagte mir, dass ich mit diesem Beruf finanziell kein Auskommen haben würde, wenn ich mich diesem Unternehmen nicht mit aller Hingabe widmete. Und dass es sehr wahrscheinlich nur von kurzer Dauer sein würde, denn in Brasilien bietet der Tanz keine langfristigen Perspektiven, und erst recht keine stabilen…

Nun gut... Nach der Aufnahmeprüfung für die Universität zog ich schließlich - verzweifelt auf der Suche nach einer Lösung für meine Zukunft - mit 19 Jahren nach Campinas, genauer gesagt nach Barão Geraldo, in das Studentenwohnheim der Universität Campinas. Ich hatte beschlossen, mich für *„Tanz“* einzuschreiben, denn für *„Recht“*, meine erste Wahl, war ich nicht zugelassen worden - ein Umstand, der für mein weiteres Leben entscheidend war.

Es war ein Jahr voller Neuerungen, und ich traf Menschen, die mir viel bedeuteten. Unsere Wohngemeinschaft war wunderschön und vergnügt. Alles war sehr schlicht und einfach, aber es gehörte uns. Und wir, die Studenten, waren für alles dort verantwortlich. Das Zimmer, in dem wir - vier Mädchen - schliefen, ein Raum, der nur die notwendigsten Möbel enthielt, eine Küche, in der jede von uns ihren Vorratsschrank hatte, und ein Bad, das für unsere einfachen Bedürfnisse ausreichte. Im Winter war es ein Kühlschrank und im Sommer ein Backofen.

Ich kam zu dem Schluss, dass dies das Paradies sein musste…
Heute weiß ich, dass dem tatsächlich so **war**!
Dort habe ich erst so richtig gelernt, die grundlegenden Regeln für das Überleben in die Tat umzusetzen, nicht nur materiell, sondern auch emotional und moralisch… sehr klare Regeln, die ich von zu Hause mitgebracht hatte.

Zusammen mit einem Kommilitonen habe ich den Versuch unternommen, im Teatro Guaíra in der Stadt Curitiba vorzutanzen. Wir probierten es einfach auf gut Glück… Wir wollten unser Leben nicht damit fristen, in einer Ballettschule zu unterrichten, sondern wir wollten etwas unternehmen, das uns zurück auf die Bühne brachte. Auch wenn meine Noten im *klassischen Ballett* in den Abschlussprüfungen des ersten Jahres schlechter als alle anderen waren. Ausgerechnet im *Klassischen*, das ich so liebte und immer pflegte. Die Lehrerin musste sich zweifellos geirrt haben!

Ich erinnere mich, wie sich mein Vater an Freunde in Curitiba wandte, die mich für eine Woche aufnahmen und an die ich mit großer Liebe und Dankbarkeit zurückdenke. Es gab ein Festival des klassischen Balletts, mit den besten Tänzern und Lehrern aus ganz Brasilien, und wir meldeten uns dafür an, natürlich als Studenten und Lernende.

Es war das **I Festival de Ballet Clássico de Curitiba**[6].
Bei jener Veranstaltung habe ich auch *dieses Mädchen* (das ungefähr 17 Jahre alt war) zum ersten Mal gesehen - ich weiß nicht mehr, ob sie einer der Stars war, die auf diesem Festival aufgetreten sind, oder ob sie einfach nur dort war, um an den Kursen teilzunehmen. Sie probte mit **Jair Morais**, einem der besten brasilianischen Tänzer der 70er Jahre - von 1994 bis 1996 wurde er Leiter des *Balé Teatro Guaíra*, aber damals brillierte er noch als Hauptsolist des *Teatro Guaíra* von Curitiba.
Dieses Mädchen war unglaublich! Es fiel mir wie Schuppen von den Augen. In diesem Moment erkannte ich, dass das klassische Ballett nicht tot war… dass es möglich sein konnte, meine Leidenschaft zu verwirklichen! Und dass meine

[6] Das **I Festival de Ballet Clássico de Curitiba** (1. Festival des klassischen Balletts in Curitiba) war ein bahnbrechendes Projekt, das von der Leiterin des „Petit Ballet“ auf die Beine gestellt wurde, Rita de Cássia Monte Correia, die damit das Ziel verfolgte, alle Schulen des ganzen Landes zu vereinen und ihre Arbeit vorzustellen. So machte sie das Teatro Guaíra in den folgenden sieben Jahren zu einer der schönsten Darstellungsflächen für nationale klassische Produktionen. Nebenbei lockte das Festival neue und vielversprechende Talente und förderte im großen Rahmen den kulturellen Austausch. 1991 (als das Festival zum ersten Mal stattfand) nahmen neben **Daniela Severian** und ihrem Tanzpartner **Alexander Pereda**, einem Solisten des Cuballet, auch andere Stars der brasilianischen Tanzwelt teil.

Professorin an der Universität mit meiner Note absolut Recht hatte: Ich hatte noch viel zu lernen!
Woher kam sie, wer war sie? Wo hatte sie studiert, mit wem arbeitete sie? Nach vielen Fragen bekam ich ein paar Antworten... Diese Frau, die damals fast noch ein Mädchen war, war das Wunderkind ***Daniela Severian***, eine der talentiertesten Tänzerinnen unseres Planeten, die im Alter von 17, 18 Jahren bereits bei unzähligen Festivals auf der ganzen Welt diverse Tanzpreise gewonnen hatte – *siehe das Kapitel **„Persönlichkeiten“.***

*Jahre später wurde Daniela noch mehrere Male zur Teilnahme am **Festival de Ballet Clássico de Curitiba** eingeladen, aber 1991 bereitete sie sich außerdem gerade darauf vor, Brasilien im November desselben Jahres bei der **“The 6th Massako Oyha World Ballet Competition”** in Osaka, Japan, zu vertreten - einer Veranstaltung, der sie im Anschluss große Einladungen wie die zur **Gala der Sieger** in Osaka und Tokio verdankte und die es ihr ermöglichte, für ihre gesamte Karriere die renommiertesten beruflichen Kontakte des ganzen Landes zu knüpfen.*

Ich war wie gelähmt! Ich hatte noch so viel zu lernen, bevor ich eine wahre Tänzerin SEIN würde!

Sie wurde von ihrer Lehrerin begleitet, die in der Tanzwelt von São Paulo schon damals einen großen Namen hatte. Mein Kommilitone und ich suchten natürlich sofort das Gespräch mit ihr. Sie riet uns, nach São Paulo zu gehen, wo sie unterrichtete und eine kleine Tanzkompanie unterhielt.

Gut! Das Schlimmste an der ganzen Sache war, diese “erschütternde” Entscheidung, die ich getroffen hatte, zu Hause bekannt zu geben: Dass ich mich an der UNICAMP exmatrikulieren, nach São Paulo gehen und noch mehr Geld meiner Eltern ausgeben wollte, die mich dort unausweichlich würden unterhalten müssen. Bis heute kann ich im Grunde nicht verstehen, warum die beiden damals all diese Dinge für mich getan haben, wo doch alle Aussichten, die ich ihnen präsentierte, immer in einer „Sackgasse“ endeten. Es ist mir unerklärlich, aber ich verdanke ihnen alles!
Ich hatte diesen Entschluss sehr plötzlich gefasst, aber ich rang damit, dass er eigentlich im Widerspruch zu den Überlegungen stand, die ich in meinem Innersten anstellte. Wenn ich heute die Briefe lese, die ich zu einer Zeit, in der das Internet nur ein Traum war, mit meinen Eltern gewechselt habe, erkenne ich meine tiefsten Zweifel am „Warum“ einer professionellen Tanzkarriere. Sie

standen in direktem Zusammenhang mit der Frage nach dem Nutzen, den diese Tätigkeit für die Gesellschaft haben könnte. Viele meiner Familienangehörigen haben Universitätsabschlüsse und angesehene Berufe mit wichtigen Verpflichtungen: Lehrer, Wissenschaftler, Anwälte, Ingenieure - in den verschiedensten Bereichen - Mathematiker, Biologen, Pharmazeuten, Physiker... sogar Meeresforscher! Es ist sehr schwierig, sich in einer so objektiven, urteilsfähigen und fleißigen Familie einen so kurzlebigen Beruf wie den Tanz in den Kopf zu setzen. Nicht, dass irgendein Familienmitglied jemals gegen meine Gabe gewesen wäre. Sie haben mich immer unterstützt. Alle! Die Schwierigkeiten, diese Fähigkeit als meinen Weg zu akzeptieren, lagen vielmehr auf meiner Seite als bei irgendeinem anderen Menschen... mir war, als würde sich meine Leidenschaft als unnütz erweisen, wenn man sie mit den anderen Berufen innerhalb der Familie verglich...

Die großen Berufstänzer, diese hoch talentierten Stars, hat es in Brasilien immer gegeben. Sie haben nur deshalb nicht die verdiente Aufmerksamkeit erfahren, weil sie einen Beruf ausüben, dessen *soziale Notwendigkeit* immer noch wenig verstanden wird. Es war ein Ballettlehrer am Teatro Guaíra, der mich nach einer Stunde dazu brachte, über meine Zweifel nachzudenken.
Ich möchte einen Auszug aus einem Brief zitieren, den ich meinen Eltern am 15.10.1991 geschrieben und in dem ich von dieser Begegnung berichtet habe:
"(...)am Ende der Stunde lagen wir alle auf dem Boden und entspannten uns, als er - der Lehrer - plötzlich Dinge ansprach, die zu hören ich mich seit einiger Zeit geweigert hatte. Es ist witzig, wie die Ideen und Antworten in der Luft liegen und es nur an uns ist, sie einzufangen... Ich habe nichts sonst getan, ich habe diesmal einfach nur zugehört und mich gefragt, ob das nicht auch auf mich passt. Und es passt außerordentlich gut auf mich. Er sagte: ‚Wenn wir uns bei dem, was wir tun, nicht nützlich fühlen, tun wir es niemals mit Schönheit, Ernst, Liebe und vor allem Akzeptanz.'
Kann es sein, ihr Lieben, dass ich dem Tanz zwar Liebe, Ernst und Schönheit entgegen bringe, aber nicht akzeptieren möchte, was er mir in Zukunft bringen mag, oder auch nur, was er mir bis heute gebracht hat?(...)"

An dieser Stelle möchte ich zum ersten Mal in diesem Buch die Gedanken von ***Roberto Shinyashiki*** anführen... und Sie werden zu einem späteren Zeitpunkt noch erkennen, wie tiefgreifend ich sie für mein Leben angenommen habe und immer noch annehme, um meinem Weg zur persönlichen und beruflichen Entwicklung folgen zu können:

"Wenn einem bewusst ist, dass man durch seine Arbeit (welche auch immer dies sein mag) seiner eigenen Mission folgt, entwickelt man eine ungeheure Kraft, die Berge versetzen kann"
(Übers. aus „Consciência de sua Missão..." – Roberto Shinyashiki)

Ankunft in São Paulo

Von den vielen Umwegen, die ich machte, bevor ich mich endgültig in São Paulo niederließ, war ganz besonders ein Workshop in Rio de Janeiro eine prägende Erfahrung. Bei dieser Gelegenheit hatte ich die unvergessliche Chance, die Ballettlehrerinnen **Eugenia Feodorova** (*1925 - †2007) und **Tatiana Leskova** (*1922) kennenzulernen, legendäre Figuren, die im klassischen Ballett in Brasilien Geschichte geschrieben haben. Ähnliche Begegnungen mit außerordentlich qualifizierten Lehrern in São Paulo, darunter **Jane Blauth** und **Ismael Guiser**, inspirierten mich, nahezu ekstatisch zu üben, denn mir wurde bewusst, wie viel immer noch fehlte und dass ich dazulernen musste…

Die Ankunft in São Paulo war hart und schön zugleich. Nachdem ich einige Monate in der Wohnung meiner Cousins gelebt hatte, die damals am *Largo do São Francisco* Recht studierten und so lieb waren, mich für eine derart lange Zeit zu tolerieren, zog ich in eine Wohngemeinschaft in idealer Lage, mit unglaublichen Freundinnen, hohen Kosten, viel zusätzlicher Arbeit, jeder Menge Tanz und vielem, vielem Üben.

In São Paulo trug sich auch eine überaus bedeutsame Begegnung zu, die mich nach Europa bringen sollte…

… aber vorher muss ich noch ein paar wichtige Dinge erzählen:

Ich lebte seit neun Monaten in São Paulo. Von 7:00 Uhr bis 17:00 Uhr arbeitete ich in einem Copyshop, wo ich Bedienungsanleitungen für Kopiergeräte verkaufte, und am Abend ging ich zur Ballettschule, wo ich Unterricht hatte, um meine Technik nicht zu vergessen, und wo Proben und Vorstellungen auf mich warteten (mit der privaten Tanzkompanie ***WATT's Cia.***[7] ***de Dança***, die mit der Schule in Verbindung stand - für die Aufführungen

---

[7] Mit dieser Tanzkompanie bin ich zum ersten Mal in Joinville aufgetreten. Es war großartig. Dort trifft sich jedes Jahr die Crème de la Crème der Tanzwelt, und die Stadt verwandelt sich in ein großes Zeltlager mit Tanzkursen nahezu aller Stilarten, hoch qualifizierten Lehrern und einem Wettbewerb auf höchstem Niveau. *„(...) Das ‚Festival de Dança de Joinville' (Tanzfestival von Joinville) findet jedes Jahr im Juli in dieser Stadt in Santa Catarina statt. Organisiert wird es vom gemeinnützig ausgerichteten Instituto Festival de Dança de Joinville. Wegen seiner hohen*

wurden wir nicht bezahlt, obwohl wir hin und wieder eine Gage erhielten, aber wir mussten zumindest keine monatlichen Gebühren dafür zahlen, "tanzen zu dürfen" - was schon großartig war, um Erfahrungen zu sammeln und schöne klassische und halbklassische Arbeiten umzusetzen).

Gegen Mitternacht kam ich nach Hause und ging am nächsten Morgen um 6:30 Uhr wieder zur Arbeit. Ich verdiente kaum genug, um die Miete zu bezahlen. Den größten Teil meiner Ausgaben trugen meine Eltern. An den Wochenenden, wenn das Geld nicht ausreichte, um sie zu besuchen, ging ich einfach zu einer der vielen guten Ballettschulen der Stadt, um mich zu vergewissern, dass ich alles lernte, was ich lernen musste. Ich machte eine lange Unterrichtsstunde im klassischen Ballett mit, manchmal auch im modernen oder Afro-Ballett, diversifizierte ein wenig meinen Stil und nahm mir Zeit, um nach der Stunde mit den jeweiligen Lehrern zu sprechen und ihrer Kritik und ihrem Lob zu lauschen… wobei es mehr Kritik als Lob gab. Hier in São Paulo hatte ich den intensivsten Kontakt mit dem Ballett und lernte die verschiedenen Variationen des klassischen Repertoires kennen, was mir mehr Möglichkeiten gab. Ich begann zu verstehen, dass ich selbst es war, die meine Grenzen definierte.
In erster Linie plante ich, als Tänzerin eine Stelle zu finden, die mir ein gesichertes Leben ermöglichen und mich finanziell unabhängig machen würde. Bei einem Vortanzen (einer Tanzprüfung für die Aufnahme in eine Schule oder Tanztruppe) - dem fünften in 4 Monaten - beim **Balé da Cidade de São Paulo** (Ballett der Stadt São Paulo), wo Hunderte - moderner - Tänzer um zwei freie Stellen kämpften, wurde mir schließlich klar, dass ich versuchen musste, das Land zu verlassen, wenn ich erreichen wollte, was ich mir wünschte. Denn in Brasilien strebte der Tanz der Moderne zu, was die klassischen Möglichkeiten in den staatlichen Tanzkompanien einschränkte. Die Chancen auf eine feste Arbeit waren bescheiden und würden mir keine finanzielle Sicherheit gewähren, nicht einmal in den staatlichen Tanzensembles…

Bei all diesen Gesprächen mit Berufstänzern war mir immer bewusst, dass sie sich nie ganz sicher waren, ob ich es tatsächlich schaffen würde. Mit fast 21 Jahren ist eine Tänzerin mit meinen Absichten schon seit Jahren an ein Theater gebunden und tanzt Hauptrollen. Das setzte mich unter Druck… Ja, ich fühlte

---

Teilnehmerzahl gilt es als größte Veranstaltung dieser Art weltweit, was ihm im Jahr 2005 vom Guinness Buch der Rekorde bestätigt wurde. Heutzutage ist es bei Berufstänzern aus aller Welt anerkannt." Applaus! (Die Informationen entstammen der Webseite http://www.essaseoutras.xpg.com.br/festival-de-danca-de-joinville-maior-do-mundo – Oktober 2013)

mich unter Druck. Ich durfte keine einzige Minute mit Klagen und Fragen verschwenden. Und ich durfte nicht so weitermachen wie bisher, ohne Aussicht auf Besserung.

Ein tiefes Tal zu durchschreiten ist beinahe unerlässlich, wenn man wachsen möchte. Die größten Persönlichkeiten und die einfachsten Menschen haben das im Lauf der Geschichte hinter sich gebracht. Es ist die Entscheidung, ob man dort verweilen oder mit neuer Kraft daraus hervorkommen möchte, die den ganzen Unterschied zwischen Siegern und Verlierern ausmacht. Ich kann nicht sagen, ob ich in meinem Leben meine Intelligenz immer gut eingesetzt habe, aber eines weiß ich sicher: Ich habe alle Gelegenheiten, die ich hatte, mit großerAchtung und mit Intensität gelebt. Ich habe den Geschmack des Lebens genossen! Auch wenn ich hin und wieder gerne ein bisschen mehr Zucker gehabt hätte! Und ich habe mich einige Male am Grunde des Tals wiedergefunden... Aber wie schon gesagt: Dumm ist es nur, dort zu bleiben...
Tatsächlich habe ich, wie bei vielen Dingen, die mir geschehen sind, auch hier eine Nachricht in das Universum geschickt und darin ganz klar meinen Wunsch formuliert. Die Entscheidung, was das Beste für mich war, habe ich stets einer höheren Intelligenz überlassen! Auch wenn es mich sehr geschmerzt hat, einige dieser „Entscheidungen des Universums" zu akzeptieren, habe ich am Ende des Weges jedes Mal die richtige Antwort auf mein „Warum" bekommen. Ich habe dem Leben und seinen Bestimmungen immer vertraut. Erst heute erkenne ich das mit dieser Klarheit. Schon zu Hause, in den 80er und 90er Jahren, habe ich vor allem von meinem Vater gelernt, die Macht des Unterbewusstseins einzusetzen, um ein scheinbar unerreichbares Ziel zu erreichen.

Ich hörte auf, mich selbst zu bemitleiden, und nahm mein Schicksal in die Hand, als mir klar wurde, dass ich erwachsen geworden war und die Regeln für das eigene Überleben lernen musste.
Am Anfang dachte ich, dass die Vereinigten Staaten für meinen Tanz die beste Lösung seien. Warum, das habe ich nie genauer ausgeführt. Ich hatte nur im Kopf, welche Art von Tanz und Arbeit ich machen wollte, und meine Pubertät war von Filmen des ***ABT - American Ballet Theater*** geprägt worden. Jeden Tag sah ich mir einen „Streifen" Ballett mit den großen Stars der damaligen Zeit an. Es war wieder mein Vater, der mich lehrte, der Wahrheit ins Auge zu sehen, aber niemals zuzulassen, dass andere Leute meine Grenzen bestimmten. Meine Grenzen bestimme nur ich ganz allein.

Mitte 1992 bestand ich in der Stadt Limeira eine Prüfung - ein Vortanzen - das mir sechs Wochen Unterricht in den USA an einer beruflichen Schule (***SAB - School of American Ballet***) ermöglichte. Die besten Absolventen dieses Kurses hatten gute Chancen, als halb professionelle Tänzer des modernen Stils in die Truppe des ***Jofrey Ballett*** in New York aufgenommen zu werden. Eine Garantie auf die Aufnahme in die Welt der Berufstänzer gab es jedoch nicht. Es ging auch die Geschichte von ***David Howard*** um... Obwohl alles recht unklar war, war ich überzeugt, dass ich die erste Gelegenheit, die sich mir bot, mit all meinen Kräften beim Schopf packen würde...

Wir schafften es mit einigen Mühen, etwas Geld für die Reise und die Unterkunft auf die Seite zu legen, wobei meine Eltern mehr dazu beitrugen als ich, und mit ein paar Schwierigkeiten besorgten wir ein Studentenvisum für die USA. Ich saß quasi auf gepackten Koffern, da geschah eine Woche vor der Abreise etwas, das den Lauf meines Lebens vollkommen verändert hat: Wir konnten uns einfach nicht mehr daran erinnern, wo wir den Umschlag mit dem Pass und den Aufnahmedokumenten für die Schule hingelegt hatten.
Das klingt, als wäre es ein Witz! Aber genau das ist geschehen. Ein Alptraum! Ein „Unfall“ auf meinem Weg! Ich weiß noch, dass ich vor Enttäuschung untröstlich weinte. Und in meinem Innersten versuchte ich, das Geschehene zu verstehen.

Was man nicht ändern kann, sollte man akzeptieren.

Damals habe ich nicht die geringste Akzeptanz für diese Tatsache übrig gehabt. Aber dank der liebevollen Hilfe meiner Familie, die immer versucht hat, das Beste für mich zu tun, habe ich schließlich hingenommen, dass dies wohl nicht die größte Chance meines Lebens war. Wir begannen, ernsthaft zu hinterfragen, ob die Vereinigten Staaten eine gute Wahl gewesen wären.
Jahre später, als ich eine gute Freundin zu trösten versuchte, die einen enormen beruflichen Fehlschlag hatte einstecken müssen, ging mir diese Geschichte wieder durch den Kopf, und mir wurde klar: *„Wenn eine gute Sache vergeht, macht sie Platz für etwas viel besseres!“*
Ein paar Monate nach dem Verlust der Dokumente geschah das, was meinem Leben tatsächlich eine fundamental andere Richtung gab: Aufgrund der nämlichen Tatsache, dass ich dieses Vortanzen bestanden hatte, hatte ich eine größere Sicherheit und Bestimmtheit in meinem Tanz erlangt, und das spiegelte sich auch in den Rollen, die ich in den folgenden Aufführungen bekam.

Also... kommen wir zurück zu jener Begegnung, die für meine berufliche Entfaltung so entscheidend war. Das Folgende begab sich:
Es war **Nilson Soares**, Tänzer im Stadtballett von São Paulo und Leiter der privaten Tanzkompanie ***WATT'S***, für die ich damals in São Paulo als Tänzerin auftrat, der mir einen Vorschlag machte, den ich nicht ablehnen konnte: Er hatte ein Vertragsangebot für das Ballett des Theaters Bremen in Deutschland erhalten, das unter der Leitung des in ganz Europa berühmten **Johan Kresnik** stand. Aufnehmen sollte er seine Arbeit Mitte Juli 1993. Wir hatten jetzt Dezember 1992. Mit all den Erfahrungen, die er auf dem Gebiet des Tanzens und der Choreografie besaß - er ist ein preisgekrönter Choreograf - brachte er die Idee auf, bereits im Januar nach Europa aufzubrechen, bei verschiedenen Ballettgruppen vorzutanzen, eine Stelle zu finden und fest dort zu bleiben, bis sein Vertrag begann. Und er schlug vor, dass ich ihn begleiten solle. Von all den Tänzerinnen bei ***Watt's*** war ich praktisch die einzige, die volljährig und *verrückt* genug war, bei einem solchen Abenteuer mitzumachen. Ich musste dieses Risiko einfach eingehen.
Wir informierten uns, wo wir anfangen wollten, und der Startschuss sollte am 16.01.93 im ***Großen Theater von Genf*** in der Schweiz fallen. Von dort würden wir zu einem Abenteuer mit unsicherem Ausgang durch Europa aufbrechen... Meinen Eltern gefiel es überhaupt nicht, mich auf diese Weise in die Welt ziehen zu lassen... Ganz im Gegenteil. Erst heute kann ich das Vertrauen ermessen, dass sie in mich und in Gott gesetzt haben... Mein Vater wollte Tatsachen, Daten, genauere Informationen. Das wiederum zwang uns, eine Anfangsstrategie für unser Unternehmen zu entwerfen, was mir damals wie eine unnötige Erschwernis erschien: wo wir schlafen würden, welchen Weg wir nehmen wollten, welche Tanzensembles... Unglücklicherweise gelang es uns nicht, mehr als die ersten 5 Tage zu organisieren. Aber das genügte meinem Vater, um ihm den Glauben daran zu geben, dass eine Chance auf ein Gelingen bestand.
Es folgte eine gewaltige Rennerei, um einen neuen Pass zu beschaffen, die Reise zu buchen und all die für unser Unterfangen notwendige Bürokratie zu erledigen.

Und weil IN DIESEM LEBEN NICHTS ZUFÄLLIG GESCHIEHT, war das Geld, das ich in die USA hätte mitnehmen sollen, immer noch auf der hohen Kante und wartete auf die jüngste finanzielle Investition meiner Karriere. Wenigstens das war nicht zusammen mit dem Pass verschwunden... Aber auch so erinnere ich mich daran, dass wir ein paar Sparbücher aufgelöst haben und dass Vater Kredite aufgenommen hat, um diese Ausgaben bewältigen zu können…

Ich weiß noch ganz genau, welche Schwierigkeiten meine Eltern hatten, die Reise in die Schweiz zu bezahlen. Mein Vater - als guter Manager, der er ist - setzte sich dafür ein, mir einen Flug zu buchen, bei dem die Rückreise jederzeit geändert werden konnte, nur für den Fall, dass auf der Reise etwas schief ging. Er gab mir grundlegende Überlebensregeln mit, warnte mich vor möglichen Hinterhalten und entließ mich mit den Worten in die Welt, dass ich nach dieser Chance greifen sollte, als wenn es die letzte wäre, die ich jemals bekommen würde, um mein Leben zu ändern (was wahrscheinlich der Wahrheit entsprach).
Ich erinnere mich an den schmerzhaften Satz, den er aus seiner zugeschnürten Kehle presste, als er mich am Flughafen von Guarulhos verabschiedete: *„Wir erziehen unsere Kinder für das Leben und nicht für uns selbst. Es ist Zeit, dass du fliegst! Flieg so hoch du nur kannst!“* Ich habe das niemals vergessen - es war wie ein Befehl...
Eine grundlegende Sache war uns nicht bewusst: Das Risiko, mit unserem Vorstoß zu scheitern, lag bei 90 Prozent.
Aber da wir das nicht ahnten, waren wir frei von Angst, und ich klammerte mich an diese zehnprozentige Chance, die ich hatte, in dem Glauben, dass es 100 Prozent wären.

"Es gibt nur dort Grenzen, wo man selbst welche sieht!"

Ein paar Monate später, als ich bereits Arbeit in Deutschland gefunden hatte, erhielt ich einen Brief von meiner Mutter, in dem sie schrieb, dass der verlorene Pass und die Papiere wieder aufgetaucht wären. Wir hatten sie in einem fest verschlossenen Umschlag unter der Matratze deponiert, damit sie auch wirklich sicher aufgehoben waren. Und waren sie das nicht auch gewesen? Das Schlimmste an der Sache war der kollektive Gedächtnisverlust, der uns daran hinderte, uns an dieses Detail zu erinnern…
Wir lachen bis heute über diese Geschichte und bewahren uns im Herzen die Gewissheit, dass alles ganz genau so geschehen ist, wie es sein sollte.

Europa

Bis heute weiß ich nicht, wie... aber es gelang meinen Eltern, in Genf den Kontakt mit einem Brasilianer herzustellen, der in São José do Rio Preto geboren worden war. Jetzt war er mit einer Norwegerin verheiratet, sie hatten zwei Kinder und lebten seit Jahren in der Schweiz. Er war Universitätsprofessor, sie Grundschullehrerin.
Beide waren sie sehr großherzige Menschen und erwiesen mir einen unvergesslichen Dienst: Es waren Ruth und Mário, die mir die Tore nach Europa öffneten.
Genf hätte mein erster Sieg sein können.
Von Dutzenden Konkurrenten gelang es mir, unter die fünf Mädchen zu kommen, die es bei einem Vortanzen in die letzte Runde schafften. Aber meine Unerfahrenheit wurde mir zum Verhängnis und so flog ich hinaus.
Es gibt im Deutschen den Ausdruck „es ist 5 vor 12". Er bedeutet, dass die Stunde der Wahrheit nah ist. Erinnern Sie sich an Cinderella auf dem Ball? Ich glaubte, ich hätte schon gewonnen, aber es war erst 5 vor 12. Ich lernte sehr schnell, dass ein Kampf erst dann gewonnen ist, wenn die Zeiger genau auf der 12 stehen.
Ich hatte ein paar Minuten vor dem Ende des Vortanzens aufgehört zu wollen. Vielleicht ein paar Minuten zu früh. Die freie Stelle ging an ein anderes Mädchen.

Am Tag nach dem Vortanzen schenkte mir das Ehepaar, bei dem ich wohnte, zwei Eintrittskarten für eine Ballettvorführung dieser Tanzgruppe. Der Titel lautete ironischerweise „CINDERELLO", eine wunderschöne *Parodie* (Hommage) an das Ballett *„Cinderella"*. Es war eine moderne und sehr fröhliche Version mit phantastischen Tänzern. Der älteste Sohn der Familie, der damals 15, 16 Jahre alt war, erklärte sich bereit, mich ins Theater zu begleiten. Das Verständnis und das Urteilsvermögen dieses Jungen waren für mich eine vollkommene Überraschung. Mir wurde die kulturelle Bildung dieses Jugendlichen bewusst, und ich versuchte, sie mit der kulturellen Bildung eines durchschnittlichen Jugendlichen im Brasilien der damaligen Zeit zu vergleichen. Seine innere Klarheit ließ mir den Mund offen stehen. Seine Kultur. Seine Ansicht zu den Informationen, die ihm die Bewegungen vermittelten, und seine Interpretation… Ich war unglaublich beeindruckt. Ich begriff, dass *ein Theaterbesuch* in dieser Gesellschaft zum Fundament einer kulturellen Bildung gehörte. Es war nicht „nur für die Reichen" oder „langweiliges Zeug"! Es war offenkundig üblich…

Und noch etwas wurde mir an diesem Abend klar, während ich das technische Niveau und die Schönheit dieses Schauspiels bewunderte: Ich würde mir eine solche Gelegenheit niemals wieder entgehen lassen.
Es betrübte mich, dass ich nicht in der schönen Schweiz leben konnte, in der Nähe dieser großzügigen und liebenswerten Familie. Ich dankte ihnen von Herzen für ihre Gastfreundschaft und setzte die Reise mit einer Gruppe von Brasilianern fort, die ich bei diesem Vortanzen kennen gelernt hatte. Aber für eine lange Zeit blieb ich mit dieser netten Familie zumindest noch in Briefkontakt.

Die Sage vom Vortanzen

Wir waren eine Gruppe von 4 Leuten, die immer zusammen steckten, und manchmal kamen noch andere hinzu. Gemeinsam fühlten wir uns sicherer, auch wenn das Kompromisse nach sich zog: Einer wollte hier vortanzen, der andere dort. Wir nahmen an allem teil, was wir schaffen konnten. Geschlafen wurde in Herbergen und Pensionen. Jeden Tag, wenn wir morgens auszogen, um irgendwo vorzutanzen, und unseren Schlafplatz der letzten Nacht verließen, begann unsere Sorge um einen Platz für die kommende Nacht von neuem.
Ich fing an, die Schwierigkeiten zu erahnen, mit denen wir zu kämpfen hatten.

Wir blieben selten länger als eine Nacht an einem Ort, es sei denn, ein Kollege (ein Tänzer, der bei irgendeiner Tanzgruppe angestellt war) bot uns für ein paar Tage ein Dach über dem Kopf. Das waren immer Gesten der Brüderlichkeit, die uns tief berührten. Wir gaben ein wenig zu den Ausgaben für Einkäufe dazu und waren von Herzen dankbar für diesen Akt unbestrittener Nächstenliebe - Fremde im eigenen Heim aufzunehmen. Ihnen ein warmes, sauberes Bett anzubieten, einen Ort, an dem sie sich waschen konnten, und eine Küche. Nachdem ich eine Stelle gefunden hatte, hatte auch ich die große Freude, junge Kollegen in meiner Wohnung aufzunehmen, die gekommen waren, um „ihr Glück zu versuchen". Nach der Geburt meiner Kinder musste ich dann leider damit aufhören. Aber ich bin den lieben und unvergesslichen Kollegen, die mir damals geholfen haben, bis heute sehr dankbar.

Beim Vortanzen trafen wir immer dieselben Tänzer. Wir wurden Freunde, und einige von ihnen wurden auch zu „Gegnern". Wir haben mit vielen von ihnen gefeiert, wenn es ihnen gelang, eine Stelle zu bekommen.
Aber im Allgemeinen stützten wir uns aufeinander und sprachen über unser Scheitern und unsere Misserfolge, während wir unsere Mahlzeiten in

irgendwelchen Fastfood-Restaurants einnahmen, wo wir zumindest glaubten zu wissen, was wir aßen - ob es nun gesund war oder nicht…
Es war eine kurze Zeitspanne, die nur sechs Wochen dauerte und ungefähr dreißig Vortanztermine in Theatern, Städte, Schlafsäle, Herbergen und Wohnungen verschiedener Tänzer beinhaltete. Aber sie hatte eine einzigartige Macht, den tiefen Wunsch zu tanzen in uns zu stärken, bis er uns ganz durchdrang. Wir mussten dem Leben beweisen, dass es ganz genau das war, was wir wollten. Wir mussten jeden Tag aufs Neue erklären, dass das unser Ziel war.

Ich bin nun schon über 20 Jahre hier, aber ich erinnere mich bis heute, wie ich damals, wenn es im Januar gegen 16 Uhr dunkel wurde und wir immer noch auf dem Weg zu einem Bahnhof oder einer Herberge in den Straßen unterwegs waren, auf die erleuchteten Fenster blickte, in denen die in Deutschland so typischen durchsichtigen, zarten Spitzenvorhänge hingen, die das Tageslicht hineinlassen. Ich stellte mir vor, wie gemütlich es sein müsse, in einer warmen Stube zu sitzen, oder in der Küche meiner eigenen Wohnung ein leckeres Essen zuzubereiten. Die Heizung ist an, die Fenster sind geschlossen, die Kälte, der Wind und der Schnee sind ausgesperrt. Dieses gelbliche Licht hat mir das Herz erwärmt. Ich malte mir aus, wie meine Wohnung aussehen würde. Mit Möbeln, Vorhängen, Bildern an der Wand. Sogar den Geruch dieses Ortes konnte ich wahrnehmen. Es war mir nicht bewusst, aber intuitiv schickte ich wieder einmal eine klare Mission an das Universum. Wieder einmal legte ich mit aller Deutlichkeit mein Ziel fest und stellte mich darauf ein.
Vor einigen Jahren, es ist noch gar nicht lange her, da wurde mir an einem kalten, dämmrigen Nachmittag, als ich mit meinen Kindern durch die Straße vor unserer Wohnung spazierte und von draußen in unser Fenster blickte, klar, dass das Bild, das ich mir damals ausgemalt hatte, wahr geworden war. Die Farbe unserer Gardine, das Licht, das aus unserem Fenster fiel, die Tatsache, dass es dort drinnen gemütlich und warm war, diese wunderbare Gewissheit, die Schlüssel für diesen Ort in meinen Händen zu halten, das alles bewegte mich zutiefst.
Ich sprach mit ihnen darüber und erzählte ihnen von den Gefühlen, die ich so viele Jahre zuvor gehegt hatte. Sie wurden ganz still und hörten mir zu. Ich glaube, dass auch sie das Wesen und den Wert dessen verstanden haben, was wir besitzen.

Die “Via Sacra” begann**: Lausanne, Bern, Zürich, Basel...**

Nürnberg

Es war schneidend kalt. Wir kletterten aus dem Zug, der uns vom schweizerischen Basel nach Nürnberg in Deutschland gebracht hatte - wobei wir an der Grenze mitten in der Nacht durch eine sehr ungemütliche Passkontrolle gekommen waren. Der Weg zum Theater war sehr still.

Schon seit anderthalb Wochen reisten wir nun durch verschiedene Städte, und die Antwort war immer ein Nein.

Erschöpft. Wir hatten eine Buchung für die Jugendherberge in dieser Stadt, aber erst für die nächste Nacht. Die vorige hatten wir im Zug verbracht. Einige Fahrten legten wir ganz bewusst auf die Nacht, zumindest die längsten, denn dann konnten wir sicher sein, dass wir einen Platz zum Schlafen haben, vor der Kälte geschützt sein und rechtzeitig für das Vortanzen eintreffen würden.

Eine Tanzzeitschrift mit allen Daten und Orten, an denen in dieser Zeit Vortanztermine angesetzt waren, war unser treuer Führer.

Ein paar der Tänzer wussten von Tanzgruppen, die Männer und Frauen suchten, in unserem Führer aber nicht verzeichnet waren. Und so tingelten wir auf dem Weg zu einem offiziellen Vortanzen oftmals durch kleinere Orte und versuchten dort unser Glück.

An diesem Tag hatten wir in Nürnberg jedoch ein offizielles Vortanzen. Es wollte und wollte nicht richtig hell werden. Schwere Wolken am Himmel hinderten die Sonne daran, uns mit ihrem Licht aufzuwärmen. Wir erlebten die tragische Farbe des europäischen Winters. Sie ist genauso, wie behauptet wird: grau.

Während wir noch unterwegs waren, begann ich auf einmal, mich im Geiste von der Gruppe zu lösen. Es geschah gar nicht vorsätzlich, aber ich fühlte mich weit von ihnen entfernt. Eine schöne Melodie ging mir durch den Kopf.

Eine meiner Freundinnen in der Wohngemeinschaft in São Paulo war eine glühende Bewunderin der Werke von Richard Wagner gewesen. Tatsächlich war sie es, die mich zum ersten Mal und sehr intensiv mit dem Werk dieses illustren Komponisten bekannt machte. Als wäre Magie im Spiel, begann ich eine Melodie vor mich hinzuträllern. Ich war sicher, dass es die Melodie von *“Die Meistersinger von Nürnberg”* war.

Ich machte mir klar, dass ich vor nicht einmal einem Monat mit ihr im Wohnzimmer unserer gemütlichen Wohnung in São Paulo gesessen und diesem Meisterwerk gelauscht hatte, praktisch am anderen Ende der Welt. Damals hätte ich mir niemals vorstellen können, dass ich ein paar Tage später vor dem Bahnhof von Nürnberg entlanggehen würde, am *„schönen Brunnen”* vorbei, über den großen Marktplatz der Stadt. Eine Hommage an die Werke

von Wagner, den *"Ring der Nibelungen"* und dessen Sage. Und hier waren wir, mitten in unserer eigenen „Sage".
Bis heute werde ich von Gefühlen übermannt, wenn mir diese Erinnerungen kommen!
Nürnberg hat die Bomben des 2. Weltkriegs überlebt und glänzt mit seiner Altstadt, dem mittelalterlichen Teil des Zentrums, der eine beneidenswerte altertümliche Schönheit besitzt. Die Jugendherberge selbst, in der wir nächtigen sollten, befindet sich in einer mittelalterlichen Burg, die als historisches Denkmal unter dem Schutz der UNESCO steht. An welch schönem Ort wir geschlafen hatten entdeckte ich erst am nächsten Tag, als es hell wurde und das Licht des Tages all die Details an der Fassade des Gebäudes hervorhob. Ich erinnere mich, dass ich den Hügel zum Bahnhof hinab rückwärts ging und versuchte, die Herberge zu fotografieren.

Stuttgart
Die Hauptstadt von Baden-Württemberg, mit 590.000 Einwohnern die sechstgrößte Stadt Deutschlands.
Im Staatstheater Stuttgart hat **John Cranko** seine berühmtesten Ballettstücke geschaffen, unter anderem *Romeo und Julia, Onegin, Schwanensee, Der Widerspenstigen Zähmung, Carmen, Poème de l'extase, Spuren* und andere Juwelen, die die *Ära Cranko* bestimmt haben. Seine Muse: **Márcia Haydée**, eine der besten Tänzerinnen des 20. Jahrhunderts.
Sehr emotional, den Ballettsaal dieses Theaters zu betreten. Fotos von **Márcia** und **Cranko**, **Márcia** und **Richard Cragun** in jeder Ecke. Diese wunderbare Aura, die unsere Körper umhüllt.
Aber wir waren nicht die einzigen. Wir konkurrierten mit weiteren 200 Tänzern um nur 3 freie Stellen…

Márcia Haydée *(*1937- in Niterói) war von 1961 bis 1974 Primaballerina in Stuttgart, unter der Leitung von John Cranko. 1976 - nach seinem Tod - übernahm Márcia die Leitung dieser Truppe und setzte 1987 und 1989 bedeutende Choreografiearbeiten mit ihr um. 1996 verließ sie Stuttgart, um Direktorin des Balletts von Santiago de Chile zu werden, das sie bereits seit 1994 parallel geleitet hatte.*
Richard Cragun *(*1944 / †2012) hat mehr als 16 Jahre mit Márcia zusammengelebt und war zu John Crankos Zeiten einer ihrer Haupttanzpartner. Er war Amerikaner und wirkte von 2003 bis 2004 als Ballettdirektor am Teatro Municipal in Rio de Janeiro. In dieser Stadt starb er schließlich auch.*

Frankfurt, Darmstadt, Trier, Koblenz, ...

Gelsenkirchen

Oh, wenn diese Stadt sprechen könnte, würde sie sich an uns erinnern...

Ein Kollege der Tanztruppe des Musiktheaters Gelsenkirchen, der mit dem Tanzen aufhören und in sein Heimatland Argentinien zurückkehren wollte, vermietete uns für ein paar Wochen seine Einzimmerwohnung mit Kochnische und winzigem Badezimmer, einem großen Bett und einem Zweiersofa.

Da das Eisenbahnsystem in Deutschland außerordentlich funktional ist, beschlossen wir, die Wohnung zu unserer „Basis" zu machen. Gelsenkirchen liegt wunderbar zentral im Ruhrgebiet und bietet einen leichten Zugang zu den Metropolen Köln, Düsseldorf, Duisburg, Dortmund und Essen, und es erschien uns als eine gute Idee, von dort aus zum Vortanzen in diese und andere Städte in der Umgebung zu fahren. Das Ruhrgebiet ist mit 5 Millionen Einwohnern der größte Ballungsraum von Deutschland und der fünftgrößte Europas. Es liegt in Nordrhein-Westfalen, im Westen des Landes.

Viele Brasilianer lebten und arbeiteten dort und tun es bis heute, perfekt in die deutsche Kultur integriert. Diese Tatsache bewegte und reizte mich sehr. Ich hatte nicht die geringste Ahnung von der Sprache, ich war nicht einmal in der Lage, höflich auf Deutsch zu grüßen. Auch über die Kultur dieses Landes, seine Traditionen und Gepflogenheiten wusste ich nicht viel, denn die Entscheidung, nach Europa zu gehen, war sehr überstürzt gefallen. Ich hatte nicht mehr als ein Grundwissen… und ich schämte mich dafür.

Bei meiner Ankunft hier wurde ich mit der grundlegenden Unfähigkeit konfrontiert, mich angemessen in der Landessprache ausdrücken zu können. Die meisten Tänzer sprechen mehrere Sprachen - mindestens zwei. Heute spreche, lese und schreibe ich drei Sprachen und kann mich in zwei weiteren zumindest gebrochen mitteilen. Aber damals beherrschte ich nur schlecht Englisch, und die deutsche Sprache zu verstehen erschien mir absolut unmöglich. Es war immer jemand da, der Portugiesisch, Spanisch, Englisch, Italienisch sprach… aber ich schämte mich sehr für meine ignorante Situation.

Es ist völlig klar, dass man eine Sprache nicht in drei Wochen lernt, insbesondere nicht unter den Umständen, in denen wir lebten, aber meine Verlegenheit wurde noch stärker, als wir einen Deutschen trafen, der Englisch sprach (und das sind nicht wenige). Er war uns bei irgendetwas behilflich, und als er erfuhr, dass wir Brasilianer waren, äußerte er sich sofort freundlich und respektvoll über unser Land, den Fußball, die Strände, den Karneval und das

Amazonasgebiet. Auf unser *"thank you"* antwortete er unter Rückgriff auf ein paar spanische Grundkenntnisse mit *"de nada"*.
Das hat mich immer bezaubert! Im Umgang mit Fremden bewahren die Menschen sich hier stets eine gewisse Kühle, aber sie sind hilfsbereit. Wann immer wir Hilfe brauchten, haben wir sie bekommen.
Die Tanztruppe an diesem Theater in Gelsenkirchen setzte nur Tanztheaterstücke um. Sie hatten keine freie Stelle und der Stil ließ sehr zu wünschen übrig. Wir hatten nicht das geringste Interesse, dort zu arbeiten, aber wir wurden von den Kollegen und der Direktion mit offenen Armen empfangen. Und wann immer wir einen Tag ohne Vortanzen hatten, waren wir beim täglichen Training herzlich willkommen.
Schöne Erinnerungen!

Hannover, Kassel, Regensburg, ...

Düsseldorf
Wir waren schon seit mehr als zwei Wochen unterwegs und Düsseldorf erschien vielversprechend. Mit einem erstklassigen neoklassischen Repertoire beschäftigte diese Truppe, die damals unter der Leitung des renommierten Choreografen **Hans Spoerli** (1991 bis 1996) stand, vierzig Tänzer und benötigte noch mehr.
Offizielles Vortanzen: Ich weiß nicht mehr, wie viele Tänzer anwesend waren, ich weiß nicht einmal mehr, wie viele freie Stellen es überhaupt gab. Ich weiß nur noch, dass für das Vortanzen zwei Tage notwendig waren, um die Verträge zu vergeben. Und dass viele, viele Tänzer sich beworben hatten. Es erschien wie ein Alptraum.
Ja, das offizielle Vortanzen nahm zwei Tage in Anspruch - neben dem inoffiziellen, das schon seit Monaten lief. Noch heute geht man folgendermaßen vor: Tänzer, die zu den offiziellen Terminen nicht erscheinen können, bitten den Direktor, sie an einem anderen Tag in Augenschein zu nehmen - vorzugsweise vor dem offiziellen Termin - und werden auf eine Warteliste gesetzt, bis die Entscheidung für jemanden gefallen ist.
Es schien keinen Sinn mehr zu haben, uns für dieses Vortanzen anzumelden. Wir begannen, mit den Theatern zu telefonieren und sie um „inoffizielle" Termine zu bitten. So hofften wir, mehr Glück zu haben.

Bonn, Duisburg,...

Essen

In Essen - im *Aalto Theater Essen* - fiel mir während einer Stunde auf, dass meine Spitzenschuhe keinen Widerstand mehr boten und meine Zehen jedes Mal, wenn ich ins *Relevé*[8] ging, buchstäblich „den Boden berührten". Es war kein Vortanzen, wir hatten die Erlaubnis der Ballettdirektion erhalten, zur Erhaltung unserer Form ungefähr drei Tage lang mit der Tanztruppe an Stunden teilzunehmen, für die wir vom benachbarten Gelsenkirchen aus hin und her pendelten, während wir darauf warteten, dass der Direktor von Duisburg von einer Tournee zurückkehrte.

In Essen gab es damals auch zwei Brasilianer. Ich wandte mich an die Frau und fragte sie nach ihrer Schuhgröße, denn ich hielt ihre Füße für ungefähr so groß wie meine. Ich fragte, ob ich ein Paar ihrer Spitzenschuhe anprobieren dürfe. Sie passten. Deshalb fragte ich nach, wo sie sie gekauft habe und ob sie mich in das Geschäft begleiten würde, um dort ein Paar für mich zu besorgen. Sie lachte und erklärte mir, dass ein Paar Spitzenschuhe 90€ kosten würde - damals waren es fast 120 DM. Ich erschrak beinahe zu Tode. Tatsächlich waren auch meine Ballettschläppchen schon ziemlich aufgeschlissen, und wir hatten noch so viele Vortanztermine vor uns. Wie sollte ich das Problem nur lösen!

Ich vermute, sie hatte Mitleid mit mir, ich weiß es nicht. Aber als ich nach der Stunde noch ein paar Dehnübungen im Raum machte, während sie schon im Gehen begriffen war, weil die Proben bald beginnen würden, sah ich sie plötzlich in der Tür stehen und mir Zeichen geben, dass ich mit ihr kommen solle. Ich war vollkommen überrascht, als sie mir eine Plastiktüte entgegenstreckte und mir zuflüsterte, dass ich sie nicht im Theater öffnen dürfe. Ich sollte sie in die Tasche stecken und erst zu Hause hineinsehen.

In der Tüte waren drei Paar Spitzenschuhe und zwei Paar Schläppchen.

Ich bin beinahe in Tränen ausgebrochen! Ich wollte sie zurückgeben, ich glaubte, ein so gewaltiges Geschenk niemals annehmen zu dürfen.

Am folgenden Tag wickelte ich alles wieder ein und ging zur Stunde. Als ich sie sah, füllten sich meine Augen mit Tränen. Sie kam zu mir und fragte mich, ob ich mich gefreut hätte. Ich wurde von Verlegenheit gepackt und sagte, dass ich ihr alles zurückgeben werde, weil es einfach zu viel Geld sei, um es mir zu schenken.

Da erklärte sie mir, dass das Theater ein bestimmtes Budget zur Verfügung stelle, eine Anzahl von Schuhen, die im Laufe der Spielzeit benutzt werden konnten. Sie hatte sie einfach aus ihrem Budget genommen, um sie mir zu geben. Sie sagte mir, dass sie genau wüsste, was ich durchmachen würde, und

---

[8] Übersetzung: sich auf die Zehenspitzen erheben.

dass sie das niemals getan hätte, wenn sie nicht sicher wäre, dass es einem guten Zweck diene.
Ich glaube nicht, dass wir auf diesem Weg nur Glück gehabt haben. Aber Gott hat uns viele Male gesegnet, indem wir Engeln wie diesem begegnet sind. Mit ihrem Verhalten war sie ein großes Risiko eingegangen, und ich bin ihr bis heute dankbar dafür!

Antwerpen: Sogar nach Belgien machten wir einen Abstecher... wir mochten die Truppe nicht… und sie uns auch nicht…

Wiesbaden

Im März 1993 erreichten wir Wiesbaden, fast zwei Monate (sechs Wochen) nach dem Beginn unserer Reise durch Europa. Wir kamen aus Gelsenkirchen und waren zum zweiten Mal unterwegs nach Frankfurt, weil wir einige Städte mehr als einmal besuchen mussten. Frankfurt war damals eines meiner Hauptwunschziele, denn dort oblag die Leitung **William Forsythe** als künstlerischem Leiter und Choreografen. Zwei erfolglose Versuche… Ein Kollege, der mit uns unterwegs war, erzählte uns, dass in Wiesbaden Tänzer gesucht würden, die befristete Verträge für eine sehr klassisch ausgerichtete Produktion erhalten sollten. Wir zweifelten keine Sekunde. Da fahren wir hin! Wiesbaden liegt ja gleich bei Frankfurt.
Eine wunderbare Stadt, reich, sauber, mit einer beneidenswerten, jahrhundertealten Architektur. Sie liegt in Hessen und hat ungefähr 280.000 Einwohner, ist jedoch eng mit Mainz verbunden, der Hauptstadt des benachbarten Bundeslandes Rheinland-Pfalz. Gemeinsam bilden sie in dieser Region ein Handelszentrum, das mehr als 580.000 Einwohner hat.
Unsere finanzielle Lage verschlechterte sich zusehends, wir waren erschöpft und es war schneidend kalt.
So machten wir uns direkt auf den Weg in die örtliche Herberge, denn zu dieser Jahreszeit, dem europäischen Winter, wurde es schon vor 17 Uhr dunkel. Ich weiß noch, dass wir ein Zimmer mit vier Betten bekamen. Wie wundervoll, so konnten wir beisammen sein! Keine Fremden, die sich das Zimmer mit uns teilten. Es war sauber, warm und gemütlich. An diesem Abend gingen wir in den Supermarkt und kauften ein paar Leckereien, um gemeinsam zu essen.
Wir wollten die Zeit nutzen, um wieder zu Kräften zu kommen. Wir wollten die letzten Tage gemeinsam genießen. Es musste etwas geschehen. Wenn wir

nicht bald eine Anstellung fanden, würden wir kapitulieren und nach Brasilien zurückkehren müssen.
Zurückkehren in einen Alltag, den wir uns nicht wirklich wünschten.
An diesem Abend würden wir gut essen, früh schlafen gehen und voller Hoffnung für das nächste Vortanzen erwachen. Was für eine Kälte! Alles, was wir besaßen, hatten wir in zwei Taschen. Jeder trug seine Winterkleidung und seine Ballettkleidung bei sich, in jeweils eine Reisetasche verpackt. Metaphorisch gesprochen *trugen wir unser Leben auf unseren Schultern.* Wir hatten fast alles angezogen, was wir in den Taschen fanden, aber die Kälte schien nicht weichen zu wollen…
Wir nutzten die Tatsache, dass wir praktisch allein in der Herberge waren, und „besetzten" das Bad, einen riesigen Raum mit diversen Duschen und Waschbecken, in denen wir mit der Hand all unsere schmutzigen Sachen wuschen. Anschließend hängten wir sie über die Heizung, damit sie am nächsten Tag trocken wären.
Wir machten es uns im Zimmer gemütlich und begannen, unser gutes Abendessen zu verspeisen. Die Energie war magisch. Ich erinnere mich an diesen Spätnachmittag, als wäre er gestern gewesen.
Plötzlich stieß einer von uns einen lauten Schrei aus. Erschrocken drehten wir uns alle zum Fenster um, vor dem vollkommene Dunkelheit herrschte. Aber da waren sie, trotz der Finsternis ganz deutlich zu sehen: die schönen, zarten, stillen Flocken des fallenden Schnees.
Urplötzlich schossen wir hoch, sprangen wie die Verrückten von unseren Stühlen, rannten vor die Tür, als wären wir Verbrecher auf der Flucht, und schrien und lachten lauthals. Die Angestellten an der Rezeption bekamen einen Heidenschreck.
Und dann standen wir dort draußen vor der Drehtür und sangen und tanzten, während die ersten Schneeflocken unseres Lebens sanft auf unsere Haare fielen.
Es war so unglaublich schön, so romantisch, so rein. Wir waren vereint in unserem Streben. Wir hatten denselben Traum. Dieselbe Liebe zum Tanz. Wir wollten viel, und das verlieh uns eine unglaubliche Kraft.
Vier Brasilianer in einem deutschen Hotel, singend und tanzend im Schnee, ohne Jacken, ohne Handschuhe, mit Flipflops an den Füßen.
Wer uns zusah konnte nicht anders, er musste anfangen zu lachen.
Nach 10 Minuten Tanzen an der frischen Luft schlüpften wir tiefgefroren wieder ins Haus und kehrten zu unserem Tee zurück, um uns aufzuwärmen.
Es konnte einfach nichts mehr schiefgehen!

In Wiesbaden fanden wir unsere erste Anstellung als Gasttänzer in Deutschland.

Choreografie: **Sir Peter Schaufuss** - "*La Sylphide*"
Ballettdirektion: **Ben van Cauwenbergh**.

Wir fanden gemeinsam eine Anstellung!

Jahre später wurde Daniela Severian (mein Vorbild damals in São Paulo) Solotänzerin in dieser Tanztruppe und blieb es für viele Jahre. Sie wurde aufgrund eines Videos unter Vertrag genommen, das den Direktor, Ben Van Cauwenbergh, auf der Stelle bezauberte, und beendete ihre Karriere als Tänzerin in dieser Stadt.
Da es keine Zufälle gibt, zeigt dies einmal mehr mit aller Deutlichkeit, dass unsere Existenzen stets mit denen derjenigen verbunden sind, mit denen wir zusammenleben.

Nachdem wir einen Vertrag als Gasttänzer für die Produktion von "La Sylphide" bekommen hatten, mussten wir nach Brasilien zurückkehren und ein Arbeitsvisum beantragen. Ich hatte einen gebuchten Rückflug, mein Vater hatte daran gedacht. Aber wie sollte ich wieder nach Europa zurückkommen und meine Arbeit antreten? Ich habe nicht wirklich verstanden, wie sich alles zugetragen hat, aber ich erinnere mich, dass eine sehr großzügige Dame aus São José do Rio Preto, die von meiner Willenskraft beeindruckt war, die Kosten für diese Reise übernahm. Sie hat mich praktisch gefördert, ohne dafür eine Gegenleistung zu erwarten. Wieder einmal hatte Gott mir einen Engel geschickt, und das Unmögliche geschah. Für eine knappe Woche kehrte ich nach São Paulo zurück. Das Theater in Wiesbaden schickte ein Fax an die deutsche Botschaft der Stadt und innerhalb von drei Tagen war das Visum genehmigt. Ich musste mich beeilen, um soviel Kleidung wie möglich zu packen und mit zurück nach Deutschland zu nehmen, und sieben Tage später war ich wieder in Wiesbaden und betrat den Ballettsaal des Theaters. Ich hatte nicht einmal die Zeit, meine Eltern zu sehen und mich von ihnen zu verabschieden. Erst zwei Jahre später, 1995, sollten wir uns wieder treffen.
Das Theater gewährte uns einen kleinen Vorschuss, damit wir unsere Wohnsituation regeln konnten, und nur einen Tag nach meiner Ankunft hatte ein brasilianischer Tänzer ein Zimmer gefunden, das ich mieten konnte. Es gehörte zur Wohnung eines bildenden Künstlers. Ein weiterer Engel hatte in

Form eines Freundes meinen Weg gekreuzt. Alles regelte sich wie von selbst, als wäre Magie im Spiel.

Lehrzeit

Es bleibt zu erwähnen, dass es in dieser intensiven Zeit der Suche zu vielen Begegnungen kam: Begegnungen freundschaftlicher Art, die viele Jahre bestehen blieben, aber auch „lehrreichen Begegnungen". Ein wahrer „Schock" in einer so kurzen Zeitspanne. Bei jedem Vortanzen, in jeder Ballettstunde stürmten so viele Informationen und Urteile auf uns ein, die alles stärkten, was wir bis dahin erreicht hatten, und uns darüber hinaus unzählige neue Möglichkeiten eröffneten, wie wir unsere Arbeit ausüben konnten. Es waren intensive und faszinierende Wochen. Man benötigt eine große Aufnahmefähigkeit für jeden Bereich des Lebens, in dem es zu lernen gilt, und ganz besonders dann, wenn es um den Beruf und die persönlichen Beziehungen geht. Ich gebe zu, dass es für mich sehr wichtig war, diese Zeit zu erleben. Erst danach, nach dem Kulturschock - denn die ganze Welt schien uns zum Vortanzen aufzufordern - und dem intensiven Kontakt mit den klassischen Tanztechniken der verschiedenen *Schulen (Methoden)*, waren wir in der Lage, uns für eine „klassische Schule", einen Stil, zu entscheiden und ihn zu vervollkommnen. Wie ich schon sagte: Ich stand unter Druck. Großem Druck...

Aber um ehrlich zu sein: Ich schätze, dass es von den Hunderten Tänzern aus den verschiedensten Ländern, die auf der Suche nach einer Stelle durch Europa zogen, vielleicht einem Viertel gelungen ist, tatsächlich eine feste Beschäftigung zu finden.

Die große Mehrheit ist nach Hause und zu der Tanztruppe zurückgekehrt, aus der sie kam (und aus der sie offensichtlich ausbrechen wollte), und hat die Suche im nächsten Jahr von Neuem aufgenommen, denn Europa durchläuft dieses Getümmel aus Vortanzen, Vorspielen, Vorsprechen jedes Jahr wieder zwischen Oktober und April. Das Wechseln beginnt von vorn, und viele Tänzer gehen an ein anderes Theater oder bekommen ganz einfach eine neue Anstellung. Wieder reisen Hunderte von ihnen von Theater zu Theater, telefonieren, schicken Lebensläufe, stellen sich vor...

Es ist stressig für alle - in erster Linie für sie selbst, aber auch für diejenigen, die angestellt sind und ständig mit diesem Ehrgeiz der Kollegen konfrontiert werden, sowie für die künstlerischen Leiter, für die die „Qual der Wahl" beinahe zum täglich Brot wird.

Und auch wenn man am Schutz der professionellen Tänzer noch arbeiten könnte, ist Deutschland vielleicht das Land, das Künstlern per Gesetz die besten Arbeitsbedingungen gewährt, beständig nachgebessert und sehr gut strukturiert. Was die Deutschen als „schlechte Arbeitsbedingungen" empfinden, ist in der Tanzwelt Realität - und verglichen mit den Bedingungen, die in unzähligen Tanztruppen in Brasilien, den USA, aber auch einigen europäischen Ländern herrschen, immer noch das Paradies. Doch da die festen Verträge hier eine Laufzeit von einem Jahr haben, nämlich von Juli bis Juli, müssen wir immer in Form und gut vorbereitet bleiben, denn die Konkurrenz schläft nicht.

BREMERHAVEN - I

Ricardo Fernando: Begegnung

Während wir sieben lange Wochen in Wiesbaden verbrachten und ununterbrochen mit den Vorbereitungen für die Premiere von *„La Sylphide"* - choreografiert von **Sir Peter Schaufuss** - beschäftigt waren, hatten wir gleichzeitig ständig die Tatsache im Hinterkopf, dass wir weiter nach einer Tanztruppe suchen mussten, die uns ab dem kommenden Juli einstellen würde, denn wir hatten Gastverträge (das heißt, dass sie auf eine einzige Produktion beschränkt waren), die mit dem Ende der Spielzeit (im Juli 1993) auslaufen sollten, wenn die letzte Aufführung dieses Stücks über die Bühne gegangen war.

Es war jetzt Mai 1993, und wir zogen erneut aus, um etwas Dauerhaftes zu suchen, diesmal mit mehr beruflichem „Gepäck" und ein wenig Arbeitserfahrung an einem deutschen Theater.

Wir hatten gehört, dass ein brasilianischer Direktor das Stadttheater Bremerhaven übernehmen sollte, weit oben im Norden Deutschlands, an der Nordseeküste.

Ohne mit der Wimper zu zucken kauften wir uns eine Hin- und Rückfahrkarte ohne Zwischenübernachtung; wir verließen Wiesbaden früh am Morgen und machten uns auf den Weg. Wieder gingen wir vier gemeinsam.

Eine Hafenstadt, eines der größten Tore zur Nordsee, einfach, relativ klein, damals sehr traurig und alt, im 2. Weltkrieg nahezu völlig zerstört und in den 60er Jahren in aller Eile wieder aufgebaut. Bis Ende der 80er Jahre waren dort während des kalten Krieges amerikanische Truppen stationiert gewesen, und die Stadt hatte Blütezeiten erlebt. Mit dem Abzug der Truppen büßte sie jedoch viel von ihrem Glanz ein und präsentierte uns nun ihre 110.000 Einwohner und ein regenreiches Klima mit beeindruckenden Stürmen. Das Theater war sehr alt und ziemlich vernachlässigt. Es benötigte damals dringend eine Renovierung, die dann im Jahr 2000 auch tatsächlich erfolgte. Ein Ballettsaal, der beinahe improvisiert wirkte...

Auch die Bedingungen waren nicht die besten. Das alles ließ uns ein wenig mutlos werden... Obwohl das eigentlich, wie bereits erwähnt, der reinste Luxus war, denn auch bei einem Theater in diesem Zustand sind die Arbeitsverträge die gleichen wie in allen anderen Städten des Landes. Sie unterliegen schließlich dem deutschen Arbeitsrecht.

Aber der glühende Wunsch, von einer großen Tanztruppe engagiert zu werden, und der Traum von einer erfolgreichen Karriere mussten in dieser Phase nicht notwendigerweise zu einem Hindernis werden, sondern sie waren eine mächtige Waffe. Und ich wollte sie nicht aufgeben.

So betraten wir den Ballettsaal, ohne ein einziges Wort zu sagen. Das bedeutete, dass der Leiter und Choreograf - **Ricardo Fernando** - und seine Frau, Tänzerin und Assistentin - **Carla Silva** - nicht die geringste Ahnung davon hatten, dass eine Gruppe von vier Brasilianern zu diesem Vortanzen angetreten war, denn wir alle hatten zur Identifizierung nur ein Stück Stoff mit einer Ziffernfolge auf der Brust.

An dieser Stelle möchte ich das Ganze ein wenig genauer erläutern: Ein offizielles Vortanzen besteht aus einer Stunde klassischem, modernem oder auch zeitgenössischem Ballett -abhängig von dem Ensemble, bei dem man angenommen werden möchte. Das Niveau ist dabei im Allgemeinen sehr hoch - oder zumindest an die künftigen Bedürfnisse des Ensembles angepasst. So wird bei einem klassischen Ensemble zum Beispiel Arbeit auf den Spitzen gefordert, oder bei einem modernen Ensemble das Tanzen mit nackten Füßen, und dabei wird die technische Ausbildung der Tänzer begutachtet. Danach wird ein Choreografiestück erarbeitet, das aus dem klassischen Repertoire stammen kann oder vom jeweiligen Choreografen selbst festgelegt wird. In dieser Phase wird die Lernfähigkeit und Aufnahmegeschwindigkeit bei der Arbeit geprüft, und auch das Talent, ein Stück umzusetzen.

Bei sehr strengen Vortanzterminen wird schon vor der klassischen Stunde eine erste Vorauswahl vorgenommen. Die Leute auf der Richterbank, zu denen im Allgemeinen der künstlerische Leiter und Choreograf, Ballettassistenten und verschiedene Theaterdirektoren gehören, bitten bestimmte Tänzer, den Raum zu verlassen. Sie bekommen nicht einmal die Chance, ihre technischen Fähigkeiten zu zeigen; sie werden aussortiert, weil sie nicht dem gewünschten

Typ entsprechen oder die falsche Größe haben. Während und nach der Stunde werden noch mehr Bewerber aussortiert. Und während der Choreografieprobe noch einmal.
So lange, bis die Jury am Ende des Tages - denn ein solches Vortanzen dauert fast den ganzen Tag, ungefähr 6 bis 8 Stunden, je nachdem, wie viele Kandidaten es gab - eine klare Entscheidung treffen kann. Es ist ein sehr schwieriger Wettbewerb.

Das Stadttheater Bremerhaven hatte nur zwei freie Stellen, eine für einen Mann und die andere für eine Frau, aber es gab mehr als 50 Bewerber um diese beiden Posten.
In die letzte Runde, also die Choreografiephase des Vortanzens, schafften es zwei Frauen und zwei Männer. Und ich war eine davon...
Es war wieder einmal *„5 vor 12"*, wie einige Monate zuvor in Genf. Und wieder zweifelte ich, ob ich um die Stelle kämpfen oder lieber weitersuchen sollte.
In einer der zehnminütigen Ruhepausen nahm **Nilson Soares**, mein sehr lieber Kollege aus unserer Gruppe, mich zur Seite und sagte sehr ernsthaft und mit fester Stimme: *„Ein Spatz in der Hand ist besser als die Taube auf dem Dach. Schnapp dir diesen Vertrag."*
Wir kehrten in den Saal zurück, und ich gab alles. Ich war mit dem Kopf bei der Sache und führte die Choreografie so gut aus, wie ich nur konnte. Tatsächlich gefiel mir der Stil von Ricardo auch außerordentlich gut. Ich erinnere mich bis heute an die Blicke von Ricardo und Carla, die zufrieden waren, dass ich „diese Entscheidung getroffen" hatte und mit Zähnen und Klauen kämpfte.
Diesmal war es für mich *„punkt zwölf Uhr"*. Ich bekam den Vertrag. Und unsere Gruppe aus vier brasilianischen Tänzern auf der Suche nach Arbeit... löste sich auf.
Ein fester Vertrag für ein Jahr. Ich hatte erreicht, was ich gesucht hatte: Sicherheit.
Als ich zur Jury hinüberging, um die Papiere entgegenzunehmen, grüßte ich die beiden auf Portugiesisch. Die Überraschung war groß und der Generalintendant des Theaters zeigte sich sehr zufrieden, als ihm klar wurde, dass meine Nationalität nicht der Grund dafür gewesen war, dass Ricardo mich ausgewählt hatte.
Ich ahnte nicht, dass ich mich in diesem Moment an zwei große Seelen gebunden hatte, die seitdem in Deutschland ein unglaubliches Werk vollbracht haben.

Ihr größtes Verdienst ist es ganz zweifellos, in mindestens drei deutschen Theatern verhindert zu haben, dass diese ihre Tore für das Corps de Ballet schlossen. Dank ihrer unermüdlichen Mühen, die Tanzensembles zu bewahren, auch wenn sie noch so klein waren, um auf diese Weise auch jungen, noch unerfahrenen Tänzern die Möglichkeit auf eine Arbeitsstelle zu erhalten, sind diese beiden mit jedem Tag mehr zu unersetzlichen Figuren in der Geschichte diverser Theater dieses Landes geworden.[9]
Ich habe viel gelernt in den Jahren, in denen ich mit ihnen gearbeitet habe.

Fotomaterial 1:Ronaldo Navarro

1993 erzählte mir **Ronaldo Navarro** (Brasilianer, damals ebenfalls Tänzer in Bremerhaven) von seinem Interesse an der Fotografie und bot mir an, als Experiment ein Album zu erstellen, das den Anfang meiner Karriere in Europa zeigen sollte. Die Bilder entstanden noch im alten Ballettsaal des Stadttheaters Bremerhaven und wir hatten eine Menge Spaß dabei.
Ronaldo hat viele Jahre lang in Deutschland getanzt und sich eine schöne Karriere als Solist in der Tanztheater-Truppe von **Johann Kresnik** aufgebaut. Neben seinen Fähigkeiten als hervorragender Schauspieler, Tänzer und Bildhauer hat er noch eine weitere Leidenschaft entwickelt: das Schreiben. Er hat zwei Bücher veröffentlicht -*„Buscas“* (2012) und *„Mármore“* (2014)[10] - und ein drittes ist schon auf dem Weg. Daneben ist er auch Drehbuchautor sowie Regisseur und Produzent verschiedener Kurzfilme und Theaterstücke. Ein wirklicher Allround-Künstler.

---

[9] Siehe Kapitel: ***Persönlichkeiten und Coda***

[10] EditoraNelpa

Cássia Lopes
Stadttheater Bremerhaven – 1993
Ballettsaal

(©Ronaldo Navarro)

Cássia Lopes - Bremerhaven 1993 (©Ronaldo Navarro)

WIEN

Fast ein Jahr tanzte ich nun schon in Bremerhaven, der Hafenstadt, die so stolz auf ihr kleines Theater ist. Wir wurden auf der Straße angesprochen und um Autogramme gebeten, und wo immer wir uns aufhielten, wurden wir erkannt. Aber ich hatte dennoch nicht das Gefühl, dass ich mein künstlerisches Ideal wirklich ganz verwirklicht hatte. Obwohl ich die Arbeit mit Ricardo sehr schätzte, behielt ich immer im Hinterkopf, dass ich in Brasilien alles aufgegeben hatte, um mich zu entfalten, und das wollte ich tun, ohne Einschränkungen…

Ich beschloss, meinen Vertrag bei dieser Truppe nicht abrupt aufzulösen, ohne vorher persönlich den Versuch unternommen zu haben, ein anderes Theater zu finden, das mich interessierte. So waren es mehr oder weniger 6 Vortanztermine, die ich 1994 wahrnahm. Dieses Mal probierte ich es jedoch nur bei großen und renommierten Häusern. Ich wollte meine Grenzen austesten. Bei dreien dieser Vortanztermine, darunter einem in Dresden an der Semperoper, gehörte ich zu den letzten, die aussortiert wurden, was für einen Tänzer von großer Bedeutung ist. Im Unterschied zu Genf damals, als ich gerade erst in Europa angekommen war, floss in die Entscheidung, ob ich eine Stelle wollte oder nicht, auch meine Erwartung an das Tanzensemble mit ein. Darin lag keine Arroganz, es war schlichtweg die sehr ernst gemeinte Suche

nach einem Ort, an dem ich mein Talent würde entfalten können, ohne nach den antiquierten Regeln einiger irregeleiteter Ballettdirektoren „marschieren" zu müssen, die den Tanz immer noch wie im Europa der 50er Jahre zelebrierten! Ein Beispiel: In Dresden ließ uns der damalige Ballettdirektor (1994) in einer langen Reihe antreten, noch bevor wir an die Stange gebeten wurden, um mit der klassischen Einheit zu beginnen. Es waren insgesamt über 200 Mädchen, die in vier Gruppen aufgeteilt worden waren - und so standen wir nun mit mehr oder weniger 50 Frauen in einer Reihe. Der Direktor schritt uns ab, begutachtete uns und sortierte all diejenigen aus, die nicht seinem „Idealtyp" entsprachen. Es war so traurig, diese engagierten Kollegen zu sehen, die ich bereits kannte und deren Professionalität ich sehr bewunderte und die nun nicht einmal die Chance bekamen, das erste „Plié" (die erste Übung der klassischen Einheit) zu zeigen, bevor sie ausgemustert wurden. Es zerriss mir das Herz... Ich blieb! Ich blieb bis zur letzten Runde... Aber ich wusste, dass ich hier nicht würde arbeiten wollen, ich wollte an einer solchen Atmosphäre nicht mitschuldig sein. Ich war Ricardo Fernando gewöhnt, der ein freundlicher Direktor ist und niemals auf diese Weise handeln würde, auch wenn er streng mit seinen Tänzern umgeht.
Letztendlich aber es war Wien, das mir den so sehr ersehnten Erfolg bescherte, in einem großen klassischen Ensemble angenommen zu werden, das schon seit mehr als 300 Jahren bestand.
Ungefähr 450 Tänzer, Männer und Frauen, stellten sich bei diesem Vortanzen vor.
Da war ich nun, 23 Jahre alt - und damit relativ spät auf dem Weg - und erst ein Jahr lang in Europa, bei einem Vortanzen der Staatsoper Wien, einem der ganz wenigen offenen Vortanztermine, die es bei diesem historischen Ensemble in seinem gesamten Bestehen überhaupt gegeben hat, denn zur Auffrischung seines Kaders greift es häufig auf die Absolventen des Tanzkonservatoriums der Oper zurück. Und ich bekam eine Stelle: Von 150 Männern wurden sechs genommen und von 300 Frauen nur fünf - und ich war eine von ihnen.
Das Traurigste war, dass ich mich ausgerechnet in Bremerhaven, wo ich nicht bleiben wollte, in meinen zukünftigen Mann verliebt hatte...
Ich hatte die Leute immer sagen hören, dass Karriere und Familie niemals unter einen Hut zu bekommen sind! Aber ich wollte es nicht glauben.
Bei der Entscheidung, die Stelle in Wien anzunehmen, erhielt ich viel Rückendeckung von ihm, obwohl auch er sehr verliebt war und wir uns damals gerade zu einer festen Einheit zusammentaten.

Die Schwierigkeit bei allem war stets, dass er eine sehr dauerhafte und sichere Stelle als Bühnentechniker am Theater in Bremerhaven hatte, die er aus offensichtlichen Gründen nicht gefährden wollte. Für ihn gab es keine Zweifel: Wenn wir zusammen sein wollten, musste ich nach Bremerhaven zurückkommen.

Für mich war es ein Jahr voller Widersprüche. Endlich war ich dort angekommen, wo ich immer hatte sein wollen. Beruflich konnte ich von mir behaupten, dass ich in Kürze den Höhepunkt meiner Erwartungen erreichen musste: Ein Mädchen aus dem Hinterland von São Paulo - in einer Mittelschichtfamilie aufgewachsen - mit viel Ehrgeiz und höchstwahrscheinlich Talent, aber auch mit einer klassischen Technik, die derjenigen der Europäer, die von den renommierten und historischen Tanzschulen kamen, nicht überlegen war, tritt in eines der größten Tanzensembles der Welt ein, das Ballett der Staatsoper Wien. Es umfasste damals 80 Tänzer: 50 Damen und 30 Herren. Und ich gehörte dazu.

Schon in den ersten vier Arbeitsmonaten bekam ich Gelegenheiten geboten, die bei vielen meiner Kollegen für Unzufriedenheit und Widerstand sorgten, denn ich war ein „Neuling“ und nicht einmal Österreicherin, was für viele ein Affront war. Ich wurde immer in die erste Besetzung gewählt, selbst wenn es um eine Eingliederung ins Corps de Ballet ging, während andere, die ehemalige Schüler des Tanzkonservatoriums der Wiener Oper und bereits seit Jahren Mitglied der Tanztruppe waren, in die Zweitbesetzung verbannt wurden.

Aber was niemand wusste, war, dass ich, sobald ich in meiner Wohnung ankam, die ich mit einem Jurastudenten teilte, auf mein Zimmer ging und weinte. Ich weinte vor Erschöpfung, vor Einsamkeit, vor Sehnsucht!

Es war das zweite Mal in meinem Leben, dass ich mein Herz vor Kummer bluten ließ, um dem Ruf meiner Karriere zu folgen.

Mein großer Traum, Tänzerin zu werden, war immer mit dem Traum einhergegangen, Kinder zu bekommen und eine Familie zu gründen. Ich habe es trotz allem geschafft, beides zu verwirklichen, selbst wenn ich, wenn auch unfreiwillig, bis zu einem gewissen Punkt auf das eine verzichten musste, um mich dem anderen widmen zu können. Und ich habe alles mit sehr, sehr viel Liebe getan.

So verbrachte ich ein halbes Jahr zwischen tiefer Einsamkeit und extremer beruflicher Verwirklichung. Der Winter kam, die Tage wurden grau und verloren ihren Glanz, es wurde kalt. In Wien war es wirklich eiskalt, und die Entfernung bis Bremerhaven schien immer größer zu werden (1400 km). Wir

besuchten einander oft, aber es schien nicht auszureichen für das, was wir wollten. Beide wünschten wir uns eine Familie, Kinder, ein Zuhause.
... und es war kein Zufall, sondern ein Werk der Liebe, als ich Ende November 1994 erfuhr, dass ich Mutter werden würde.
Natürlich war meine Freude größer als alles andere. Wie ich bereits sagte, ich hatte immer Mutter sein wollen...
Erst viele Jahre später verstand ich, warum sich meine Mutter nicht gleich über die Nachricht freute, sondern um mein Glück fürchtete. Ich glaube nicht, dass ich jemals aufgehört habe, glücklich zu sein! Im Gegenteil, ich würde alles noch einmal so machen.
Aber ja, ich habe verstanden, dass die Verantwortung, ein Kind zu haben, an einem glücklichen Tag beginnt und niemals wieder endet, solange man lebt.
In der Oper wollte ich noch nichts davon erzählen, denn eine Schwangerschaft wird erst nach der 12. Woche offiziell bekannt gegeben. So tanzte ich weiter, trainierte weiter und übte Choreografien.
Ich weiß noch, dass wir die traditionelle Version des *„Nussknackers“* von **Rudolf Nurejew** einstudierten, die seit einem halben Jahrhundert in diesem Theater getanzt wurde, genauer gesagt seit 1967.

1981, als ich noch an der Ballettschule in São José do Rio Preto war, war die Tanzkompanie ***Cia. de Dança Cisne Negro*** *mit einem sehr schönen Projekt im Hinterland von São Paulo unterwegs:*
Mit der Hilfe verschiedener Ballettschulen in verschiedenen Städten erarbeiteten sie das Ballett "Der Nussknacker". Die Tanztruppe stellte für die Hauptrollen ihre eigenen Solisten, und die örtlichen Schulen luden Assistenten der Truppe ein, um dem Corps de Ballet die Choreografie beizubringen. Für die Schulen im Hinterland war das eine wunderbare Gelegenheit. Auch unsere Schule war von der künstlerischen Leiterin, Frau ***Hulda Bittencourt,*** *ausgewählt worden, um dem Projekt in unserer Stadt Leben einzuhauchen. Es war ein Fest! Wir begannen, viele Versionen dieses Balletts zu studieren und zu betrachten, um die Arbeit besser umsetzen zu können. Im Haus unserer Lehrerin, Frau* ***Cleyde Lerro Filiage,*** *sah ich eine Version auf Videokassette, bei der die „Kinder“ des Stücks ganz zu Anfang des Balletts, noch während der Ouvertüre, zum Weihnachtsfest schritten, vor dem Vorhang entlang, von einer Seite der Bühne zur anderen, während feine, zarte Schneeflocken überall auf den Weg schwebten, den sie zurücklegten. Sie alle trugen Wollmäntel und trippelten mit schnellen Schritten auf den Spitzen dahin. Ich fand den Anblick phantastisch, und er hat sich mir für immer in die Erinnerung gebrannt.*

(In meiner Jugend hat es viele Momente gegeben, die sich mir ins Gedächtnis gegraben haben - und viele Jahre später habe ich verstanden, dass jeder einzelne davon eine Vorbereitung auf meine Aufgabe als Tänzerin war).

In Wien erfuhr ich schon bei der ersten Probe für dieses Stück, dass ich ein *„Bube"* sein würde, ein Junge in der Kinderschar beim *„Weihnachtsfest"*. Man besetzte die Buben mit Frauen, weil diese eher kleinen Jungen ähneln. Die meisten männlichen Tänzer sind sehr muskulös und haben kein kindliches Aussehen.
Meine Überraschung kannte keine Grenzen, als man uns den Weg am Vorhang entlang vorgab, in kleinen, schnellen Schritten auf der Spitze - und uns um Vorsicht bat, damit wir nicht auf dem künstlichen Schnee ausrutschten, der währenddessen fallen würde. Ich hatte buchstäblich einen Knoten im Hals und hätte am liebsten geweint, als ich verstand, um welche Version es sich handelte: Es war genau die, die ich vor so vielen Jahren auf dem Video bewundert hatte, als ich den Plan schmiedete, Tänzerin zu werden...
Die *„Schneeflocken"* - von denen ich eine war - waren wunderbar. Alle in *Tutus*[11] und ganz zart, schwebten wir in der ersten Hälfte des Stücks hinein. In der zweiten Hälfte, als der *Schneesturm* begann, betraten wir die Bühne nacheinander mit einem *Grand-Jeté* und überquerten sie in der *Manège*... Es war ein wunderschöner Anblick. All diese Tänzerinnen hatten ungefähr die gleiche Figur, die gleichen länglichen, gespannten Füße, lange Hälse, zarte Arme, Haare und Make-up waren auf die gleiche, weiche Art zurechtgemacht, und diese ganze Schönheit bildete eine extrem homogene Gruppe, die auf einer schier endlosen Bühne rannte, sprang und tanzte.
Bis ich in die 12. Woche der Schwangerschaft kam und mein Schneeflockenkostüm sich bei einer Aufführung des *Nussknackers* nicht mehr schließen ließ. Eine Handbreit blieb offen, und die Dame, die dafür verantwortlich war, uns anzukleiden, geriet in Panik, weil sie glaubte, sie hätte das *Tutu* falsch vorbereitet. Es gab ein großes Durcheinander und ich musste schließlich auf die Bühne rennen!
Letztendlich nähte sie mit der Hand ein Stück Stoff an den Rücken, das die Öffnung verdeckte, und entließ mich so.
Am folgenden Tag wurde ich ins Büro der künstlerischen Leiterin zitiert.

---

[11] ***Tutu***: tellerförmiger Tüllrock (typisch für Ballerinas).
Grand-Jeté: Sprung, bei dem die Beine in der Luft zu 180° geöffnet sind.
Manège: kreisförmige Tanzformation

Aber noch bevor die Direktorin (**Mde. Anne Woolliams** - *1926 / †1999) mich nach den Gründen fragen konnte, brach ich in Tränen aus, entschuldigte mich dafür und erzählte ihr, was wirklich geschehen war.
Die Tänzer waren damals fast durchweg unzufrieden mit Anne Woolliams. Viele von ihnen, darunter auch Stars wie **Wladimir Anatoljewitsch Malachow**, waren gegangen, um ein Jahr in anderen Tanztruppen in Berlin, München, Hamburg und Paris zu tanzen. Einige sprachen sehr schlecht von ihr und hofften mit großen Erwartungen auf ihren Nachfolger, der die künstlerische Leitung des Balletts im folgenden Jahr endgültig übernehmen sollte, nachdem bereits jetzt viele von ihm choreografierte Stücke zum Repertoire des Ensembles gehörten.
Meine Erfahrung mit dieser Frau wird für mich immer unvergesslich bleiben. Sie umarmte mich und fragte, warum ich weinen würde. Ein Kind zu bekommen gehöre doch zu den schönsten Dingen, die eine Frau erleben könne. Sie erzählte mir von vielen Solisten und Primaballerinen der Truppe, die Kinder bekommen hätten, und sie sprach von der Schönheit, die der Körper einer Frau im Tanz ausdrücken kann, nachdem diese einem Kind das Leben geschenkt hat. Kurz darauf erfuhr ich, dass sie selbst niemals Kinder hatte bekommen können, weil sie ihre Hüfte beim Tanzen schwer zerstört hatte.
Ich habe sie niemals wieder gesehen. Anne Woolliams starb fünf Jahre später, und ich habe ihr nie für die schönen Trostworte danken können, denn kurz nach diesem so mütterlichen Gespräch wurde ich krankgeschrieben und kehrte nach Bremerhaven zurück, an die Seite des Mannes, dessen Kind ich erwartete. Vor lauter Glück dachten wir beide an keine zukünftige Entscheidung, sondern lebten allein im Jetzt.

Kinder, Heim, Herd und Tanz

Mein Sohn wurde im europäischen Sommer geboren, im August 1995.
Bis hierhin war alles wie geplant gelaufen, denn der Mutterschutz ist in den deutschsprachigen Ländern hervorragend durch Gesetze geregelt. Mein Beruf galt als Risiko für eine Schwangerschaft, und so erhielt ich ab der 12. Schwangerschaftswoche ein ärztliches Arbeitsverbot. Weil ich mit Kaiserschnitt entbinden musste, gestand mir das Gesetz nach der Niederkunft noch einmal weitere 12 Wochen für die Genesung zu.
Das Problem war nur: Was sollte ich nach dieser Rekonvaleszenzzeit machen? Ich war immer noch geschützt, aber der Mutterschutz galt nur bis zu einem bestimmten Punkt. Und meine Entscheidung musste meinem Arbeitgeber mitgeteilt und mit diesem besprochen werden.

Nun gut! Da ich mir nicht vorstellen konnte, mein einsames Leben in Wien mit einem 12 Wochen alten Baby wieder aufzunehmen, mit 8 Stunden Tanz am Tag und ohne die Unterstützung meines Mannes, der keinerlei Neigung zeigte, mich nach Wien zu begleiten - denn seine Anstellung als Bühnentechniker am Theater in Bremerhaven hätte uns bis zu seiner Pensionierung eine nahezu vollständige Sicherheit gewährt - beschlossen wir, dass ich ein weiteres Jahr Elternzeit nehmen würde, damit wir herausfinden konnten, was die beste Lösung war.
Der neue Ballettdirektor in Wien, der die künstlerische Leitung übernommen hatte, hielt nichts von meinem Vorschlag. Es war eine sehr schwierige Angelegenheit, denn ich hatte in dem Halbjahr, das ich dort verbracht hatte, nicht viele Gelegenheiten gehabt, mein Talent und die Qualität meiner Arbeit unter Beweis zu stellen. Deshalb verließ ich mich ganz einfach darauf, dass er meinem Wort Glauben schenkte, wenn ich versprach, nach einem Jahr der Freistellung in bester körperlicher Verfassung und ohne familiäre Probleme zurückzukehren und meine Arbeit als Tänzerin wieder aufzunehmen… bei mindestens 250 anderen Konkurrenten auf der Warteliste, die nach meinem Platz in der Truppe lechzten. Natürlich hat es nicht funktioniert!
Die Elternzeit ist mein Recht und niemand kann mir verbieten, darauf zu bestehen. Aber das Gesetz sieht auch vor, dass der erste Tag nach dem Ende dieser Zeit im Ermessen des Arbeitgebers liegt…
Und so war es. Ich genoss ein Jahr mit meinem kleinen Sohn und dem Leben als Hausfrau. Sorgen machte ich mir keine, denn ich war mir sicher, dass ich nach Wien zurückkehren und meine Arbeit wieder aufnehmen würde. Zwei Monate vor dem Ablauf der Elternzeit erhielt ich meine Kündigung von der Wiener Staatsoper. Diesen Brief bewahre ich bis heute auf, als beständige Mahnung an mich selbst, dass nichts in diesem Leben jemals frei von Änderungen oder Enttäuschungen ist.
Ich erinnere mich noch, dass wir unterwegs waren, um bei meinen Schwiegereltern zu essen, als ich den Brief im Auto öffnete und laut vorlas. Ich weiß auch noch, welch ungeheure Frustration mich erfasste, weil Menschen, die mit meinem Leben in keiner Weise verbunden waren, Entscheidungen über mich gefällt hatten. Jahre später geschah dies noch einmal, nur in wesentlich größerem und verheerenderem Ausmaß - als ob diese Begebenheit in Wien nur eine Generalprobe gewesen wäre.
Es war ein gewaltiges Gefühl von Machtlosigkeit und Enttäuschung. Ich vergoss ein paar Tränen. Ich weiß nicht mehr genau, was mein Mann zu mir sagte, aber ich kann mir heute vorstellen, dass er zwar mit mir mit litt, aber

auch eine gewisse Erleichterung verspürt haben mag, denn so würde ich in Bremerhaven bleiben, bei ihm und unserem Baby…

Plötzlich fühlte ich mich eingesperrt. Gefangen durch meine eigenen Handlungen, ohne die geringste Möglichkeit, mich zu befreien. Ein Gefängnis, das ich selbst geschaffen hatte. Ich begann zu verstehen, warum meine Mutter geweint hatte, als ich ihr die Kunde von meiner Schwangerschaft überbrachte!

Nach wie vor liebte ich alles, was ich hatte: meinen Sohn, meinen Partner, mein Leben. Aber ich hatte das Gefühl, dass ein sehr wichtiger Teil von mir abgetrennt worden war. Aus meiner Brust gerissen. Ein paar Tage lang fühlte ich mich vollkommen handlungsunfähig; ich wusste nicht, wie ich reagieren sollte.

Nach einigen vergeblichen Versuchen, mein Arbeitsverhältnis mit der Wiener Staatsoper wieder aufzunehmen, musste ich schließlich endgültig akzeptieren, dass ich eine der größten Chancen meiner Karriere verloren hatte.

Ich habe es immer für absolut ungerecht gehalten, der Karriere den Vorrang vor der Familie zu gewähren. Es sind vollkommen unterschiedliche Welten. Niemals hatte ich alles, was ich liebe, hinter meiner Karriere zurückstehen lassen wollen. Das ist zu allen Zeiten überaus schmerzhaft gewesen. Aber die Geschehnisse haben mir bei verschiedenen Gelegenheiten immer wieder deutlich gezeigt, dass es mir in diesem Leben nicht gelingen kann, beides Seite an Seite zu haben.

Ich kann beides haben, aber niemals gemeinsam. Und das ist ein sehr, sehr hoher Preis!

Verletzungen, Schwangerschaften und der Zahn der Zeit: SCHWERE LASTEN!

Es gab viele Momente in meiner Karriere, in denen ich dachte: "Das war's!" Nicht auf tragische Weise, wie man vielleicht meinen könnte, sondern weil ich mir dessen bewusst bin, dass die Tage in diesem Beruf gezählt sind, wenn man ihn so intensiv ausübt, wie ich das tue. Das ist weder ein Geheimnis, noch ein Tabu. Es ist ganz einfach eine Tatsache, denn wir sind stark von unserem körperlichen Wohlergehen abhängig, um ihn ausüben zu können. Auch wenn der Tanz heutzutage von der Medizin endlich als „Wettbewerbssport" und Hochleistungssport anerkannt wird - mit Blick auf das körperliche Training, das dafür notwendig ist - sind seine Tage immer gezählt, und zwar gegenläufig zu den Jahren der Erfahrung, die man in dieser Tätigkeit sammelt. Anders ausgedrückt: Je MEHR Jahre Erfahrung man hat, desto GERINGER sind die körperlichen Möglichkeiten, diese umzusetzen.

Diese Gewissheit habe ich gemeint, als ich sagte, dass ich das im Auge behalten sollte, was ich das „Ende“ meiner Karriere nenne. Dieser Moment, in dem das Hirn genau weiß, wie man eine Bewegung ausführen möchte, aber der Körper Schwierigkeiten hat, die Aufgabe in die Tat umzusetzen.
Ich habe im Laufe der Jahre einige Erlebnisse dieser Art gehabt, die mich haben glauben lassen, dass „das Ende“ nah sei. Heute weiß ich, dass das ein Irrtum war. Ein Irrtum, durch den ich gelernt habe, achtsam und dankbar für jede Möglichkeit zu sein, meinen Beruf noch ein wenig länger ausüben zu dürfen, in dem Bewusstsein, dass ich einen gesegneten - und sehr gut gepflegten - Körper dafür habe.
Ein Beispiel für einen solchen Irrtum: meine erste Schwangerschaft!
Die körperlichen Veränderungen in dieser Phase waren „schrecklich“. Ich sage das mit Humor und muss hier ein Augenzwinkern einfließen lassen, um meine Ironie zu zeigen. Natürlich war es eine positive und einzigartige Erfahrung, ebenso wie die zweite Schwangerschaft - denn jede Schwangerschaft ist einzigartig. Aber ich möchte - aus der Sicht einer Tänzerin - den Schrecken beschreiben, der daraus erwächst, die Kontrolle über den eigenen Körper zu verlieren, ohne mir sicher sein zu können, dass es nur vorübergehend sein würde.
In der ersten Hälfte des Jahres 1995 nahm ich während meiner Schwangerschaft mehr als 20 kg zu. Ich spürte einen Hunger, der schon fast eine Gier war. Es fühlte sich an, als müsste ich ohnmächtig zu Boden sinken, wenn ich einen Moment lang nichts aß. Und mein Körper durchlief beeindruckende Veränderungen - abgesehen von dem Humor, mit dem ich diesen Ausdruck benutze, möchte ich damit auch die sehr reale Angst verdeutlichen, die ich damals empfand, denn mit nur 24 Jahren schien ich mit unglaublicher Geschwindigkeit mein Arbeitsgerät einzubüßen, und das buchstäblich „sehenden Auges“. Mein Bauch, der vor einigen Monaten voller Muskeln gewesen war, war in der letzten Schwangerschaftswoche bis auf einen Umfang von 115 cm angewachsen.
Mein Gewicht stieg von 53 kg auf 74 kg. Als ich die 60 überschritt, war ich überzeugt, das sei das „Ende“!
Wir Tänzer sind merkwürdige Gestalten: Wir beugen nie die Knie, um einen Kamm oder eine Klammer vom Boden aufzuheben. Wenn wir beide Hände voll haben, öffnen wir die Tür ganz einfach mit dem Fuß. Wenn wir uns auf den Boden setzen, zum Beispiel bei einem Picknick, gehen wir sofort in einen Spagat, um uns zu „dehnen“... All solche Sachen! Wir sind uns dessen gar nicht bewusst. Anscheinend können wir uns nicht entspannen, wenn wir uns nicht die ganze Zeit dehnen und unsere Muskeln beständig „ermuntern“. Selbst

wenn ich auf dem Sofa sitze und lese, mache ich ohne Unterbrechung kreisende Bewegungen mit den Füßen, um „die Spannung zu lockern". Nein... dabei handelt es sich nicht um das Krankheitsbild der unruhigen Beine, auch wenn man das meinen könnte, sondern um eine sehr starke Bewusstseinsbildung in Bezug auf den eigenen Körper, die uns dazu bringt, ihn im Laufe des Tages immer wieder zu testen, wenn auch nur in so simplen Formen wie dem Dehnen oder der Mobilisierung.
Und nun stellen Sie sich vor, dass ich keine Socke mehr anziehen, die Schnürsenkel meiner Schuhe nicht mehr binden... ja, beim Blick nach unten meine Gliedmaßen nicht einmal mehr **sehen** konnte... glauben Sie mir, da entsteht Panik!
Mein Unterleib schwoll so stark an, dass die Haut am Bauch die Obergrenze ihrer Elastizität erreichte. Es bildeten sich Dehnungsstreifen am Bauch, am Po und auf der Brust, und all diese Partien begleiteten meinen Unterleib treu und brav bei seinem „demografischen" Wachstum... Ich sah aus wie ein Champignon. Irgendwann war selbst das Kämmen der Haare eine ermüdende Aufgabe! Die Arme längere Zeit ausgestreckt zu halten, ließ mich außer Atem geraten.
Und diese ganze Masse musste auf der Matratze Platz finden, um dort zu schlafen, musste sich anziehen, sich waschen und sich bewegen. Ich hatte den schweren Fehler begangen, mit meiner Krankschreibung in der 12. Schwangerschaftswoche auch alle körperlichen Aktivitäten einzustellen.
Ich kehrte nach Bremerhaven zurück und „spielte Hausfrau". Es war ja nicht zwangsläufig schlecht für mich, in dieser Zeit zur Ruhe zu kommen, die Monate vor der Geburt zu genießen, die Entwicklung des Babys aufmerksam zu verfolgen und mich um die Erstlingsausstattung zu kümmern. Aber ebenso wenig kann man sagen, dass der „körperliche Schlendrian" gut für mich gewesen sei!
Meine Jugendlichkeit war mein Glück. Mit Anfang 20 war die Pause gut für die Verletzungen, die entzündeten Sehnen und die körperliche Müdigkeit, die für die Welt der Tänzer so typisch ist. Aber sie war gleichzeitig auch sehr schlecht für mich, weil ich meinen Körper im Hinblick auf die Fitness, die Muskelmasse, die Dehnung und die Leistungsfähigkeit des Herz-Kreislaufsystems auf den „Nullpunkt" zurückfallen ließ. Hätte diese Schwangerschaft ein paar Jahre später stattgefunden, bin ich nicht sicher, dass ich die Fähigkeit und den Willen besessen hätte, mir meine ursprüngliche Verfassung wieder zu erkämpfen. Als ich einen gesunden, starken und schönen kleinen Jungen auf die Welt brachte, ließ ich auch 10 kg der angesammelten Flüssigkeit im Krankenhaus. Weitere 4 kg verlor ich in 6 Monaten durch das

Stillen. Aber die zusätzlichen 6 kg, die meiner „Faulheit" geschuldet waren, kosteten mich 15 Monate Schweiß, harte Arbeit und jede Menge Zeit im Fitnessstudio, bis ich sie in die Knie gezwungen hatte.
Und als ich endlich meine ursprüngliche Form wiedererlangt hatte, wieder 53 kg wog und bereit war, in meinen Beruf zurückzukehren, wurde ich zum zweiten Mal schwanger!

Nachdem man mich aus meinen beruflichen Verpflichtungen in Wien entlassen hatte, was mir im Jahr 1996 großen Kummer bereitete, nahm ich wieder an den Ballettstunden der Tanztruppe in Bremerhaven teil, bei der ich zwei Jahre zuvor noch angestellt gewesen war. So hatte ich dank der Freundlichkeit und der Zuneigung von Ricardo Fernando und Carla Silva die Gelegenheit, langsam wieder in Form zu kommen, und ich nährte meine Hoffnung, meinen Vertrag in Österreich zu erneuern. Als klar wurde, dass Wien der Vergangenheit angehörte und ich keine Chance hatte, in diese Tanztruppe zurückzukehren, begann ich, mich in den Städten in der Umgebung von Bremerhaven nach einer anderen Möglichkeit umzusehen, um wieder einen Weg auf die Bühne zu finden. Aber das familiäre Problem war dasselbe wie in Wien, mit einem Baby zu Hause und einem Ehemann, der selbst in Vollzeit arbeitete... Nun gut! Die einzige wirklich realistische Option war, erneut in Bremerhaven anzufangen, wenn Ricardo Fernando das wünschte und zuließ. Dank der guten beruflichen Beziehung, die wir schon vor unserem Abschied und meiner Abreise zu meiner neuen Stelle in Wien gehabt hatten, gelang es ihm, die Dinge im Theater so zu organisieren, dass ich dort wieder eingestellt werden konnte. Die beiden sind Eltern einer brillanten Tochter (die damals 4 Jahre alt war), und so wussten sie sehr genau, wie es bei mir zu Hause aussah. Die Konstellation war ein Geschenk des Lebens. Dank ihrer verständnisvollen Art konnte ich mit Scharfblick die Schwierigkeiten koordinieren und umschiffen, die sich aus dem Umstand ergaben, dass ich eine berufstätige Mutter war, ganz besonders in den ersten Lebensjahren meiner Kinder. Sobald er konnte, eröffnete Ricardo mir die schöne Möglichkeit, mit einem Solistenvertrag in das Ballett von Bremerhaven zurückzukehren, was ich gern annahm. Ich unterschrieb, und zwei Wochen später spürte ich die ersten Anzeichen der zweiten Schwangerschaft. Es gab ein großes Durcheinander, und ich bot ihnen selbstverständlich an, den Vertrag wieder aufzulösen, denn ich wollte ihnen nicht noch mehr Scherereien bereiten, als sie nun sowieso schon hatten, weil sie einen Ersatz suchen mussten. Aber als die durch und durch integren Menschen, die sie sind, lehnten sie mein Angebot ab und baten mich freundlich, die Arbeit nach der Geburt baldmöglichst wieder aufzunehmen. Ich schlug vor, ihnen in der Zeit des Mutterschutzes zu helfen, wenn sie Hilfe brauchten, denn ab der 12. Schwangerschaftswoche war es mir ja auch diesmal untersagt, die Bühne zu betreten. Ricardo nahm sofort an. Seine Idee war, dass ich Ballettstunden leiten könne, und er übertrug mir auch eine kurze Assistenz bei der Choreografie einer Produktion - „Sommernachtsträume" - was eine Entlastung für seine Frau, Carla Silva, war, die sich als Primaballerina und Choreografieassistentin nun besser auf ihre Arbeit auf der Bühne konzentrieren konnte. Es war eine schöne Zeit, in der ich viel lernte!

Und diese Schwangerschaft musste anders ablaufen als die erste. Mit einem Kind von 2,5 Jahren zu Hause, körperlicher Betätigung in einem gesunden Ausmaß - jedes Mindestmaß ist wesentlich besser als überhaupt nichts - und einem kontrollierteren Essverhalten, das mehr auf eine ausgewogene Ernährung als auf kopflose Völlerei ausgerichtet war, gelang es mir, diesmal besser in Form zu bleiben. Als dann im Februar 1999 in der 37. Schwangerschaftswoche unser Töchterchen das Licht der Welt erblickte, wog ich etwas über 66 kg, hatte also 13 kg zugenommen. Auch bei dieser Geburt „ließ" ich 10 kg im Krankenhaus und verlor die verbleibenden 3 kg durch das Stillen. Als unsere Prinzessin 5 Monate alt war, kehrte ich auf die Bühne zurück, mit 28 Jahren und beinahe schon wieder meinem ursprünglichen Gewicht.
Aber diesen Prozess extremer und bedeutsamer körperlicher Veränderung, wie es eine Schwangerschaft eindeutig ist, vergleiche ich immer mit dem physischen Altern, diesem ungewollten, wenn auch bewusst wahrgenommenen Verlust der motorischen Fähigkeiten. Ich bin dankbar, dass ich das Privileg hatte, diesen Prozess des Alterns während meiner Schwangerschaften bereits zu „proben", nur wird er diesmal - wenn es uns gegeben ist, dies zu erleben - unumgänglich zuschlagen… und unwiderruflich sein.

Im tiefen Tal

Natürlich kann man versuchen, seinen Lebensweg genau festzulegen, mit allen mentalen Übungen, allen Techniken, sich auf das Ziel zu konzentrieren, und allen Mitteln, die uns zum Glück verhelfen sollen. Aber man sollte vielleicht die eine grundlegende Regel des Lebens nicht aus dem Augen verlieren: Wir sind hier um zu lernen, und *was man nicht durch die Liebe lernt, lernt man durch den Schmerz*. Und es läuft nicht immer alles so, wie wir es gerne hätten.

Das Leben stellt uns vor Schwierigkeiten, damit wir sie überwinden können und damit wir die Gelegenheit bekommen, unsere ethischen, moralischen und persönlichen Werte zu überdenken.
Wir leben nicht im Paradies, auch wenn wir die Freiheit haben, uneingeschränkt glücklich zu sein und uns selbst zu verwirklichen.
Unsere Entscheidungen beeinflussen unsere Zukunft. Wir werden ernten, was wir gesät haben.
Es gibt keinen Zweifel daran, dass ***Er*** unser Glück will, aber ***Er*** will auch, dass wir es uns selbst erobern.
Wenn jemand mehr über diese Grundregeln erfahren möchte, sollte er die Bibel, den Koran, die Drei Lehren und andere heilige Schriften lesen.
Wenn jemand mehr über das Glück wissen möchte, sollte er versuchen, es zu fassen.
Ich habe meine Entscheidungen immer in dem Glauben getroffen, dass ich fähig sein würde, mit den Konsequenzen zu leben, die sich daraus ergeben sollten. Mein entscheidender Fehler lag in einigen Momenten darin, zu ignorieren, dass ich solche Entscheidungen nicht immer allein treffen kann…

Ich weiß nicht, wann es begann, aber es kam der Moment, in dem ich meine Ehe aus den Augen verlor. Unglücklicherweise verloren wir beide sie aus den Augen.
Wir mussten schwer schuften, um unseren Lebensstandard zu halten, der sehr hoch war. Beide arbeiteten wir in Vollzeit und hatten zwei Kinder im Alter von 3 und 5 Jahren. Für den Kauf einer schönen, 155 m^2 großen Maisonettewohnung hatten wir einen gewaltigen Kredit aufgenommen. Wir glaubten, dass wir viel Geld sparen könnten, wenn wir die Wohnung in Eigenregie umbauen würden. Eine endlose Aufgabe, dieser Umbau… Der „Hol- und Bringservice“ zum Kindergarten, zur Schule, zum Sport, nach Hause, zum Kinderarzt. Die Organisation von Babysittern, wenn wir beide arbeiteten. Die Arbeit im Haushalt. Eine beeindruckende Logistikleistung, die sich nicht um schmerzende Muskeln und Verletzungen schert. Und auch nicht um Ruhezeiten, die heilig sein sollten, weil der Körper im Berufsleben eines Tänzers bis nahezu an die Obergrenze seiner Leistungskraft gefordert wird. Spät nachts von einer Aufführung nach Hause kommen, die Nacht durchwachen, weil das Baby krank ist, und am nächsten Tag wieder arbeiten gehen, bei einer körperlich überaus anstrengenden Tätigkeit. Und auch Ehekrisen spielen keine Rolle. So wenig wie Kinder mit Fieber oder Windpocken… oder das Essen für den nächsten Tag, das im Voraus zubereitet werden muss. Die Wäsche (mein Gott, so viel Wäsche!) muss zusammengelegt

werden - bügeln? Nicht mal dran zu denken. Die Sozialstruktur in Deutschland macht es schwierig, eine Haushaltshilfe für diese Art der Hausarbeit einzustellen. Alles blieb an uns hängen… Tatsächlich hatte ich den Eindruck, dass das meiste an mir hängen blieb… aber ich kann mich auch irren. Ich selbst habe wohl auch viele Fehler gemacht. Für eine Beziehung sind immer zwei Leute verantwortlich…
Nun ja. An irgendeinem Punkt haben mein Mann und ich aufgehört, miteinander zu sprechen und dem anderen zu sagen, was uns nicht gefiel und wo wir uns alleine fühlten.
Eine Lawine aus Gefühlen machte uns eine erneute Annäherung unmöglich. Wir lebten wie *Mitbewohner in einer Wohngemeinschaft*, gefangen in der Verwaltung unseres **materiellen** Wohlergehens… und hatten unser **persönliches** Wohlergehen aus den Augen verloren.

Damals kam es zu einer überraschenden Veränderung in der künstlerischen Leitung des Ballettensembles am Stadttheater Bremerhaven. Viele Jahre lang hatte ich mit dessen Leiter und Choreografen, Ricardo Fernando, zusammengearbeitet; unsere Familien waren miteinander befreundet. Nun verließ er die Truppe, um dieselbe Aufgabe in Dessau zu übernehmen, in Sachsen-Anhalt, im Südosten Deutschlands. An seine Stelle trat **Jörg Mannes**.
Dieser Wechsel bedeutete einen noch größeren Stress für unser Privatleben. Ich musste meine technischen Fähigkeiten und meine Kunstfertigkeit noch intensiver zur Schau stellen, wenn ich meine Arbeit unter dem neuen Direktor nicht verlieren wollte.
Jörg Mannes behielt alle Tänzer, die bereits unter Vertrag standen, und brachte vier weitere mit.
Er kam mit seiner Frau und Assistentin, der italienischen Tänzerin **Monica Caturegli**. Zwei unkomplizierte Seelen und voll guter Vorsätze, aber damals als Leiter noch ein wenig unerfahren.
Zwischen Konflikten und Verständigung haben wir letztlich im Grunde eine sehr gute Arbeit abgeliefert.
Ich hatte nicht die geringste Ahnung, dass ich meine *berufliche Verwirklichung* an ihrer Seite erreichen sollte, und ich hätte mir nie träumen lassen, dass ich diese Aufgabe in ihre Hände legen würde. Das alles geschah wie in einem reißenden, wilden Fluss: sehr schnell und überwältigend.

Vier Jahre dauerte es bis zum vollständigen Zusammenbruch unserer Ehe, und vier Jahre brauchte auch Jörg Mannes, um als Choreograf durchzustarten. Vier Jahre waren für mich nötig, um nach der zweiten Schwangerschaft meine

physische Verfassung ganz und gar wiederherzustellen und zu verstehen, was Jörg Mannes mit seiner schlichten, klaren Choreografie auszudrücken versuchte.
Wir verließen uns aufeinander, vielleicht wegen eines „Mangels an Alternativen“ - wer könnte das heute noch sagen? Er vertraute auf die Tänzerin, die das choreografische und künstlerische Material begierig aufnahm, und ich auf den neugierigen Choreografen, der die Empfindsamkeit besaß, an meine Arbeit zu glauben.
In den Jahren, in denen sich diese berufliche Beziehung entwickelte, durchlief unsere Tanztruppe einige weitere Veränderungen, und andere, sehr talentierte Tänzer kamen nach Bremerhaven. Die Stadt erfuhr bald eine besondere Aufmerksamkeit, nicht nur bei den örtlichen Kritikern. Wir wurden zu einem Teil einer „Familie“, die sich um die „Tanztruppe Jörg Mannes“ bildete und die in einer gar nicht mehr fernen Zukunft bereit sein würde, ihm zu folgen, wohin auch immer er ging.
Und Bremerhaven wurde schnell zu klein für so viel Talent. Jörg musste weiterziehen. Sehr feierlich teilte er uns mit, dass er Bremerhaven verlassen würde.
Eine große Traurigkeit ergriff mich, denn ich hatte das Gefühl, eine genaue Wiederholung dessen zu erleben, was vor vier Jahren mit Ricardo Fernando geschehen war.
Aber Jörg hatte andere Pläne. Ihm gelang es, alles so zu organisieren, dass er jedem seiner Tänzer die Gelegenheit geben konnte, selbst zu entscheiden, ob er ihm folgen wollte oder nicht.
Das Problem war nur, dass er Deutschland verlassen und nach Linz in Österreich gehen würde, anfänglich zumindest für 2 Jahre.
Natürlich nahmen alle das Angebot an, so schnell sie nur konnten.
Aber in meinem Leben gab es sehr viel mehr als nur den Tanz. Und ich hatte viel zu verlieren…

Die Situation war nicht so einfach, wie sie erschien. Der neue Leiter, der die Tanztruppe Bremerhaven übernehmen sollte, kam ebenfalls ohne Erfahrungen. Ich würde mit 30 Jahren von neuem mit intensiver Arbeit beginnen müssen - wenn er mich überhaupt als Tänzerin akzeptierte, denn auch er brachte seine Leute mit und nahm in dieser Stadt eine neue Arbeit auf.
Ich erzählte meinem (Noch-)Ehemann von meiner Absicht, die Kinder mit mir zu nehmen. Natürlich war er nicht einverstanden, woraufhin ein Gerichtsstreit entbrannte, der für alle Beteiligten traumatisierend war. Die Arbeitsverträge für das Theater in Linz mussten bis April 2004 unterzeichnet werden, aber ich

wusste, dass das Urteil erst nach dem familienpsychologischen Gutachten gefällt werden konnte, was frühestens im Juli desselben Jahres der Fall sein würde. So unterschrieb ich sicherheitshalber, obwohl mir bewusst war, dass ich dem Theater eine sehr hohe Entschädigung würde zahlen müssen, wenn ich die Stelle nicht antrat. Ich unterschrieb auch deshalb, weil die Situation noch durch einen weiteren Punkt verschärft wurde: Wenn ich ein konkretes Stellenangebot ausschlug, würde ich in Bremerhaven arbeitslos werden, ohne das Recht auf Arbeitslosengeld, denn ich müsste zumindest die dreimonatige Sperre in Kauf nehmen.

Mein Mann und ich lebten bereits in getrennten Wohnungen. Beim Holen und Bringen der Kinder wechselten wir uns ab; dreimal pro Woche hierhin und viermal dorthin, und dann umgekehrt. Die Kosten für die Miete und die Schulden für die Maisonettewohnung, die wir auf die Schnelle hatten verkaufen müssen - und deren Erlös die Schulden nicht deckte - waren enorm. Ich brauchte einen Arbeitsplatz.

Meine Intuition sagte mir, dass ich den Vorschlag, mit der Truppe nach Linz zu gehen, aus finanziellen Gründen annehmen sollte, aber mein Herz schrie, dass das ein riesiges familiäres Problem verursachen würde.

Ich möchte an diesem Punkt nicht in allen Details beschreiben, was in den folgenden Monaten geschah. Und wenn Ihnen dieser Teil meiner Erzählung sehr emotional erscheint, werden Sie später den Grund dafür verstehen - und die Bedeutung, die diese Phase, diese so schmerzhafte Zeit, für mein zukünftiges Leben als Künstlerin hatte.

Um es kurz zu machen: Das Gericht kam nach dem familienpsychologischen Gutachten zu dem Schluss, dass die Kinder bei ihrem deutschen Vater in Bremerhaven bleiben sollten. Kein Gericht der Welt würde es gestatten, dass jemand, und sei es auch die Mutter, seine Kinder aus dem Land ihrer Geburt bringt, dem auch ihr Vater angehört. Gegen dieses Urteil vorzugehen hätte bedeutet, die Kinder einem ungeheuren Stress auszusetzen, und dazu war ich nicht mehr bereit. Das Urteil wurde angenommen…

Und zum zweiten Mal entschieden Menschen, die mit meinem Leben nicht das Geringste zu tun hatten, über meine Zukunft und die meiner Kinder, ohne dass ich etwas hätte tun können, um das zu verhindern. Wieder durchlitt ich diese fürchterliche Frustration, diesen aus Unfähigkeit geborenen Schmerz und den Kontrollverlust, den ich gespürt hatte, als ich Wien „verlor“… aber dieses Mal war es ungleich schrecklicher… die Tragödie lag in eben diesem Verlust der Kontrolle über die Situation, und darin, dass nichts zu meinen eigenen Wünschen passte. Es wurde mir aufgezwungen… und es schmerzte tief in der Seele.

Das Leben lehrt uns. Einige lernen aus der Liebe, andere aus dem Schmerz.

Das Jahr 2004 war unbestritten die schlimmste Zeit meines Lebens. Die erste Hälfte war furchtbar, weil wir mitten im Gerichtsverfahren um die Kinder steckten und dennoch versuchten, Normalität auszustrahlen und ihnen all unsere Liebe und Zärtlichkeit zu geben, während ich gleichzeitig vor Angst und Trauer kaum in der Lage war, mich vernünftig anzuziehen oder zu essen. Die zweite Hälfte war ebenso schrecklich, weil ich das Gehen von neuem lernen musste… aber diesmal „ohne Beine"!
Ich dachte, ich müsste sterben. Und fast wäre mir das auch tatsächlich gelungen…
Ich wollte mich nicht schuldig fühlen, weil ich eine Arbeitsstelle hatte und für diese Arbeit in eine andere Stadt ziehen musste, und ich wollte diese absurde Schuld nicht auf mich nehmen, die mir angehängt wurde: Dass es der Tanz sei, den ich auf der Welt am meisten liebe, und dass selbst meine Kinder dahinter zurückstehen würden.
Oftmals verstehen wir nicht, warum wir im Leben bestimmte Situationen ertragen müssen.
Aber später, wenn der Nebel sich hebt und man die warme, feuchte Luft einatmet, die die Sonne uns schenkt, versteht man, dass die Sonne immer da gewesen ist, nur vielleicht ein bisschen verborgen.
Es dauerte Jahre, all das beizulegen und erneut aufzubauen, was 2004 in unserer Beziehung zu Zorn, Hass, Rivalität, mangelndem Vertrauen und Orientierungslosigkeit geworden war. Viele Jahre intensiver Arbeit an einer Aussöhnung, in denen ich versuchte, möglichst engen Kontakt zu den Kindern zu behalten, und alles, was ich verdiente, für Flüge und niemals endende Reisen mit dem Nachtzug ausgab. Jahre des Wiederaufbaus einer zerstörten Familie. Wir waren wie eine wunderschöne Rose, die einen gnadenlosen Sturm überlebt hat. Es war nicht leicht. Es ist nicht leicht. Viele Male habe ich mich gefragt, ob es nicht einfacher gewesen wäre, die Beziehung, die wir hatten, weiterzuführen und unsere Ehe zu retten, auch wenn wir unglücklich waren.
Aber auch in Bremerhaven lernte man vieles aus meiner Abwesenheit, denn die Kinder beanspruchten meinen Ex-Mann auf eine Weise, die er nie zuvor so wahrgenommen hatte. So begann auch er zu „wachsen". Und immer, immer… immer wenn ich es einrichten konnte, war ich dort: Ich kam zu Besuch, ich organisierte, ich nahm an allem teil, was irgendwie ging. Ich hörte nicht auf, ihm zu helfen, aber der große **Stress** und die **größte Freude** sind ganz zweifellos ihm geblieben…!

Unzählige Male ist mir dabei auch klar geworden, wie sehr unsere wunderbaren Kinder uns bei allem geholfen haben. Wir versuchten, unseren Kummer unter einem sehr löchrigen Schleier zu verbergen, und sie verscheuchten diesen Kummer mit ihrem Lachen, ihren Küssen und ihrer ganzen Liebe. Mein Ex-Mann und ich bemühten uns, zu verstehen, dass wir immer noch dieselben Verpflichtungen hatten, auch wenn wir vielleicht nicht unter einem Dach leben konnten: unsere Kinder zu erziehen, sie zu lieben, sie zu schützen und sie auf das Leben vorzubereiten. Und auch sie trugen den Trennungsschmerz in ihren kleinen Herzen.
Ich bin nicht der Meinung, dass jeder Mensch unbedingt eine Religion haben muss. Aber man braucht einen *Glauben*, der einen unausweichlich dazu bringt, Gutes zu tun, Gutes zu leben und Gutes zu wollen, für sich selbst und für sein Umfeld. Ohne diesen Glauben hätten wir es vermutlich nicht geschafft.
Ich musste hart an mir arbeiten, um die Leere zu überwinden, die plötzlich in meinem Leben herrschte. Wo all der Trubel um das Holen und Bringen gewesen war, das frühe Aufstehen, das Vorbereiten von Mittagessen und Abendessen, das Schulbrot… da war auf einmal nur noch Leere… ein großes Nichts!
Es war ohne jeden Zweifel die Liebe zu meinen Kindern, die mir die Kraft und die Fähigkeit gab, weiterzuleben. Ich konnte mich nicht zu Hause einschließen und pausenlos weinen, wenn sie weit weg waren… und es gab sehr viele Tage und Stunden ohne sie.
Ich musste mich an etwas Konkretes klammern, das mir eine gewisse persönliche Sicherheit und Freude zurückgab.
Da war ich nun also, wieder einmal am Grunde des Tals angekommen. Es war Zeit, daraus hervorzukriechen. Und sei es nur wegen der Liebe, die ich für meine Kinder empfand. Sie brauchten eine starke, kämpferische, freie und schöne Mutter voller Liebe. Niemand fühlt sich bei einem depressiven, traurigen, verhärmten, schwachen Menschen wohl. Ich wollte, dass sie Freude empfanden, wenn sie bei mir waren. Und Stolz!

"Wenn einem bewusst ist, dass man durch seine Arbeit (welche auch immer dies sein mag) seiner eigenen Mission folgt, entwickelt man eine ungeheure Kraft, die Berge versetzen kann"
(Übers. aus „Consciência de sua Missão..." – Roberto Shinyashiki)

Der Tanz war für mich die Therapie, er stärkte mich, er beruhigte mich, er war alles, was ich tun konnte, tun wollte und tun musste. Ich gab mich meinem Beruf ganz und gar hin, ich schenkte ihm buchstäblich meinen ***Körper*** und meine ***Seele***.

Ich spürte, wie die Liebe zu meinen Kindern mit jedem Monat nur noch stärker wurde, und ich spürte, dass ich genesen und wieder ich selbst geworden war. Man kann mich für egoistisch halten, weil ich sie bei ihrem Vater zurückgelassen hatte - umso mehr, weil ich mich derart in die Arbeit stürzte... Aber wie könnte ich jemandem Gehör schenken, der nicht in mein Innerstes sehen kann? Der nicht in der Lage ist, zu verstehen, welche Kraft mich tatsächlich bewegte? Tage, an denen ich glaubte, den Trennungsschmerz nicht mehr ertragen zu können. Dunkle Tage für meine Seele, an denen ich weinte und das Gefühl hatte, sie würden niemals mehr enden. Es gab Momente, in denen ich alles hinwerfen und zu meinen Kindern zurückkehren wollte. Sie litten unter jedem Abschied. Und ein Teil von mir starb.

Aber wenn wir die intellektuellen Fähigkeiten und die geistige Erfahrung von Kindern klein machen, dann liegt das daran, dass wir selbst die Unfähigen sind. Ausgerechnet meine Kinder waren mir die größte Hilfe, wenn es darum ging, ihre eigene Abwesenheit zu ertragen. Die Qualität der Liebe, die sie über diese geografische und physische Distanz aufbauen konnten, wurde unsere stärkste Waffe gegen die Verleumdungen anderer.

Meine Kinder sind Seelen aus dem Himmel, die zu uns gekommen sind, um uns diese Differenzen überwinden zu helfen.

Wenn sie in Linz zu Besuch waren, was immer in den Schulferien geschah, war es für mich noch schwerer, alles unter einen Hut zu bringen. Ich konnte bei der Arbeit nicht aussetzen, aber im Grunde wollte ich nur zu Hause sein, bei ihnen, 24 Stunden am Tag.

Ich hatte mich der Arbeit mit Leib und Seele hingegeben, und weil dieser Umstand auch während ihrer Besuche bestehen blieb, waren wir gezwungen, uns an meine Proben und Auftritte anzupassen. Eine zweischneidige Sache.

Es war ein Teufelskreis. Ich wollte hart arbeiten, um mich darüber hinwegzutrösten, wie sehr sie mir fehlten. Aber gleichzeitig konnte ich nicht aufhören zu arbeiten, wenn sie bei mir waren, denn ich konnte mir meine Arbeitszeiten nicht aussuchen.

Oftmals begleiteten sie mich zu den Proben. Wir nahmen ihre Spiele mit, Spielzeug, Bücher, DVDs, Malblöcke. Etwas zu essen und Naschereien. Getränke.

Wir packten eine ganze Tasche voll und zogen aus, um einen Arbeitstag im Theater von Linz zu verbringen. Ich bin meinen Chefs und Kollegen zutiefst verbunden, denn sie haben diesem Unterfangen unglaublich viel Geduld und Verständnis entgegengebracht.

Und so wuchsen sie mit dem Entstehen von Choreografien auf, mit Bühnenproben, Generalproben mit dem Orchester und allem anderen, das zu

diesem Prozess gehört. Ihre Sensibilität in Bezug auf meine „Arbeit“ ist etwas Besonderes. Sie haben dies alles im Namen der Liebe getan, und ich bin ihnen unendlich dankbar.
Sie haben so viel Geduld, Entschlossenheit, Liebe und Verständnis dafür bewiesen, dass sie bei ihren Besuchen diese Bedingungen akzeptieren mussten. Genau wie ich bei ihnen sein wollte, wollten auch sie den ganzen Tag in meiner Nähe sein! Und das war der Preis…
Meine Tochter kannte (im Alter von nur 6 Jahren) ganze Passagen des Balletts *„Romeo und Julia“* in allen Einzelheiten. Wir kamen nach Hause zurück, und während ich unser Abendessen vorbereitete, vertrieb sie sich die Zeit damit, vor unsichtbarem Publikum im Raum eine eigene Aufführung zu veranstalten. Sie verkleidete sich als Tänzerin, schnappte sich die Spitzenschuhe, die ihr meine Kollegen geschenkt hatten, und interpretierte mit aller Liebe die Szenen der Julia.
Auch ihren Bruder bat sie darum, mitzumachen… was er widerwillig tat. Mein Sohn, der so feinsinnig und liebenswürdig ist, ersann Kritiken zu meinen Interpretationen - vor allem zu den Rollen in Stücken für Kinder. Ich bewunderte das alles.

An diese Momente denke ich mit großer Liebe zurück!
Ich habe so viel von ihnen verloren in den Tagen, in denen wir getrennt waren. Ich habe wichtige Momente ihrer Kindheit versäumt. Unwiederbringliche Verluste, denn die Zeit lässt sich nicht zurückdrehen. Aber ich habe auch viel Liebe bekommen und gelernt, auf diese Liebe zu vertrauen, die keine Entfernungen kennt.
Es erschien damals unvorstellbar, dass es uns gelingen könnte, wieder eine tiefe, dauerhafte Bindung in unserer Familie aufzubauen. Aber wir haben gelernt, das gegenseitige Vertrauen zurückzuerobern, und wir haben „am eigenen Leib“ erfahren, wie wichtig Pflege und Sorgfalt für die engsten Beziehungen ist. Wir haben gelernt, dass nach einem Regen immer wieder die Sonne hervorkommt, wenn auch langsam…
Und das Schlimmste näherte sich bereits seinem Ende: Als ich diese Situation kaum mehr ertragen konnte und die Einsamkeit ihren Höhepunkt erreichte, bekamen wir die Nachricht, dass die komplette Tanztruppe, und zwar sowohl die Leitung als auch wir Tänzer, das Angebot erhalten hatte, den Generalintendanten des *Landestheaters Linz* zu begleiten, der die Leitung der großen, historischen *Staatsoper Hannover* übernehmen sollte - in Deutschland, in Niedersachsen.

Was für viele meiner Kollegen ein großer Fortschritt auf dem Weg zum Ruhm war, war für mich schlichtweg ein gewaltiger Sprung in Richtung meiner Kinder. Denn die Entfernung zwischen Bremerhaven und Linz beträgt um die 1200 km. Zwischen Hannover und Bremerhaven liegen hingegen nur 270 km.

Heute sind meine Kinder junge Erwachsene. Wunderbare junge Menschen, deren Pubertät sehr ruhig und mit vielen Gesprächen innerhalb der Familie verläuft. Sie besuchen mich in Hannover, so oft sie können, und auch ich besuche sie weiterhin.

Was meinen Ex-Mann und mich betrifft... Es war ein langer Weg, die Schmerzen aufzuarbeiten, die uns entzweit hatten - hin zu der Erkenntnis, dass vielleicht nicht alles so hätte kommen müssen, wenn wir in der Lage gewesen wären, unsere Probleme zu bewältigen. Heute sind wir zu guten Freunden geworden, gerechten und treuen Eltern, als die wir uns der Erziehung unserer Kinder und der Fürsorge für sie widmen. Es ist uns gelungen, zu einem miteinander vertrauten, eingespielten, verschworenen Team zu werden, denn wir haben es geschafft, unsere Differenzen zu überwinden. Mittlerweile umarmen wir uns mit gegenseitigem Respekt und wahrer Zuneigung, wenn wir einander begegnen. Nach wie vor feiern wir alle Geburtstage zusammen und verbringen die Weihnachtsfeste als Familie. Vergebung... die kostbare Krönung all unserer Bemühungen um eine friedliche Koexistenz.

Wenn ich mich an diese schwierige, schmerzvolle Zeit der Trennung erinnere, muss ich auch an all die guten, zart fühlenden Seelen denken, die Gott uns auf unserem Weg geschickt hat. Wahre Engel, die uns als Freunde begegneten. Sie sind uns in dieser dunklen Zeit eine Stütze gewesen und haben uns in unserer Einsamkeit Halt gegeben. In meinem Fall: Ich bin von treuen Freunden in Linz begleitet worden, denen ich für immer dankbar sein werde, denn sie haben meine leeren Tage mit Lachen, Zuwendung und Brüderlichkeit gefüllt. Und auch in Bremerhaven hat es jene Handvoll besonderer Menschen gegeben, denen meine ewige, aufrichtige Dankbarkeit gilt. Sie haben meine Kinder und mich bei sich aufgenommen, wenn ich zu Besuch war, damit ich kein Geld für Hotels ausgeben musste, und ich habe bei ihnen immer ein offenes Ohr für meine Klagen und Tränen gefunden. Wann immer ich ihrer bedurfte, haben sie mit Engelszungen auf mich eingeredet, mir mit ihren liebevollen Worten das Herz erwärmt und mich mit Mut und Zuneigung erfüllt.

Im Namen meiner Kinder danke ich ***Anne****, ihrer Babysitterin, für ihre mütterliche Fürsorge, mit der sie immer darum bemüht war, die dunkle, traurige Lücke zu füllen, die meine Abwesenheit hinterlassen hat. Sie hat den*

Kindern und ihrem Vater mit einer solchen Hingabe zur Seite gestanden, als wäre ich es selbst gewesen!
Möge Gott es vergelten!

(Bremerhaven 2014 © Dominik Holzhäuser)

II AKT

BREMERHAVEN - II / LINZ / HANNOVER

Jörg Mannes: Begegnung

Blicken wir noch einmal zurück: In der zweiten Hälfte des Jahres 2000 übernahm Jörg Mannes die Stelle als künstlerischer Leiter und Choreograf in Bremerhaven, wo meine Kinder zur Welt gekommen waren und wo ich bereits seit einigen Jahren tanzte.
Im Laufe meiner Karriere, in einer Vergangenheit, die damals noch nicht allzu weit zurücklag (in São Paulo, in Wiesbaden, in Bremerhaven, in Wien) hatte ich gelernt, dass ich unter Druck stand. Unter sehr, sehr großem Druck. Ich verstand meinen Beruf als sehr agil, dynamisch und intelligent, und so lebte ich ihn auch. Von allen Choreografen und Lehrern, mit denen ich gearbeitet hatte, hatte ich immer zu hören bekommen, dass ein Tänzer aufmerksam und wach sein sollte. Er muss die gewünschte Choreografie und den Stil des Choreografen sehr schnell lernen und erfassen können, damit er in der Lage ist, alles mit der größtmöglichen Präzision auszuführen.
Ich hatte immer von mir geglaubt, dass ich über diese Qualitäten verfügte, auch wenn einige davon stärker ausgeprägt waren als andere. Und diese Dynamik war etwas, auf das ich stets stolz gewesen war. Ich hatte einen großen Teil meines beruflichen Erfolgs immer ganz unumwunden dieser Fähigkeit zugeschrieben, und ich bin mir sicher, dass ich damit auch Recht habe!

Ich bitte den geneigten Leser um Verzeihung, wenn diesen Sätzen jede Bescheidenheit fehlt, aber ich glaube, dass Sie gleich verstehen werden, warum ich diese Details erwähne.

Als ich jedoch **Jörg Mannes** und **Monica Caturegli** kennen lernte, erwartete mich eine ungeheure Frustration. Ja, Sie haben es richtig gelesen: eine Frustration! Mir wurde klar, dass sie das, worauf ich bei meiner Arbeit so stolz war, in keiner Weise für eine unerlässliche Qualität bei einem Tänzer hielten. Mein ganzer Stolz schien ihnen vollkommen egal zu sein... oder, anders gesagt: Sie bewunderten mich nicht für das, *was ich für meine Qualität hielt.* Es frustrierte mich, wenn ich sah, dass andere Mitglieder des Ensembles, die mit uns arbeiteten, von ihnen sehr geschätzt wurden, obwohl sie weder über die Schnelligkeit noch über die Klugheit verfügten, von denen ich glaubte, dass sie für eine ernsthafte und qualitativ gute Arbeit absolut notwendig seien. Aus irgendeinem Grund war es für sie nebensächlich.
Und es war auch nicht das, was sie an mir mochten… ich glaube sogar, dass diese Geschwindigkeit, mit der ich arbeiten wollte, bei ihnen eine gewisse

Beklemmung auslöste... ich glaube, dass es auf sie wie eine Art Rebellion wirkte und ihnen eine leise Skepsis in Bezug auf mein Verhalten einflößte. Gleichzeitig fühlte ich mich missverstanden und hatte nicht die Geduld, das Tempo zu „drosseln", um eine gute Arbeit abzuliefern.
Es war für beide Seiten schwierig, sich an den Arbeitsrhythmus des anderen zu gewöhnen. Für mich war das ein sehr ernstes Problem: Ich war der Meinung, dass ich grundlegende Qualitäten besaß, um von einem Direktor akzeptiert zu werden, dessen Choreografiearbeit mich interessierte und mir sehr gefiel. Aber mir wurde auch klar, dass ich immer stärker die Kontrolle verlor, je mehr ich versuche, ihnen - beruflich gesehen - „zu gefallen", sie zufrieden zu stellen... und ich hatte große Angst, die Kontrolle über etwas zu verlieren, von dem ich zu wissen glaubte, wie es zu meistern sei.
Ich werde niemals vergessen, wie ich mich eines Tages mit Monica zusammensetzte und wir ein sehr ernstes Gespräch über die Unzufriedenheit führten, die die beiden an mir wahrnahmen. Sie war sehr taktvoll und sehr ernst an diesem Tag. Sie bat mich um Geduld und sagte mir, dass sie mich für eine sehr gute Tänzerin hielten, aber dass ich versuchen müsse, mich an den Arbeitsrhythmus und Stil von Jörg anzupassen. Andernfalls würde eine Zusammenarbeit unmöglich sein.
Sie hatte vollkommen Recht. Letztendlich ist das die Basis einer jeden gemeinschaftlichen Arbeit.

Es ist mir wichtig, zu verdeutlichen, dass diese Art der Führung trotz ihrer speziellen Weise keineswegs dem Respekt zwischen dem Choreografen und den Tänzern abträglich ist, auch wenn es mir anfangs so erschien. Man hört niemals auf, eine fehlerfreie Professionalität und eine unantastbare Hingabe zu fordern. Auch Jörg und Monica schätzen und wahren die Disziplin und die technische Sorgfalt, die es ermöglicht, der Realität mit der Interpretation so nah wie möglich zu kommen. Die reine und wahrhaftige Interpretation, ohne Klischees und Pantomime. Wenn ich von einem Gefühl des Missverstandenseins spreche, dann meine ich, dass hier auf eine Art am Tanz gearbeitet wurde, die große Ähnlichkeit mit einem impressionistischen Gemälde hat. Anders ausgedrückt: Ich war dazu ausgebildet worden, meine Darstellung und Arbeit innerhalb der herkömmlichen Strukturen eines Bildes anzusiedeln, das der Kategorie „Graffiti" entsprach - ein Bild, das mit aller Schnelligkeit und Präzision eingefangen worden war, das den Details jedoch keine besondere Aufmerksamkeit zollte. Der „Impressionismus" und der „Expressionismus" in Jörgs Art der Choreografie erschütterten mich und brachten diese Strukturen meiner Arbeit ins Wanken. Aber sie faszinierten mich auch in wachsendem Ausmaß. Das Schwierigste war, mich von meinen Konzepten zu befreien und mich in seine Sprache zu vertiefen, die mir so vollkommen fremd war.

Mir wurde bewusst, dass sie irgendetwas an mir schätzten, das ich selbst nicht sehen oder nicht als Qualität erkennen konnte. Ich verstand, dass ich ihnen vertrauen musste, wenn ich herausfinden wollte, was das war - so schwer mir das auch fiel.

Und leicht war es für keinen von uns. Sie bewiesen große Geduld bei der Zähmung dieser „wilden“ Seite, dieser „Bestie“, die ständig forderte und voranpreschen wollte... Aber auch ich musste sehr, sehr viel Geduld aufbringen, um das Tempo zu verringern und mir einzugestehen, dass die Geschwindigkeit nicht proportional zur Qualität der Arbeiten zu verstehen war, die Jörg und Monica schufen. Letztendlich arbeitet jeder Mensch in seinem eigenen Tempo, und dieses Tempo steht in einem direkten Verhältnis zu seiner Fähigkeit, sich das große Ganze vorzustellen. Erfolgt der Entwurf der Tanzschritte langsamer, bleibt mehr Raum für die Fähigkeit, den Gesamtkontext zu visualisieren: die Beleuchtung, die Musik, die Multimediaeffekte.

Mir gab das die Gelegenheit, etwas Neues in meiner Art des Tanzens zu entdecken. Vor mir lag ein erheblich weiteres Feld voller Möglichkeiten, auf dem ich meine Qualitäten im Bereich der Interpretation und der Technik wesentlich besser entfalten konnte: Er wollte meine Dynamik nicht darin sehen, wie ich lernte, sondern wie ich seine Choreografien interpretierte und umsetzte... Und nach und nach erschien mir das auch wesentlich sinnvoller. Ich begann, seine Bestrebungen und seinen Geschmack zu verstehen. Ich begann, seine Intention zu begreifen und wiederzugeben, und ich empfand eine Tätigkeit mit seinen Intentionen als deutlich reifer. Es war schwierig, meine Arbeit nach beinahe 18 Jahren Berufserfahrung plötzlich ganz anders zu verstehen und umzusetzen... aber es war auch sehr lohnend, weil ich eine große Unterstützung erfuhr. Letztendlich waren es die Rollen, die er meiner Darstellung anvertraute, die mir klar machten, was er an mir schätzte. Von Anfang an hatte er etwas in mir gesehen, das latent und tief in meinem Innersten verborgen vorhanden war, verschlossen hinter „sieben Siegeln“. Er erkannte eine gewaltige Kraft in meinem Charakter, und erst jetzt, wo ich versuche, die Vergangenheit rational zu betrachten und für dieses Buch in Worte zu fassen, begreife ich, wie sehr ich mich davor fürchtete, diese Kraft, diese Energie in mir zu entfesseln.

Ich weiß noch, dass wir in seinem zweiten Jahr als Choreograf in Bremerhaven das Stück *„Notre-Dame de Paris"* tanzten, in dem die Geschichte von *Quasimodo*, dem Buckligen, und *Esmeralda*, der Zigeunerin, erzählt wird, choreografiert von Jörg Mannes. Ich verkörperte die Rolle der „Esmeralda", die am Anfang des Stücks eine sehr schöne Variation zu den Klängen des *„Danse Macabre"* von **Saint Säens** zu tanzen hat. Während der Proben, die der Premiere vorausgingen, versuchte er, mir die Dynamik zu erklären, die ich der Figur verleihen sollte. Mit großer Geduld zeigte er mir immer wieder, wie er sich meine Umsetzung der Choreografie wünschte, und ich verstand sehr wohl, was er wollte. Ich war der Überzeugung, dass ich genau das auch tat. Aber als ich nach der Premiere eine Videoaufzeichnung sah, wurde mir klar, wie weit ich in Wahrheit von dem entfernt war, um das er mich gebeten hatte. Die Erkenntnis, wie wenig das Bild, das ich von meiner Interpretation hatte, mit der Wirklichkeit überein stimmte, schockierte mich. So etwas geschieht in unserem Beruf sehr häufig. Die Körpersprache eines Menschen ist etwas sehr Individuelles, ebenso wie das Gespür dafür, sie einzusetzen, und das führt oftmals zu einer Verzerrung, einem Missverständnis: Der Choreograf erbittet eine Bewegung mit einer bestimmten Intensität und der Tänzer, der glaubt, dass er sie perfekt ausführt, ist sich in keiner Weise darüber im Klaren, wie weit er von dem entfernt ist, was er eigentlich tun soll. Das Körpergefühl kann das tatsächliche Bild sehr verzerren, beeinflusst durch die assimilierenden Signale des Gehirns beim Anblick einer Bewegung. Auch diese Präzision beim Kopieren und die Wahrnehmung der Assimilation können geübt werden.

Diese "Verzerrung" in der Körpersprache eines Menschen kann in unserem Leben und in den Beziehungen zu unserem Umfeld häufig sehr unangenehme Situationen heraufbeschwören. In Bezug auf den Tanz hätte es in meinem Fall die Beendigung einer beruflichen Verbindung bedeuten können, was in unserem Gewerbe, das so stark mit dieser Sprache, dieser spezifischen Ausdrucksform, arbeitet, auch tatsächlich immer wieder geschieht. Aber zu Hause, in einer Schulklasse, in einem Bus, auf einer Party oder in der Politik können diese Missverständnisse fatale Folgen für den Alltag aller Beteiligten haben. Und die Ursachen sind genau dieselben: das mangelnde Verständnis der ausgesandten Zeichen. Der Tanzunterricht, ob für Kinder, Jugendliche oder Erwachsene, hat neben dem sportlichen Aspekt auch das Ziel, den korrekten Umgang mit unserer Körpersprache zu lehren. Ich werde darauf zu einem späteren Zeitpunkt noch einmal genauer eingehen. ***(FINALE: „Der Tanz: Wirkungsvolle Intelligenz für Körper und Seele")***

Ich verstand, was ich tatsächlich tat, was ich mit meinem Ausdruck in Wahrheit vermittelte, und - vielleicht das Wichtigste von allem - was fehlte, um es richtig zu machen. Noch vor dem Beginn der Probe kam ich in den Ballettsaal und studierte jede Passage dieses Solos *noch einmal neu ein*, wobei ich versuchte, die Dynamik zu entwickeln, über die Jörg vor Wochen mit mir gesprochen hatte. Das ganze Stück fühlte sich beinahe unbehaglich an, so neu war diese Empfindung für mich. Es erschien „falsch", so zu tanzen.
Seit diesem Tag sind mehr als 15 Jahre vergangen, aber ich erinnere mich an ihn, als wäre er gestern gewesen: Nachdem ich das Solo bei der Probe getanzt hatte, rief Jörg mich zu sich und sagte leise: *„Sehr gut, Cássia! Eine sehr schöne Darstellung. Die Dynamik war optimal!"*. Und er tat so, als ob er den Hut vor mir ziehen würde. Die Süße dieses Moments konnte nur ich ganz allein auskosten. Ein neuer Abschnitt meiner Karriere hatte begonnen: der letzte Abschnitt!
Warum erzähle ich das alles? Weil ich Ihnen zeigen möchte, wie schmal, wie anspruchsvoll und wie ungewöhnlich der Weg ist, den wir in diesem Beruf beschreiten müssen, wenn wir Erfolg haben wollen.
Sowohl für Jörg Mannes als auch für seine Frau und treue Assistentin, Monica Caturegli, war die Arbeit mit dem Tanzensemble des Stadttheaters Bremerhaven etwas vollkommen Neues. Sie waren noch nie in einer solchen Position tätig gewesen, und das brachte natürlich eine erhebliche Unsicherheit und mangelnde Erfahrung auf diesem Gebiet mit sich. Es war schwierig für alle: Für die beiden selbst in ihrer leitenden Funktion, aber auch für die ihnen unterstellten Tänzer, von denen einige sehr jung und andere schon sehr reif waren. Eine etwas gefährliche und riskante Kombination, obwohl uns von Anfang an klar war, über welches Talent er als Choreograf verfügte. Aber schon damals gab es in dieser Beziehung zwischen Direktor und Tänzer bei ihm etwas Besonderes, etwas, das für die Tanzwelt sehr unüblich ist. Es ist auch heute noch so, und es verwirrt viele Kollegen, insbesondere die weniger erfahrenen - oder die schlecht informierten. In der täglichen Arbeit mit Jörg Mannes herrscht nur sehr wenig Absolutismus und Hierarchie - gerade eben so viel, wie notwendig ist, um Klarheit in Bezug auf die beruflichen Beziehungen zu schaffen - und es fallen so gut wie nie unsinnige Machtworte seinen Untergebenen gegenüber. Das alles führt dazu, dass jedes Mitglied des Ensembles lernen kann, seine eigenen körperlichen Grenzen und die der Kollegen zu respektieren, ein Respekt, der sich auch im täglichen Umgang mit sich selbst und mit den anderen widerspiegelt. Jeder ist für die Entwicklung seiner Ausdruckskraft und die Vervollkommnung seiner Technik selbst verantwortlich. Es gibt nur eine Schwierigkeit bei diesem sehr menschlichen

Ansatz: Er kann auf unterschiedliche Weise angenommen werden, und um die positiven Ergebnisse zu erzielen, die er verdient, bedarf es einer großen Reife bei allen, die an diesem Prozess beteiligt sind.
Rückblickend bin ich der Überzeugung, dass diese Begegnung zu den wertvollsten gehört, die es im Laufe meiner Karriere gegeben hat. Sein Vertrauen in mich und die Risiken, die er eingegangen ist, indem er in mein Talent investierte, haben mich mit allem Nachdruck auf den Höhepunkt meiner künstlerischen Fähigkeiten getrieben. Dank Jörg und Monica kann ich heute von mir sagen, dass ich in meiner Laufbahn alles getanzt habe - und sehr viel mehr, als ich mir jemals erträumt hätte.
Es gelingt mir auch heute noch, herausragende und überaus bedeutsame Rollen zu interpretieren, nicht nur in den Ballettstücken, die Jörg Mannes selbst choreografiert hat, sondern auch in den Arbeiten der verschiedensten, renommierten Choreografen, die unser Ensemble aufgreift und umsetzt.
Mittlerweile weiß ich jedoch auch, dass ich Ruhe und Geduld für den Entstehungsprozess seiner Stücke benötige und dass ich das Tempo drosseln muss, weil es keine Langsamkeit ist, sondern Präzision mit Blick auf das ersehnte Ergebnis.
Eine gute Eigenschaft in vielen Bereichen unseres Lebens. Und ich bin schon sehr viel besser geworden…

Fotomaterial 2: Jörg Mannes

In diesem Abschnitt möchte ich in einer bestimmten chronologischen Reihenfolge unsere parallel verlaufene berufliche Entwicklung präsentieren: Jörg als Choreograf und ich als Tänzerin und Darstellerin. Die folgenden Bilder sind von Jörg Mannes, der nicht nur ein bemerkenswerter Choreograf ist, sondern auch ein erstklassiger Fotograf. Dieses Können ist einerseits der profunden Kenntnis seiner eigenen choreografischen Arbeit geschuldet (was das Einfangen von Bildern erleichtert), und andererseits dem sehr speziellen Anblick, den die Posen bieten, die wir Tänzer im Laufe der Entwicklung einer Choreografie einnehmen. Perfekte Momente für ein Foto.

"www.bach.de" - Bremerhaven - 23.09.2000 - Choreografie Joerg Mannes

(©Joerg Mannes)

"Begegnungen - Camile, Rodin, Chopin" - Bremerhaven - 29.05.2004
Choreografie Joerg Mannes

"Vincent Van Gogh" →
Cássia Lopes & Mathias Brühlmann - Bremerhaven 22.02.2003 ↓

Choreografie Joerg Mannes
(©Joerg Mannes)

"Mahler 4" (Linz)
30.04.2005
← *Choreografie*
Joerg Mannes
(©Joerg Mannes)

"Gefährliche Liebschaften" (Linz)
Cássia Lopes & Mathias Brühlmann →
↓

Linz 19.12.2004
Choreografie Joerg Mannes

(©Joerg Mannes)

“ Gefährliche Liebschaften”
(Linz)

Cássia Lopes &
Mathias Brühlmann

(©Joerg Mannes)

Linz 19.12.2004
Choreografie Joerg Mannes

"Romeo & Julia"

Hannover 10.02.2007 Choreografie Joerg Mannes *(©Joerg Mannes)*

mit Catherine Franco
←

(©Joerg Mannes)

Mit Andreas von Arb
→

(© Joerg Mannes)

"Stabat Mater"

Cássia & Andreas von Arb - Hannover 12.03.2008

Choreografie Joerg Mannes

(©Joerg Mannes)

"Goldberg Variationen"

↑

(Links) Emma-Jane Morton

(Rechts)Cássia Lopes →

Choreografie

Joerg Mannes

Hannover 16.05.2008

(©Joerg Mannes)

"Gefährliche Liebschaften"
(Hannover)
← ↓

Hannover 01.03.2010
Choreografie Joerg Mannes →
Mit Denis Piza
(©Joerg Mannes)

"Wahlverwandtschaften"
↔

Unten mit
Denis Piza
↓

07.02.2014
Hannover

Choreografie
Joerg Mannes

(©Joerg Mannes)

"Dornröschen"

(Carabosse)
Hannover - 12.11.2013

Choreografie Joerg Mannes

(©Joerg Mannes)

"Dornröschen"
(Carabosse)

mit Michèle Seydoux Hannover - 12.11.2013

Choreografie
Joerg Mannes
(©Joerg Mannes)

"Chaplin" - Die Mutter - Hannover - 07.04.2014

Choreografie Mario Schroeder

(©Joerg Mannes)

"Chaplin"- Die Mutter - Hannover - 07.04.2014 - Choreografie Mario Schroeder

Fotointerpellation bei ©Joerg Mannes

Die Knochenarbeit im Berufsalltag

Den siebten Tag in Folge zu Hause eingesperrt... absolute Ruhe… ohne die körperliche (oder geistige) Form verlieren zu dürfen und mit der Aussicht, dass mindestens noch drei weitere Tage nötig sein werden, bis die Genesung so weit vorangeschritten ist, dass man eine Rückkehr zum Training riskieren kann. Was Folgendes bedeutet: a) Die Rückkehr zu den morgendlichen Übungen - die für sich allein genommen schon die gesamte Energie des Körpers beanspruchen, und b) die Rückkehr zu den danach folgenden Stunden, in denen Proben und Auftritte angesetzt sind.

Eines der Fundamente in einem im Hinblick auf die Rechte der Arbeitnehmer so entwickelten Land wie Deutschland ist die Sorge für gerechte und sichere Arbeitsbedingungen, wozu auch Krankschreibungen gehören.[12] Diese Bedingungen gelten auch für diejenigen, die in künstlerischen Berufen angestellt sind. Aber in einem Land, das so weit im Norden Europas liegt, mit dunklen und bedeckten Tagen, Regen und Schnee… Temperaturen um den Nullpunkt… gibt es keine Chance, vor die Tür zu kommen und lange im Freien spazieren zu gehen. Und so sind unsere Weggefährten oftmals die Isolation … und die Einsamkeit…

[12] Obwohl im Bereich des professionell ausgeübten Tanzes noch viele Regelungen fehlen, wie sie beispielsweise für den Fußball existieren.

Verletzungen sind ein fester Bestandteil unseres Alltags... auch an den absurdesten Körperteilen, die für einen Tänzer außerordentlich wichtig sind, während die meisten Menschen nicht einmal wissen, dass sie existieren.
Wir sind verpflichtet, unsere Körper zu 100% gesund zu erhalten - oder zumindest so nah wie möglich an diese 100% heranzukommen. Alle Muskeln, Bänder, Sehnen, Nerven und Knochen, ganz zu schweigen vom Herz-Kreislaufsystem, müssen gesund sein, denn unsere Organe müssen sich im Prinzip jederzeit in einem Zustand befinden, der dem eines Hochleistungssportlers während der Olympischen Spiele entspricht. Allerdings müssen wir diese Fitness, im Gegensatz zum Sportler, von den 12 Monaten eines Jahres beinahe 10 Monate lang beibehalten, und das nahezu ohne jede Möglichkeit, uns angemessen zu erholen. Während einer Spielzeit können wir keine längere Pause machen. Wir sind fortwährend bei der Arbeit, und dazu gehört parallel immer das Folgende:

- vorbereitende Proben für kommende Premieren, Training zur Erhaltung der Technik und das beständige Üben der laufenden Stücke - wobei der Körper gezwungen ist, eine bestimmte Bewegung oder Bewegungsfolge immer und immer wieder auszuführen, und
- Vorstellungen - die der Höhepunkt der körperlichen Vorbereitung sind und die unsere Fähigkeiten bis zum letzten fordern. Eine Arbeit, die man unmöglich ausführen kann, wenn dem Körper keine nahezu allumfassende Fürsorge zuteil wird, ob nun vorbeugend oder heilend.

Dieser Prozess - der auch eine selektive Note besitzt, denn nur wer gesund ist, kann seine Laufbahn auf unbestimmte Zeit fortsetzen - hat schon unglaublich viele Enttäuschungen verursacht, viele emotionale und physische Tragödien.

Für einen Tänzer ist eine durch körperliche Schwäche erzwungene längere Pause etwas, das er nur schwer akzeptieren kann - ganz egal, ob der Grund nun eine Verletzung oder ein sonstiges Übel ist. Tänzer wollen niemals still stehen bleiben, sie wollen und sie dürfen nicht für längere Zeit außer Gefecht gesetzt werden. Aus diesem Grund bezeichne ich Verletzungen und ernste Leiden als „körperlich-emotionale Tragödie“. Dazu gehören all die Diagnosen, die eine lange Genesungszeit nach sich ziehen, aber natürlich auch die, die im schlimmsten Fall das Ende einer Tanzkarriere bedeuten können. Die körperlich-geistige Situation und der Druck, der während der aktiven Jahre in diesem Beruf auf einem Tänzer lastet (ob durch ihn selbst oder sein Umfeld ausgeübt) - und der ganz besonders stark wird, wenn die Karriere endet oder beendet werden muss - kann sich auf unzählige Arten auf die persönliche Zukunft dieses Menschen auswirken. Einige dieser Auswirkungen sind mehr als unerwünscht, beispielsweise die ***organischen****, denn wir gehen während unserer Berufsjahre unzählige Gesundheitsrisiken ein und verschleißen unsere Körper ganz massiv. Vieles hat Folgen, die sich niemals wieder rückgängig machen lassen. Aber es gibt auch* ***psychische*** *Auswirkungen, insbesondere in Fällen, wo die Karriere infolge von gesundheitlichen Problemen unfreiwillig und abrupt beendet werden muss und der Tänzer hilflos und ohne berufliche Perspektiven zurückbleibt.*

Nicht alle Choreografen und Direktoren akzeptieren, dass die Anweisungen von Ärzten oder Physiotherapeuten streng befolgt werden müssen, was Geduld und Selbstvertrauen erfordert. Und noch sehr viel geringer ist die Zahl der Tänzer, die in der Lage sind, diese Anweisungen zu befolgen, auch wenn sie in dieser Situation vom Gesetz geschützt werden.
Dank der Fortschritte, die auf den Gebieten der ärztlichen Kunst und der Physiotherapie gemacht worden sind, lassen sich beeindruckend positive Ergebnisse bei der Behandlung und Pflege von Verletzungen erzielen. Minimalinvasive Operationen und eine prä- und postoperative Begleitung, basierend auf den besonderen Bedürfnissen von Tänzern, garantieren in den meisten Fällen Erfolge bei dieser Art von Behandlung, weshalb ich die Eingriffe als ein hochqualitatives Verfahren der Spitzenklasse betrachte.
Sowohl Orthopäden als auch Physiotherapeuten (ich beziehe mich hier in erster Linie auf diejenigen, die sich auf die Arbeit mit Tänzern spezialisiert haben und sich dieser Kunst mit Leidenschaft widmen, denn ihnen und ihrer großen Hingabe verdanken wir so vieles) pochen immer wieder darauf, dass die unbedingte Notwendigkeit bestehe, ihren Kollegen die effizienten Behandlungsformen für diesen so speziellen Beruf stärker ins Bewusstsein zu rücken. Dank dieser aufmerksamen Spezialisten, denen unsere Probleme bewusst sind, haben viele von uns die Möglichkeit bekommen, ihre Arbeit auch in einem höheren Alter noch ausüben zu können.

Aber da ich mich nicht für sonderlich berufen halte, mich in das Thema der Orthopädie zu vertiefen, ist der Punkt, auf den ich hier eingehen möchte (und das natürlich ausgehend von meinen eigenen Erfahrungen), vielmehr der geistige Zustand der Tänzer in ihren aktiven Berufsjahren. Es könnte so einfach sein, darüber zu berichten, wäre da nicht die komplexe und wenig stabile emotionale Substanz, mit der wir in unserem Alltag zu kämpfen haben: Wir üben einen riskanten Beruf aus, in dem wir uns jederzeit, auch bei den

banalsten Tätigkeiten, eine Verletzung zuziehen können. Eine simple Erkältung mit Fieber kann für einen Auftritt fatal sein.
Die schlichte Tatsache, dass jemand Antibiotika oder Antihistamin (gegen Allergien) einnehmen muss, kann sich extrem negativ auf die Entwicklung unserer Arbeit auswirken. Das *Rotavirus*, einer unserer größten Feinde, hat uns schon unzählige Zusatzproben aufgezwungen, weil urplötzlich ein Kollege ersetzt werden musste, der sich vor ein paar Stunden noch gut gefühlt hatte und es nun nicht mehr schaffte, aus dem Bett zu kommen.

Vor kurzem setzte mich eine ***Lumbago*** *(akute Schmerzen in der Lendenwirbelregion, verursacht durch eine starke Muskelkontraktion und eine Blockade der Wirbelgelenke, besser bekannt als „Hexenschuss“) außer Gefecht und ließ mich bewegungsunfähig auf der Massageliege zurück - zwei Stunden vor dem Beginn einer Aufführung. Ich konnte nicht einmal mehr gehen, was natürlich dazu führte, dass die Aufführung in aller Eile umstrukturiert werden musste.*

All das ist im Prinzip vollkommen logisch und selbstverständlich. Aber der emotionale „Preis“ dafür, eine Premiere aufgeben zu müssen, ist für einen Tänzer vergleichbar mit einem Torjäger, der bei einer großen Meisterschaft nicht in die Nationalmannschaft berufen wird. Das macht uns Tänzer bei der Ausübung unseres Berufes sehr verletzlich. Wir werden beinahe dünnhäutig... fragil und spitzfindig.

Ich möchte hier allerdings anmerken, dass der Vergleich mit dem Fußball augenblicklich anfängt zu hinken, wenn ein Tänzer den Höhepunkt seiner Laufbahn erreicht oder in die Zielgerade seiner Karriere einschwenkt, denn die finanzielle Ausbeute unseres Berufsfelds ist in keiner Weise mit dem zu vergleichen, was ein Fußballer bekommt - auch nicht in so entwickelten Ländern wie Deutschland. Die finanzielle Diskrepanz zwischen diesen beiden Berufen ist ein Grund für den extremen Ruin der mit Kunst befassten Kreise.

Wir versuchen, uns wie „Halbmenschen“ zu benehmen, um ein unerreichbares Ziel zu erreichen, dem wir uns Tag für Tag von neuem verschreiben, auch wenn es irrational ist: **die Perfektion**. Und dabei kommt eine differenzierte Betrachtungsweise mit ins Spiel, die Werte aufbringt, die von einem *normalen* Blickwinkel ganz erheblich abweichen - insbesondere in Situationen, die zwischen existentiellen und persönlichen Fragen schwanken, zwischen der Logik und dem Surrealismus. Zur Erklärung: Die Diskrepanz besteht zwischen den zwei Realitäten eines Künstlers, der **finanziellen** - die auf den vom Kunstschaffenden angestrebten Gewinn abzielt und deshalb auch zum Zweck des eigenen Überlebens vom Künstler körperlichen Einsatz fordert - und gleichzeitig der **kreativen** - die bei der technischen Entwicklung und Interpretation durch den Künstler und der Unterhaltung des Publikums zum Tragen kommt. Das Greifbare und das Ungreifbare treffen aufeinander, und da sie beide den absoluten Einsatz des Künstlers verlangen, führt das leicht dazu, dass er sich, wie ich es bereits beschrieben habe, mit all seiner Verletzlichkeit innerhalb dieses Systems von den eigenen körperlichen und geistigen Grenzen seiner Leistungskraft entfernt und aus diesem Grund in seiner aktiven Karriere ernsthafte gesundheitliche Risiken eingeht.

Ich werde versuchen, das zu verdeutlichen:
Nichts Böses ahnend kehrte ich eines Montagabends von einer Probe zurück, und als mein Körper kalt wurde spürte ich plötzlich einen heftigen Schmerz an der Fußsohle. Ein paar Stunden später konnte ich nicht mehr gehen. Während der Nacht behandelte ich meinen Fuß mit Eis und versuchte zu verstehen, was passiert war.
Ich hatte mir eine Verletzung an einem der großen Bänder in der Fußsohle zugezogen (irgendwo an der Aponeurosis plantaris). Ein kleiner Riss, zu dem es offenkundig durch ein Übermaß an Arbeit gekommen war: Ich hatte drei sehr intensive Wochen hinter mir, in denen ich mich bemüht hatte, meine körperliche Form zu vervollkommnen, denn wir standen vor einer *Wiederaufnahme* des erfolgreichsten Stücks von Jörg Mannes - ***„Gefährliche Liebschaften“*** - in dem ich eine der Hauptrollen tanzte.
Es war ein Fall von „ein Schuss, ein Treffer“: Mein Körper hatte dem psychischen und physischen Druck nicht standgehalten. Verletzungen wie diese sind an der Tagesordnung und werden nicht als „schlimm“ betrachtet, denn sie sind zwar schmerzhaft, stellen aber keine Gefahr für unsere Karriere dar, wenn sie vernünftig behandelt und ernst genommen werden. Für zwei Auftritte in dieser Woche fiel ich allerdings aus. Und auch wenn ich „nur“ zehn Tage lang krankgeschrieben war, brauchte ich drei Monate, bis ich diese Verletzung ganz und gar besiegt hatte. Ich nahm die Übungen wieder auf und war bei den letzten Vorbereitungen für die Premiere des neuen Stücks dabei, aber ich konnte merken, wie sehr mein Körper um seine alte Form rang… ganz zu schweigen von den unzähligen Unannehmlichkeiten, die meine Abwesenheit für die Solisten bedeutet hatte, die das Stück mit der Zweitbesetzung *neu einstudieren* mussten - was bei mir eine starke ***Frustration*** und ***Schuldgefühle*** hinterließ.

Das ist die Unlogik, die ich meinte. Und während dieser „unsicheren Phasen", in denen unser Verstand aussetzt, die Enttäuschung und die Frustration grenzenlos werden und es keine Mathematik gibt, die uns beruhigt und ganz exakt feststellt, wie lange unser Körper brauchen wird, um sich von bestimmten Verletzungen zu erholen, ist es sehr schwer, die eigene Situation objektiv zu betrachten. Dabei ist es nicht nur der Druck aus dem Umfeld, sondern auch der, den wir uns mit unserem Pflichtgefühl selbst auferlegen, der uns die Augen verschließt und es uns unmöglich macht, die Dinge als relevant zu erkennen, die uns möglicherweise lange nachhängen werden. So werden wir dazu verleitet, unsere geistige und körperliche Gesundheit immensen Risiken auszusetzen.

Nach einer intensiven physiotherapeutischen Behandlung der linken Fußsohle, die keine wirkliche Besserung brachte, beschloss ich, mich nach einer alternativen Behandlungsmethode umzusehen, einer Art Energetisierung. Ich hatte schon öfter sehr gute Erfahrungen mit dieser Form der Therapie gemacht. Viele körperliche Probleme können ihren Ursprung in emotionalen Faktoren haben. Und tatsächlich war es dann auch diese Therapeutin mit ihrer Energetisierung, die in der Lage war, den Grund für meine Schmerzen zu lokalisieren. Das Problem lag gar nicht direkt im Fuß selbst, sondern im Schenkel. Eine übermäßige Spannung im großen Adduktorenmuskel, im postero-medialen Bereich des Schenkels, die nicht sehr schwerwiegend war, aber sich zu einem chronischen Problem entwickelt hatte, hatte zu einer starken Spannung im gesamten Bein geführt. Die unschlagbare Intelligenz meines Körpers hatte dieses Defizit ausgeglichen, damit ich normal funktionieren konnte, und hatte die Beschwerden in einen anderen Teil verlagert. Als meine Physiotherapeutin den hinteren Teil des Schenkels berührte, schrie ich auf! Urplötzlich wurde mir klar, mit welcher Intelligenz man es bei dieser Arbeit zu tun hat, wenn man versucht, ein so perfektes System wie unseren Organismus zu verstehen: Es ist eine göttliche Intelligenz, perfekt, unvergleichlich und unersetzlich, und das wird auch immer so sein.
Mit jedem Jahr, das vergeht, und in dem ich, was unvermeidlich ist, älter werde, steigt mein an Verehrung grenzender Respekt vor der „Maschinerie", die ich als mein Rüstzeug mit auf diese Welt bekommen habe.

Emotionale Auswirkungen

Als ich weiter vorne auf die organischen und physischen Veränderungen eingegangen bin, die eine Schwangerschaft bei einem athletischen Körper bewirkt, habe ich nicht erwähnt, wie gut diese Erfahrung für das persönliche Erleben eines Künstlers ist, denn sie bringt eine grundlegende Tiefe in sein Dasein, die er in seine Darstellung einflechten kann. „Mutter zu sein" oder „Vater zu sein" bedeutet, einen Strudel der widersprüchlichsten Gefühle zu erleben: Liebe und Angst, Sorge und Freude, Zärtlichkeit und Erschöpfung. Die Elternschaft bildet das Fundament dieser Gefühle und geht gleichzeitig weit darüber hinaus.

Diese so vielfältigen und intensiven Emotionen zu erleben, macht die Mutterschaft/ Vaterschaft zu einer wesentlichen Erfahrung für einen Künstler. Oder regt ihn zumindest dazu an, die Wahrheit zu erzählen, wenn er eine Rolle darstellen muss.

Selbstverständlich hat auch das Auseinanderbrechen meiner Familie, das ich 2004 durchstehen musste, meinen Beruf massiv beeinflusst, denn es hat mein Privatleben ganz und gar beherrscht. Es gab im Umgang mit Menschen und choreografischem Material sehr schwierige Momente (als Künstlerin und als Kollegin).

Jede große Künstlerkarriere kennt persönliche Krisen. Diese Krisen haben verschiedene Aspekte: Die tägliche Konfrontation mit dem eigenen Spiegelbild, der Aufbau des Egos, die vehementen täglichen Kritiken an unserer Tätigkeit und Darstellung, die körperliche Arbeit und die starken Schmerzen - *denn es gibt keinen Tänzer ohne Schmerzen!* - all diese Faktoren haben große Auswirkungen auf unsere tägliche Leistung. Es gibt immer wieder Tage, in denen unsere extrem verfeinerte Empfindsamkeit uns in eine persönliche Krise stürzt. Und es gibt die Tage, an denen man mit all diesen Dingen besser umgehen kann. Aber man muss sehr robust sein, um in diesem Umfeld wachsen zu können. Viele scheitern daran, werden verrückt, geben auf, zerbrechen... oder sind schlichtweg nicht in der Lage, ihre eigenen Ängste und Unsicherheiten, ihr inneres Ungleichgewicht und ihre Enttäuschungen auf einem gesunden Niveau zu halten.

Auch ich selbst war (von 2004 bis 2009, um es auf den Punkt zu bringen) innerlich sehr unausgeglichen, und ich benötigte eine lange Phase der geistigen Restrukturierung, die mich fast in den Wahnsinn getrieben hätte. Es gab ganz besondere Momente, in denen ich in der Lage war, Rollen, die ich in meinen Adern pulsieren spürte, mit einem unglaublichen emotionalen Gehalt zu interpretieren. Ich habe mich niemals auf obskure Weise mit meinen Charakteren identifiziert, sondern immer eine vernünftige Beziehung und einen

sicheren Abstand zwischen „uns“ gewahrt - denn es ist wichtig, den Darsteller und den Charakter scharf voneinander getrennt zu halten. Aber mitten in einer emotional derart aufgewühlten Phase und dieser Regenerationszeit ist mir der Kontakt zu den anderen Darstellern - ebenfalls sensiblen, emotionalen, temperamentvollen Menschen voller Zweifel und, wer weiß, Enttäuschung und Schmerz - sehr schwer gefallen. So kam ich in Hannover an, und viele hielten mich für verrückt oder unbeherrscht... Tatsächlich trafen diese Attribute damals durchaus auf mich zu, aber es war nicht alles eine Frage meines Charakters, sondern auch meiner schwierigen Situation geschuldet. Es schmerzte, feststellen zu müssen, dass es für meine Mitmenschen keine Rolle spielte, welche Gründe es für mein Verhalten geben mochte und ob der Zustand nur vorübergehend war. Ich wurde einfach abgestempelt.
Heute bin ich in der Lage, Gefühle mit einer tiefen Ehrlichkeit und Menschlichkeit zu zeigen, indem ich das wiedergebe, was ich in meinem Inneren wie in einem Spiegel sehe, in dem ich viele eigene Erfahrungen erkenne. Aber ich weiß, dass der Weg zur emotionalen Ausgeglichenheit schmerzhaft ist, denn die Wunden im Herzen sind da, sie sind nicht verheilt, während das Leben ohne Unterlass einfach weitergeht, uns Wahrheiten aussetzt, die wie Dolchstöße für uns sind, und uns reifen, stärker werden und die Verantwortung für unser Handeln übernehmen lässt.
Wenn ein Künstler imstande ist, sich in seiner Darstellung seine Erfahrungen zu Nutze zu machen und diese umzusetzen, wird das Publikum mit ihm fühlen. Sein Auftritt wird die Menschen bewegen.
Wer menschlich dasselbe tut, erreicht er eine sehr hohe Stufe der persönlichen Entwicklung, und es kann ihm gelingen, sich von der Tragödie und dem Selbstmitleid zu distanzieren und zu erkennen, wie viel Schmerz und Verzweiflung es in seinem Umfeld gibt, um das er sich kümmern muss. Er kann zum Helfenden werden, anstatt selbst der Hilfe zu bedürfen!

Ich werde später auf die Bedeutsamkeit der Pflege zurückkommen, die ich meinem Körper angedeihen lasse. Im Kapitel ***„Steptext“*** *werde ich darauf eingehen, wie treu dieser erstaunliche Bewegungsapparat mir diese Fürsorge dankt.*

<u>Fotomaterial 3 (Ausdrücke)</u>: Lilit Hakobyan

In diesem Abschnitt habe ich mich für Fotos entschieden, die mir von meiner Arbeitskollegin **Lilit Hakobyan** (geboren am 31.12.1988 in <u>Jerewan</u>, der Hauptstadt Armeniens) zur Verfügung gestellt worden sind. Ihr Gespür dafür, Momente der tiefsten emotionalen Versunkenheit einzufangen, und ihr Geschick, sie auf dem bewegungslosen Foto aktiv und „in Bewegung" darzustellen, haben mich sehr fasziniert. Es ist nicht leicht, den Tanz zu fotografieren, und noch viel schwieriger ist es, die Gefühle auf das Bild zu bannen. Aber Lilit, die ebenfalls Tänzerin an der Staatsoper Hannover ist, fotografiert schon seit Jahren und hatte auch bereits mehrfach die Gelegenheit, ihre Arbeiten öffentlich auszustellen. Ihre jüngste Ausstellung hat im November 2014 in New York stattgefunden, im Rahmen der *„Art in Fall"*. In einem Interview, das sie speziell für dieses Buch gegeben hat, erklärt sie:
„Zu Anfang hat es mich fasziniert, die Natur zu fotografieren. Aber ich hatte nur einen alten Fotoapparat, noch mit Film. Erst als ich nach Deutschland kam und eine gute Digitalkamera kaufen konnte, hatte ich die Möglichkeit, mich weiterzuentwickeln, denn Jörg Mannes gestattete mir, während der Aufführungen aus verschiedenen Perspektiven Fotos hinter den Kulissen zu machen. Im Laufe der Zeit interessierte ich mich immer mehr für unscharfe Bilder, auf denen Gefühle und Bewegung miteinander verschmelzen. Auf einigen kann man nicht mehr erkennen, ‚wer' oder ‚was' tatsächlich auf dem Foto ist, aber genau dieser gefühlsbetonte Impressionismus war es, der mich gereizt hat." (Lilit - Hannover - November 2013)

"Alice im Wunderland" - Ausdrücke - Hannover - 08.11.2011
Probe mit Andreas v. Arb (L) & Joerg Mannes (R) - (©Lilit Hakobyan)

"Alice im Wunderland"

(©Lilit Hakobyan)

Ausdrücke - Hannover- 08.11.2011 Choreografie Joerg Mannes

Cassia Lopes & Andreas Von Arb
↓

(©Lilit Hakobyan)

"Piaf" Ausdrücke

(©Lilit Hakobyan)

Choreografie Mauro Bigonzetti - Hannover 05.11.2011

***"Piaf"**- Ausdrücke - Hannover 05.11.2011 - Choreografie Mauro Bigonzetti (©Lilit Hakobyan)*

"Gefährliche Liebschaften"
Ausdrücke - Rouen 11.01.2013 - Choreografie Joerg Mannes (©Lilit Hakobyan) ↓

Kurz vor dem Aufttitt ↕

↑
Mit Rubén Cabaleiro Campo

"Gefährliche Liebschaften" - Rouen 11.01.2013 - Choreografie Joerg Mannes

(©Lilit Hakobyan) *Mit Denis Piza*

Mde. De Merteuil

Cássia Lopes

(©Lilit Hakobyan)

"Inferno"
Ausdrücke

Hannover - 07.05.2013

Choreografie
Joerg Mannes

"Sissi" Ausdrücke

← Hannover 15.11.2012
Choreografie Joerg Mannes

©Lilit Hakobyan

Fotografischer Impressionismus

Badisches Staatstheater Karlsruhe
2014 →

←Hannover
15.11.2012

Fotografischer Impressionismus

Cássia Lopes - "Sissi"

Badisches Staatstheater Karlsruhe
2014

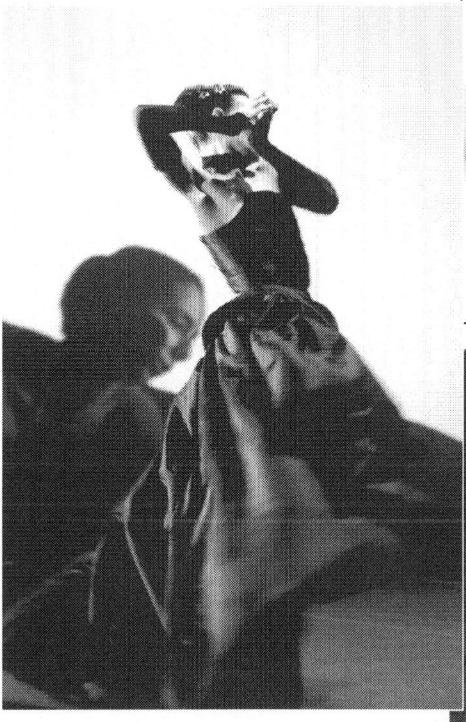

(©Lilit Hakobyan)

"Dornröschen" (Carabosse)

mit
Catherine Franco →
Hannover
02.10.2013

Choreografie
Joerg Mannes

Fotografischer Impressionismus

©Lilit Hakobyan

(Carabosse) Cássia Lopes - Hannover 2014

↓

(©Lilit Hakobyan)

↑

"Camille Claudel"* *2014 – Hannover

Choreografie Joerg Mannes   Cássia Lopes (Rose) & Denis Piza (Rodin)

Fotografischer Impressionismus ***(©Lilit Hakobyan)***

↓

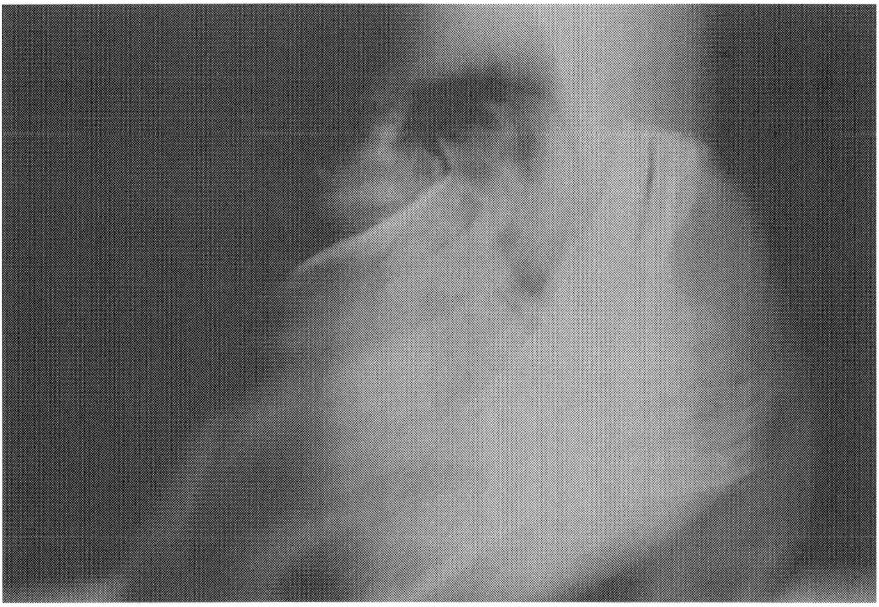

Fotomaterial 3.1 (Ausdrücke): Michèle Seydoux

Auch die Fotos von **Michèle Stéphanie Seydoux** (in der Schweiz geboren und seit 2009 Mitglied des Balletts der Oper Hannover) gehören für mich in die Reihe ***Ausdrücke***. Ihre Arbeiten spielen stark mit Licht und Reflexionen, aber auch auf Emotionen wird nicht verzichtet. Auf ihren Fotos bilden die Gefühle jedoch beinahe eine zweite Ebene. Sie werden feststellen, dass die körperliche Form und die technische Präzision hier nahezu keine Bedeutung haben. In dem Moment, wo Sie das Bild erahnen, wird es auf der Stelle Gestalt annehmen. Der Trick ist, sich an genau den plastischen Details zu orientieren, die in der Beleuchtung von den Körpern geformt werden. Auch Michèle hat mir ein kurzes Interview gegeben und erzählt, was aus ihrer Sicht für einen professionellen Tänzer relevant ist und was sie dementsprechend erfassen und wiedergeben möchte:

„Wenn sich ein Tänzer in seinem Bereich weiterentwickeln möchte, muss er vor allem versuchen, sich als Person, als Mensch, weiterzuentwickeln. Ich möchte eine Freundin zitieren, die viele Jahre lang Solistin war und heute Ballettmeisterin ist. Sie hat immer gesagt, dass ‚die wahren Stars überragend sind, weil sie niemals die Bodenhaftung verlieren.' Ich glaube, es ist genau diese Persönlichkeit und die Darstellung des Innersten, die ich in meinen Abbildungen suche. Sie muss so intensiv und authentisch sein, dass sie offensichtlich und eindrücklich sein kann, selbst auf einem Bild." (Michèle - Hannover - Mai 2014).

"Piaf" Cássia Lopes & Emma-Jane Morton Hannover 2011

Choreografie Mauro Bigonzetti

(©Michèle Seydoux)

"Piaf" *Ausdrücke*

Choreografie
Mauro Bigonzetti
Hannover 2011

(Li.) Cássia Lopes &
Emma-Jane Morton (Re.)

(©Michèle Seydoux)

"Walking Mad"

Cássia Lopes
& Rubén
Cabaleiro
Campo
Hannover
18.12.2010

Choreografie
Johan
Inger

(©Michèle Seydoux)

Links: Lilit Hakobyan / Rechts: Michèle Seydoux

Theater Gütersloh - Selbstportrait 2011©Lilit Hakobyan

III AKT

Hannover

Der Weg des Ungreifbaren... FOKUS und FÜRSORGE

Nun gut! Ich glaube, ich habe nun den subjektivsten Punkt dieses Buchs erreicht, aber auch die sicherste Phase meiner Laufbahn. Nun soll es um das Fokussieren gehen!

Mit 30 Jahren glaubte ich, dass meine Karriere ihrem Ende zustrebte: Ich war Mutter zweier Kinder und tanzte in einem kleinen Theater, offenbar ohne Aussicht auf Wachstum, in einer kleinen Stadt im kalten Norden Deutschlands. Aber in ein paar Monaten kann so viel geschehen... ich hätte mir niemals vorstellen können, dass noch so vieles vor mir lag... Und ich hätte mir niemals vorstellen können, dass ich fünf Jahre später, mit 35 Jahren, auserwählt werden würde, um *„Steptext"* zu tanzen, ein Stück von **William Forsythe**, das 1985 für das *Aterballeto* in Italien konzipiert und von den besten Ensembles auf der ganzen Welt aufgeführt worden ist. Mit diesem Werk befand ich mich, was das technische Niveau anging, auf dem absoluten Höhepunkt meiner Laufbahn.

Wir, das Ensemble von Jörg Mannes, waren damals gerade aus Linz zurückgekehrt, wo wir zwei Jahre verbracht hatten, und befanden uns in unserer zweiten Spielzeit an der Staatsoper Hannover. Jörg Mannes entwickelte sich immer weiter und hatte sich mittlerweile im ganzen Land und auch in Österreich einen Namen gemacht. Selbst in Frankreich nahm man bereits Bezug auf seine Ballette. Aber trotz allem blieb er seinem Ansatz treu, erfahrene Lehrer mit großen künstlerischen Kenntnissen sowie Gastchoreografen zu verpflichten, die erfolgreiche Stücke umarbeiten oder neue Choreografien für uns, seine Tänzer, entwerfen sollten. Er investiert bis heute noch einen Teil des *Budgets* für die Abteilung Ballett, um Stars einzuladen, und gibt uns so die einzigartige Chance, mit den großen Namen der Tanzwelt zu arbeiten: ***Nacho Duato, Nils Christie, Johan Inger, Mauro Bigonzetti, Hans van Manen.*** Und einer von ihnen war, im 2008, ***William Forsythe.***

Es fand innerhalb des Ensembles eine Art Vortanzen mit einer Assistentin von Herrn Forsythe statt, die uns Passagen der Choreografie beibringen sollte. Während wir diese Passagen tanzten, stellte die Assistentin die Besetzung zusammen, das heißt, sie wählte aus, welche Tänzerinnen und Tänzer für diese Arbeit geeignet waren.

Das Stück wird von drei Männern und einer Frau getanzt, zu den Klängen der „Chaconne" von Johann Sebastian Bach, BWV 1004, Partita Nr. 2 in d-Moll für Solo-Violine.

In meinem Alter konnte ich mir schon ausmalen, was meine Kollegen mit ihren außergewöhnlichen körperlichen Anlagen und ihrer unvergleichlichen Flexibilität - und zwei Dritteln meiner Jahre - alles anstellen würden, um sich diese beinahe einmalige Chance in der Laufbahn eines Tänzers zu sichern. Ich weiß noch, dass ich sehr entspannt zu der Probe ging, ohne irgendwelche Erwartungen in Bezug auf den Ausgang, obwohl es immer ein im Geheimen gehegter Traum von mir gewesen war, einmal mit William Forsythe zu arbeiten. 1993 hatte ich mich ihm bei zwei Vortanzterminen in Frankfurt vorgestellt, wo er damals Ballettdirektor und Choreograf gewesen war, aber beide Male war ich erfolglos geblieben. Erst heute weiß ich mit aller Klarheit, dass diese Ruhe für mich von entscheidender Bedeutung war, um mich auf das Ziel auszurichten: *„Lass das Leben entscheiden, welches das beste Stück des ‚Kuchens' für mich sein soll."* Das ist nicht immer einfach!
Ganz ruhig und ohne davon umgetrieben zu werden, mein Ziel um jeden Preis erreichen zu wollen - was sich ohne Zweifel negativ auf meine Leistung ausgewirkt und mich beeinträchtigt hätte - begann ich, die Schritte zu lernen, die die Assistentin uns zeigte. Mein Körper schien die Bewegungen aufzusaugen, und ich wusste, wie ich sie umsetzen musste, ohne auch nur im Mindesten darüber nachzudenken. Es ist ein Stück mit einem sehr hohen Schwierigkeitsgrad. Meiner Meinung nach sind die *„Forsythes"* der 80er und 90er Jahre *„Neo-Klassiker"*, die im Tanz Geschichte geschrieben haben. Es sind sehr kühne Stücke, die eine extrem verfeinerte Technik fordern und von einer absurd schönen Musikalität sind. Sie sind wunderbar und genial. Es erschien mir wie ein Traum.
Natürlich konnte ich die Bewegungen nicht sofort so ausführen, wie sie sein sollten - tatsächlich glaube ich, dass ich es niemals geschafft habe, sie ganz genau so auszuführen, wie sie sein sollten - aber es muss mir gelungen sein, mit einer gewissen Natürlichkeit das zu zeigen, was die Assistentin von uns verlangte… oder zumindest, dass ich auf dem richtigen Weg dorthin war.

Während der Probe wurde mir klar, dass ich eine positive Wirkung auf die Dame hatte, die uns assistierte und uns für das Stück einteilen sollte. Und ich weiß auch, dass die Kunst des Fokussierens vor allem aus einem besteht: *Man muss zu 100% wachsam sein, wenn sich eine Gelegenheit bietet. Und dann zugreifen!*

Als mir bewusst wurde, dass ich mit meinen Bewegungen auf dem richtigen Weg war und dass sie der Choreografieassistentin gefielen, konzentrierte ich all meine Energie auf diesen Punkt. Ich betonte, was ihr zu gefallen schien, und achtete noch mehr auf die Bewegungen, die ich nicht so gut verstand und komplizierter fand. All das geschah mit „Lichtgeschwindigkeit“. Ich spreche von einer einzigen Probe, an einem einzigen Arbeitstag. Die Aktionen und Reaktionen erfolgten in Minutentakt, unzählige Male während der paar Stunden, die die Probe dauerte. Viele erfolgreiche Profis, Kollegen und Freunde von mir, die es an die renommiertesten Plätze der Tanzwelt geschafft haben und auf den berühmtesten Bühnen der Welt tanzen oder tanzten, wissen sehr genau, wovon ich spreche. Sie wissen, wie schwerwiegend die Entscheidung ist, sich *„auf seine Ziele zu fokussieren“*, und sie wissen auch, einige von ihnen intuitiv, wie man den rechten Moment festhält, die rechte Gelegenheit beim Schopf packt und den gehegten Traum auf wunderschöne Weise wahr werden lässt. Tatsächlich weiß jeder, der auf irgendeinem Gebiet einen gewissen Erfolg hat, dass der Fokus bereits der halbe Weg zum Gelingen ist.

Einige Wochen später wurde die Liste mit der von der Choreografieassistentin ausgesuchten Besetzung ausgehängt, um die Wahl offiziell bekannt zu geben. Ich bin nicht einmal hingegangen, um sie mir anzusehen, denn für mich war der Sieg nicht von dieser Entscheidung oder der offiziellen Bekanntgabe der Besetzung abhängig. Das war keine Arroganz oder Gleichgültigkeit von meiner Seite, wie einige ignorante Seelen vielleicht denken könnten. Der Grund war einfach, dass ich mit meiner Arbeit aufrichtig zufrieden war. Ich kam an diesem Tag, um meine morgendlichen Übungen zu machen, wie ich es jeden Tag tue. Ich hatte das Gefühl, es wäre eher egoistisch, gleich loszurennen und auf die Liste zu sehen, denn wie ich bereits erwähnt habe, muss ich schließlich nicht nur auf ein einziges Stück vorbereitet sein, sondern auf alle, die im Laufe der Spielzeit aufgeführt werden sollen. Ich hatte Angst, wegen etwas enttäuscht zu sein, was ich sowieso nicht mehr ändern konnte - was bereits eine feststehende Tatsache war. In diesem Moment war meine Nachricht ans Universum voller Dankbarkeit und Zärtlichkeit, denn es war nicht von Bedeutung, wie das Ergebnis ausgefallen war. Ich fühlte mich gut, weil ich mein Bestes gegeben hatte. Wenn das nicht ausreichend war, um diese Arbeit zu machen, dann würden andere Gelegenheiten kommen.

Und wie überrascht war ich, als mir viele Kollegen gratulierten, weil ich als Erstbesetzung ausgewählt worden war! Ich - als damals schon älteste Tänzerin des Ensembles - hatte die Ehre, die Choreografie von *„Steptext“* tanzen zu dürfen.

Als Zweitbesetzung[13] *war eine Kollegin ausgewählt worden, die ebenfalls meiner Altersgruppe angehörte. Uns wurde bewusst, dass die Assistentin nicht so sehr „fähige Körper“ gesucht hatte - die wir tatsächlich hatten, zwar nicht im Übermaß, aber infolge intensiver Arbeit - sondern dass es ihr vielmehr um die Reife und die Disziplin gegangen war, die es brauchte, um diese Arbeit umzusetzen. Es ist sehr schwierig, dies einem jungen Tänzer zu erklären, der ambitioniert und voller Träume ist und der höchstwahrscheinlich ein jugendliches und schönes Erscheinungsbild bietet. Aber genauso war es.*

"STEPTEXT"

Die Arbeit an diesem Ballet[14] war nicht einfach und auch nicht besonders angenehm. Das hatte verschiedene Gründe: der hohe Schwierigkeitsgrad, die Erwartungshaltung meiner Kollegen und der Direktion, aber auch die Erkenntnis, dass ich zwar als Erstbesetzung ausgewählt worden war, die berufliche Beziehung zu den anderen Auserwählten dadurch jedoch in keiner Weise einfacher wurde. Diese Wahl hat weder berufliche Differenzen aus der Welt geschafft noch die Konkurrenz innerhalb der Gruppe gemildert. Letztendlich hat sich diese Zeit auch wegen anderer Faktoren tief in mein Gedächtnis gebrannt, die ich lieber nicht im Detail wiedergeben möchte, die jedoch zum Entstehungsprozess einer solchen Aufführung dazugehören. Es gab Phasen, in denen mein Körper sogar im Schlaf noch all die Bewegungen verarbeitete, die ich im Laufe des Tages gelernt hatte. Ich war psychisch

---

[13] Der Ausdruck *"Erstbesetzung"* bezieht sich auf eine Gruppe, die für die Darstellung eines Stücks vorrangig vorgesehen ist. Das heißt, dass bei der Premiere und den meisten der folgenden Aufführungen diese Gruppe auf der Bühne stehen wird. Es gibt Fälle, in denen die *„Zweitbesetzung“* nur als Ersatz fungiert. Um beiden Gruppen die gleiche Chance auf Entwicklung zu bieten, werden die Aufführungen bei der Arbeit mit Gastchoreografen in unserem Ensemble nahezu gleichmäßig aufgeteilt.

[14] Der Ausdruck *"ein Ballet"* bezieht sich auf eine vollständige Choreografie, mit einem Anfang, einer Mitte, einem Ende und einer Dauer, die vom Choreografen festgelegt wird. Es kann eine Geschichte erzählen oder auch abstrakt sein. Wenn ich von einer *"Gala"* spreche, meine ich damit, dass während einer Show Auszüge aus verschiedenen *"Ballettstücken"* - verschiedenen Produktionen - gezeigt werden, um das Programm so vielfältig wie möglich zu gestalten. Ein *"Ballett"* ist normalerweise auf einen vom Choreografen bestimmten Tanzstil festgelegt. Bei einer *"Gala"*, deren Absicht meistens kommerziell, karitativ oder informativ ist, können im Zuge einer einzigen Aufführung die verschiedensten Tanzstile gezeigt werden, wodurch sie für ein breiter gefächertes Publikum interessant wird.

durchaus stark - meine Haltung glich in Bezug auf die alltäglichen Widrigkeiten innerhalb des Ensembles einer Wand, an der alles abprallte, auch wenn es sehr ungemütlich war, sich so wie damals im „Mittelpunkt" der Aufmerksamkeit zu befinden. Aber hier gelang es mir nicht, emotional stabil zu bleiben, denn ich musste jeden Tag gegen die extreme Müdigkeit kämpfen, gegen unfassbare Muskelschmerzen und gegen die exzentrischen Wünsche einer Choreografieassistentin, die meiner Meinung nach wenig diplomatisch vorging. Große und renommierte Choreografen haben oftmals viele Choreografieassistenten zur Verfügung, die ihre Stücke überall auf der Welt neu umsetzen. Häufig wird ein und dasselbe Werk von mehreren Ensembles gleichzeitig vorbereitet. Die Assistentin, die uns nun vor der Premiere dieses Stücks in Hannover die Choreografie nahe bringen sollte, war aber eine andere als die, die Monate zuvor die Besetzung ausgewählt hatte, und dieses Detail störte sowohl sie, als auch mich. In einigen kritischen Situationen zeigte ich mich so spröde, dass ich neurotisch und unsensibel erschien, was ich nicht war. Aber als ein solcher Mensch wurde ich beurteilt. Darüber hinaus setzte es mir massiv zu, dass es mir aus physiologischen Gründen hin und wieder nicht gelang, meine Kinder zu besuchen. Die geografische Entfernung zwischen uns fühlte sich mit jedem geplatzten Besuch größer an. Das war überaus schwer zu ertragen und machte mich emotional instabil, denn es nagte an meinen geistigen Grundfesten. Mit einigen Kollegen kamen Konflikte auf, die harmonisch zu lösen sie sich nicht sehr geneigt zeigten. Ich war vollkommen erschöpft und verlor immer mehr an Gewicht, so viel ich auch aß. Zum Schluss wog ich 49 kg (mein normales Gewicht liegt bei 55 kg). Und der Rest war pure Muskelmasse… Zudem begann ich damals mit meiner psychotherapeutischen Behandlung. Ich war auf der Suche nach ein wenig emotionaler Unterstützung, da sich mein ganzes Umfeld verschworen zu haben schien, um mich auf harte Weise „erwachsen" werden zu lassen. Und auch das war eine schwere und intensive Arbeit an mir selbst. Nur wer selbst eine psychotherapeuthische Behandlung erlebt hat, weiß, wovon ich spreche!

Auf richterlichen Beschluss und parallel zu all dem beruflichen Stress wurde darüber hinaus der Unterhalt für die Kinder ganz erheblich angehoben, sodass meine finanzielle Situation in eine ziemliche Schräglage geriet. Bis ich meine Konten wieder ausgleichen konnte, war ich kurzzeitig gezwungen, mir einen Nebenjob zu suchen. Ich fand damals eine Beschäftigung als Kellnerin und Küchenhilfe in einem Rodizio-Restaurant hier in Hannover, in dem ich an den Wochenenden von 18:30 Uhr bis 3:00 Uhr arbeitete. Dadurch wurde nicht nur die Besuchsregelung mit meinen Kindern auf den Kopf gestellt, sondern es führte auch dazu, dass ich vollkommen erschöpft in die nächste Woche voller Arbeit und Proben startete. Es war wirklich eine kurze Zeitspanne - ich wusste von Vornherein, dass das so sein würde - die mich unglaublich viel Energie kostete, aber die mir half, meine Finanzen wieder ins Gleichgewicht zu bringen, und die mir die Gewissheit gab, dass ich auch in „mageren Zeiten" immer einen Ausweg finden würde. Wenn ich heute zurückblicke kann ich mir nicht mehr vorstellen, wie ich es geschafft habe, all diesen Verpflichtungen gleichzeitig gerecht zu werden.

Um noch einmal auf den Anfang dieses Kapitels zurückzukommen: Mein psychischer Zustand war *stark*, aber nicht unbedingt *stabil*, und ich stellte mich wie eine Wand gegen viele Widrigkeiten innerhalb des Ensembles.
All das brachte natürlich auch meinen *emotionalen* Zustand in eine verwundbare Position. Der „Rest der Welt" brauchte nichts davon zu wissen. Das war allein mein Problem, und ich war diejenige, die es durchstehen, die wieder einmal das *tiefe Tal* durchschreiten musste. Aber es war schwierig, es für mich zu behalten. Während Tag für Tag mein Ego auf die Probe gestellt wurde und es während der Vorbereitung der Choreografie Kritik hagelte, stand ich sehr oft kurz vor der Explosion... so manches Mal explodierte ich tatsächlich... oder war es mehr eine Implosion? Wie dem auch sei, ich weiß, dass diejenigen, die mir am nächsten standen, das Echo durchaus spüren konnten.
Und auch wenn es sich seltsam oder verrückt anhören mag: Trotz all dieser Hindernisse wohnte der ganzen Situation ein köstliches Triumphgefühl inne, das mich daran erinnerte, dass meine Entscheidung, Erfolg zu haben, kein Terror und kein Verbrechen war. Ich habe niemals gewollt, dass jemand verliert, damit ich gewinnen konnte, und ich habe sehr viel mehr erreicht, als ich jemals geglaubt hätte.
Ich habe mir niemals gewünscht, dass sich ein Kollege verletzt, damit ich seine Rolle übernehmen kann, aber ich war immer bereit, sie zu übernehmen, bei allen Gelegenheiten, wo ich das tun musste. Und ich habe es unzählige Male getan.
Mein Vater hat mir und meinen Geschwistern schon früh beigebracht: *„Mach deinen Schritt vor allen anderen, einen Schritt mehr als alle anderen und einen größeren Schritt als alle anderen. Aber tritt dabei niemandem auf die Füße!"*
Er hat sich metaphorisch auf eine zielgerichtete Arbeit bezogen: immer eine Stunde länger arbeiten, die Übung einmal öfter machen als aufgetragen, die Pirouetten einmal öfter üben als die anderen, Anweisungen und Korrekturen immer beachten, und zwar mehr als irgendjemand sonst. Immer intensiver

arbeiten als der Durchschnitt. Jede Chance maximal nutzen. Ohne dabei jemandem Schlechtes zu wünschen, denn niemand muss verlieren, damit ich gewinnen kann!
Beim Neuro-Linguistischen Programmieren (NLP) wird davon ausgegangen, dass es eine grundlegende Verbindung zwischen der *Manipulation* und der *Integrität* gibt: *Beide haben entscheidenden Einfluss auf das Leben anderer.*
Wenn unsere Absicht bei der Artikulation unserer Wünsche die ist, mit anderen Menschen eine Abmachung einzugehen, von der beide profitieren - eine *„win-win"-Situation* - handeln wir mit Integrität. Wenn unsere Absicht nur auf unseren eigenen Gewinn ausgerichtet ist, handelt es sich um Manipulation. Dies ist die wichtigste Einteilung bei der Differenzierung unserer Entscheidungen, unserer Handlungen, unseres Verhaltens, etc.
In den allermeisten Fällen habe ich so gehandelt, dass mein Bewusstsein auf die Integrität ausgerichtet war. Ohne die Absicht, mich am Schaden anderer zu bereichern, sondern in dem Wunsch, gemeinsam mit anderen einen angestrebten und dementsprechend kollektiven Erfolg zu genießen. Ich habe mich meinen Zielen immer ganz und gar, mit meinem **Körper** und meiner **Seele** hingegeben.
Nicht in jedem Fall habe ich Erfolg gehabt. Aber bis heute weiß ich sicher, dass mein Vater mit seiner Überlegung Recht hatte.

Ich weiß, dass man korrekt und voller Integrität handeln muss, wenn man für jemanden als gutes Beispiel dienen möchte. In meinem Privatleben kann ich mich nicht als Vorbild betrachten. Ich weiß um meine Unvollkommenheiten. Ich kenne meine Fehler, und obwohl ich beständig gegen sie ankämpfe, weiß ich doch, dass ich versage, genau wie jeder andere Mensch. Aber als Tänzerin... ah! Als Tänzerin wollte ich immer ein Vorbild sein, für meine Kollegen ebenso wie für spätere Generationen. Ich habe immer ganz bewusst mit diesem Ziel vor Augen gearbeitet. Ich habe mich immer angestrengt. Ich war immer aufmerksam. Ich kenne meine Pflichten und meine Verantwortung. Ich wollte keinen Anlass zu entsprechender übler Nachrede bieten - wohl wissend, dass das eine Utopie ist.
Bis heute beschwöre ich jeden Morgen, wenn ich mich an die Stange stelle, um mit der Ballettstunde zu beginnen, einen großen Respekt und eine ungeheure innerliche Dankbarkeit herauf, indem ich mir die Gewissheit bewahre, dass ich auf genau dem Platz bin, der zu mir passt, in der Gesellschaft derjenigen, mit denen ich meinen Tag verbringen soll, und mich an die Lektion erinnere, die ich vor 35 Jahren in der Ballettschule durch Patrícia gelernt habe, die in der ersten Position geblieben war: In erster Linie unbedingten Respekt vor den

Bedürfnissen meines Körpers, in zweiter Linie Respekt vor der Meisterin, der Musik, dem Tanz und den Kollegen, bis man schließlich den Gipfel erreicht: den Respekt vor dem Publikum, der Kunst. Auf diese Weise fordere ich auch von meinem Umfeld dieselbe Disziplin und Achtung vor dem, was ich tue, und dem Endprodukt meiner Arbeit. Einige meiner Kollegen verstehen diese Handlungsweise mitunter nicht und reagieren immer wieder verärgert oder gelangweilt auf meine klare und konsequente Angewohnheit, diese „Tradition der Selbstkontrolle", das Einhalten von Regeln und den gegenseitigen Respekt innerhalb der Gruppe hochzuhalten. Ich bleibe dennoch bei meinem ruhigen Bewusstsein und diesem klaren Ziel, denn meine Intention ist es nicht, einen Kollegen, der anders handelt, anzugreifen oder herabzusetzen. Nein, ich möchte ihm die Grundregeln und die Traditionen der Tanzwelt nahe bringen, in der die Hingabe, die Disziplin, die Achtung, die Ehrerbietung und die Pflichterfüllung im Hinblick auf den Tanz immer an erster Stelle stehen müssen. Wenn jemand mit dieser Handlungsweise nicht einverstanden ist, ist es ihm jederzeit freigestellt, sein Glück in einem anderen Beruf zu suchen, das möchte ich hier klar und deutlich sagen ...

Es gibt nur zwei Momente in meinem Leben, in denen ich absolut sicher bin, dass ich die richtige Information ***übermittle*** *und mit vollkommener Aufrichtigkeit das uneingeschränkt* ***Gute*** *tue: Wenn ich die Gesichter meiner Kinder küsse und ihnen sage:* ***„Ich liebe dich!"****, und wenn ich auf die Bühne gehe um eine Choreografie zu tanzen - oder, anders gesagt, wenn ich meiner* ***Mission*** *folge!*

In Bezug auf meinen Fokus habe ich es mir zur Angewohnheit gemacht, immer zu glauben, dass das Beste noch auf mich wartet. Das beinhaltet die Disziplin, niemals den Glauben aufzugeben und sich dessen bewusst zu sein, dass das, was wir uns für uns selbst wünschen, stets eintreten wird, sei es nun gut oder schlecht.

Das ist keine egoistische Angewohnheit, sondern es ist notwendig, denn für das, was in meinem Leben geschieht, bin nur ich allein verantwortlich. Nur ich allein kann meine Ziele an das „Universum" schicken, das kann mir niemand abnehmen. Und deshalb muss ich es auch tun. Im Prinzip ist es etwas Göttliches: Ich werde immer bekommen, worauf ich mich konzentriere, ob nun Gutes oder Schlechtes, und es obliegt mir, meinen Geist auf Gutes auszurichten, damit das **Universum**, das **wie ein Spiegel meiner Gedanken und Wünsche ist**, gute Dinge auf mich zurückwirft. Dem Nächsten kann ich dabei *nur* Gutes wünschen, denn jeder bekommt - auf kurze oder lange Sicht - an schlechten Dingen nur die, auf die er selbst seinen Fokus richtet, und nicht das, was andere ihm wünschen. In jedem Fall sollte man niemals außer Acht lassen, dass jeder Wunsch mit viel Arbeit verbunden ist. Seit ich nach Europa gekommen bin, habe ich meine Fokussiertechniken (oder NLP, Neuro-Linguistische Programmierung) zu perfektionieren versucht, denn ich war eine Zeitlang sehr einsam und musste mich auf etwas stützen, das mir eine Aussicht auf Produktivität und persönliche Entwicklung bot. Ich bin dazu übergegangen, deutlich zu beschreiben, was ich wollte, wo ich hin wollte, was ich erreichen wollte. Das mache ich bis heute: Jedes Jahr lege ich zehn bis fünfzehn Ziele fest, die ich in dem Jahr erreichen möchte. Nicht nur beruflich, sondern auch privat.

Auf diese Weise arbeite ich nun schon seit zwanzig Jahren, obwohl meine Kenntnisse auf diesem Gebiet schon seit mindestens drei Jahrzehnten bestehen, und jedes Jahr erreiche ich zehn bis zwölf Ziele.

Es gibt „Pläne", über die ich selbst lachen muss, weil sie so unwahrscheinlich klingen, und im Normalfall sind es genau diese Dinge, an die ich selbst nicht glaube, die nicht wahr werden. Denn das, was **für mich** machbar klingt, kommt schließlich auch zu einem guten Ende, selbst wenn es **dem Rest der Welt** als unerreichbar erscheinen mag und ich keine klare Strategie im Kopf habe, wie ich es bewältigen soll. Die Entscheidung, welches Ziel realisiert wird und welches nicht, ist wie ein persönlicher Beschluss. Meine eigenen Entscheidungen kann nur ich allein treffen. Ich kann für niemand anderen siegen. Genauso wenig, wie jemand anders für mich verliert, auch das muss ich allein!

Ich kann nicht genau sagen, *was* ich 2008 als Ziel festgelegt hatte, aber was ich heute deutlich sehe, ist Folgendes: Die eigene Kraft zu verstehen ist etwas, das einem ein Gefühl von Macht verleiht, ohne dass man sich darstellen müsste. Es ist eine Kraft, eine innere Sicherheit! Und sie kann viele Menschen stören, selbst wenn man das gar nicht bezwecken möchte.

Obwohl ich im Laufe der beinahe 30 Jahre auf der Bühne die Gelegenheit gehabt habe, unzählige technisch und emotional anspruchsvolle Choreografien zu tanzen, ist mir heute klar, dass der Umsetzungsprozess für das Ballett *Steptext* beruflich gesehen die schwierigste Phase meiner gesamten Laufbahn war.

In dem Moment selbst jedoch war mir überhaupt nicht bewusst, dass dieser Prozess so hart, so grausam, so schwierig für mich war. Ich habe das erst ein paar Jahre später begriffen, als ich mir Videomaterial aus dieser Zeit ansah. Dabei kamen viele, viele Emotionen hoch, und mir wurde klar, was das Unterbewusstsein damals von meinem Verstand ferngehalten hatte: Dass es mir niemals gelungen wäre, diese Arbeit zu machen, wenn ich nicht so fokussiert gewesen wäre. Ich hätte aufgegeben oder mich an den Vorbereitungen für die Premiere aufgerieben. In meinem Umfeld herrschten so viel Neid und so viele Ambitionen, es waren so viele Hindernisse zu überwinden, parallel zu denen, auf die ich im beruflichen Rahmen traf, aber nichts brachte mich so sehr ins Straucheln, dass ich gestürzt wäre. Ich war vollkommen konzentriert und strebte mit all meiner Energie auf das Ziel zu.

An dieser Stelle muss ich erwähnen, dass es auch in dieser Zeit gute und freundliche Seelen gegeben hat, die an meiner Seite waren und es bis heute sind, die mir geholfen und mich umarmt haben. Danke! Ohne euch wäre alles so viel schwerer gewesen! Treue und gute Freunde. Mein Dank gilt euch und meiner Familie in Brasilien, die mir zu allen Zeiten Energie und Kraft gegeben hat, um weiterzumachen.

Körper und Seele

Ich erinnere mich gut daran, welche Herausforderung es war, die Proben zu Ende zu bringen oder vorher, früh am Morgen, noch die Motivation aufzubringen, eine Stunde joggen zu gehen, um eine körperliche Fitness zu erreichen, wie ich sie nie im Leben für möglich gehalten hätte. Es war eine Choreografie von fünfundzwanzig Minuten ohne Pausen, in denen ich mit drei anderen Männern tanzte. Es gab acht verschiedene *Pas de Deux* (Duette), ohne dass ich mich dazwischen auch nur eine Minute hätte ausruhen können. Ich nahm sechs Kilo ab, bis ich nur noch ein Muskelpaket auf zwei Beinen war. Am ganzen Körper war kein einziges Gramm Fett mehr zu sehen, was sehr gefährlich sein kann. Ich konnte keine einzige Mahlzeit ausfallen lassen. Stets und ständig aß ich Obst und trank Saft und jede Menge Wasser. Mehr Hunger verspürte ich nicht, denn ich ließ es gar nicht erst soweit kommen, dass mein Körper um Nahrung bat. Ich gab sie ihm. Ich gab ihm alles, was er brauchte, ohne mit der Wimper zu zucken, denn er kam seiner Aufgabe mehr als perfekt nach.

Alles, was ich von meinem Körper erwartete, hat er mir gegeben, und sogar noch etwas mehr! Ich behandle ihn mit dem größten Respekt, wenn er verletzt, geprellt, müde oder nach einem langen Arbeitstag erschöpft ist! Man kann von der Materie, die uns körperlich ausmacht, nicht immer nur fordern! Wir müssen uns auch gut darum kümmern! Ich habe mich niemals für Diäten interessiert (ich habe niemals eine gebraucht), und in Bezug auf eine ausgewogene Ernährung hatte ich schlichtweg das Einfühlungsvermögen, auf meine Bedürfnisse zu hören und zu versuchen, ihnen zu entsprechen. Ich habe niemals gehungert oder meinem Körper aggressive Diäten zugemutet, die ihm Schaden hätten zufügen können. Freiwillig zu hungern betrachte ich als etwas sehr Destruktives. Hier möchte ich allerdings einen wichtigen Einschub anbringen: Ich meine das aggressive Hungern, das keinen körperlichen Nutzen hat, sondern im Gegenteil Schaden anrichtet. Den **Hunger zu kontrollieren** *- diesen Ausdruck verwende ich gezielt, wenn ich vom „Symptom" Hunger spreche - um einen gierigen Appetit zu zügeln, bedeutet hingegen, den Körper auf eine gesunde Nahrungsverwertung einzustellen, ohne Exzesse und ohne das körperliche Wohlbefinden aus den Augen zu verlieren. Diese Form des „Hungerns" halte ich für eine beneidenswerte Selbstdisziplin mit den besten Absichten im Hinblick auf das Wachstum und die Pflege des Körpers. Ich rauche nicht und habe niemals geraucht. Alkohol nehme ich nur sparsam und vorsichtig zu mir. Ein Glas trockener Rotwein kann verspannten Muskeln gut tun, ebenso wie ein Glas nicht allzu kaltes Bier. Aber schon ab dem zweiten Glas verkehrt sich die Wirkung ins Gegenteil. Man darf sich nicht auf den Alkohol verlassen, um sich zu entspannen und den Körper mit Flüssigkeit zu versorgen. Das Gift der Zigarette hinterlässt irreparable Spuren im Organismus. Als Vergleich ziehe ich hier Kollegen heran, die in meinem Alter oder sogar noch jünger sind und die im Laufe ihrer aktiven Jahre unter Krankheiten und Verletzungen leiden, weil sie ihren Körper so sehr verachten, dass er das „Interesse" verliert.*

Drogen? Nicht mal dran zu denken!

Es gibt unzählige Arten, sein Arbeitsgerät zu pflegen. Ein Musiker kümmert sich voller Hingabe um sein Instrument. Eine Violine wird immer geschützt und in ihrem Kasten aufbewahrt, damit ihr nichts Böses widerfährt - wie Feuchtigkeit, Stöße, Korrosion, Diebstahl und ein ganzer Haufen weiterer Dinge. Aber ein Tänzer sitzt nahezu unvermeidlich und mit wenigen Ausnahmen während der Pause in der Kantine irgendeines Theaters, raucht seine dritte Zigarette und trinkt seinen Espresso. Oder er geht nach einem anstrengenden Probentag aus und tanzt mit Freunden in einer Diskothek, bis die Nacht weit fortgeschritten ist, rauchend, trinkend und in Bewegung. Dann schläft er vier Stunden und tritt zu einem neuen Arbeitstag an, mit acht Stunden Probe, nicht ohne vorher zwei Zigaretten geraucht und seinen Kaffee getrunken zu haben! Wer anders als man selbst ist für das eigene Wohlbefinden verantwortlich? Es kann sein, dass ich einfach viel Glück mit meinem Körper gehabt habe. Aber es gibt zumindest eine fünfzigprozentige Chance, dass ich mich auch sehr gut um ihn gekümmert habe!

Ich weiß, dass ***"Steptext"*** kein Glück war. Es war verdient, es war schwere Arbeit und es war eine persönliche Errungenschaft.
Ich mache mir immer ein paar Zettelchen, die meinen Alltag zu Hause durchziehen. Einige meiner Freunde schütteln den Kopf, wenn sie mich besuchen kommen - sie halten es für einen „Spleen“ und können nicht nachvollziehen, warum das so wichtig für mich ist. Ich antworte stets nur, dass ich „fokussiere“. Der Rest… ist nicht mein Problem.
Es gibt immer Tage, an denen es mir unendlich schwierig erscheint, mich „auf Kurs“ zu halten. Es gibt Tage, an denen ich alles hinwerfen möchte. „Nach Hause“ gehen, bis mir klar wird, dass es kein „Zuhause“ mehr gibt, in das ich zurückgehen kann. Unser „Zuhause“ sind wir. Es ist das, was wir aus unseren Tagen und uns selbst machen. Und es gibt immer die Zettelchen, die mich an meinen „Fokus“ erinnern, an mein Glück.

Berlin, Juni 2012,
Bundeskanzleramt

(Li.) William Fosythe
(Re.) Cássia Lopes

(© privat Archiv)

Foto Material 4: Gert Weigelt

In Anbetracht dessen, dass die Produktion von *„Steptext"* eine Zeitspanne war, die tiefe und dauerhafte Spuren bei mir hinterlassen hat, insbesondere aufgrund ihres emotionalen Gehalts in Verbindung mit der physischen Kraft, die ich für meine persönliche Stabilisierung aufgewendet habe, habe ich beschlossen, dass das Fotomaterial für diese Phase illuster, bedeutsam und grandios sein muss, ebenso wie die Auswirkungen, die dieser Prozess auf mein Leben hatte. Deshalb habe ich mich für ***Gert Weigelt*** entschieden. Sein Lebenslauf ist so verzweigt und seine Erfahrungen in der Tanzwelt sind so umfangreich, dass es ein ganzes Sonderkapitel einnehmen würde, dies alles zu erläutern. Nach seiner Karriere als Tänzer beim *Königlich Schwedischen Ballett* und dem *Cullberg-Ballett* in Stockholm sowie dem *NDT* (*Nederlands Dans Theater)*, wo er mit einigen der größten Choreografen seiner Zeit arbeitete, studierte Weigelt nach dem Ende seiner Tanzkarriere Künstlerische Fotografie an der *Fachhochschule für Kunst und Design* in Köln und machte sich sehr schnell einen Namen als einer der profiliertesten Tanzfotografen und Chronisten Deutschlands. Seine Arbeiten wurden (und werden noch immer) in zahlreichen Ausstellungen im In- und Ausland gezeigt. Auch mit dem Medium Film hat er sich auseinandergesetzt, wobei er ein eigenes Genre kreierte: Bildchoreografie. Neben der Bühnen- (Tanz-) Fotografie beschäftigte sich Gert Weigelt intensiv mit der Studiofotografie. *„Körperinszenierungen"* und *„Inszenierte Porträts"* nennt er diesen Block seines Schaffens.

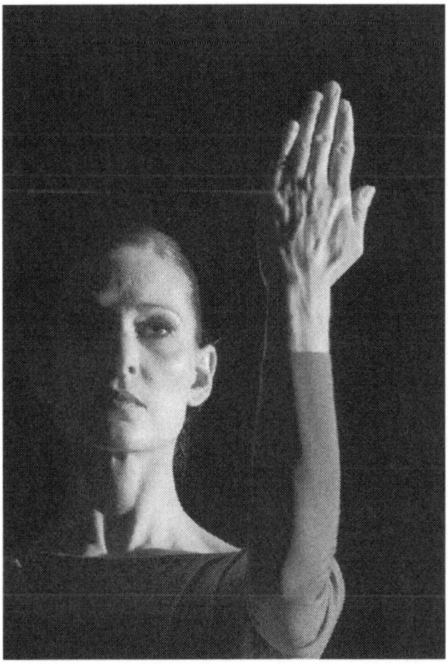

Nur zu gerne habe ich das Angebot angenommen, sein Material zu Steptext in diesem Buch zu verwenden.

„STEPTEXT"
Hannover- 2008
Cássia Lopes
Choreografie: William Forsythe

©Gert Weigelt

"Steptext"-
2008 - Hannover

Choreografie

William Forsythe

↓ *mit Denis Piza* →

(©Gert Weigelt)

Mit
Andreas von Arb
→

(©Gert Weigelt)

↑

Mit Andreas von Arb

↓ →

(©Gert Weigelt)

"Steptext" - Cássia Lopes & Andreas von Arb - 2008 - Hannover
Choreografie William Forsythe

(©Gert Weigelt)

"Steptext"

Cássia Lopes & Andreas von Arb   Choreografie William Forsythe   15.05.2008 Hannover

Foto: ***©Jörg Mannes***
(Während der Generalprobe)

Tägliche Routine

9:10 Uhr – Ich verlasse das Haus.

9:20 Uhr – Ich schließe meinen Drahtesel im Fahrradständer vor der Oper an. Ich komme immer mit dem Rad, ob es nun kalt oder warm ist, ob es regnet oder die Sonne scheint. Zwanzig Minuten Vorbereitung: umziehen, die Haare hochbinden, ein leichtes Make-up, um gut in den Tag zu starten… das lernt man in den traditionellen russischen und französischen Ballettschulen: *Eine Tänzerin muss immer zumindest diskret geschminkt sein, bevor sie eine Ballettstunde beginnt. Aussehen ist alles!*

9:40 Uhr – Die vierundsiebzig Stufen zum Ballettsaal erklimmen, der im 6. Stock (unter dem Dach) des Opernhauses ist, ohne Aufzug. Die Umkleideräume sind im 3. Stock. Aufpassen, dass man nichts vergisst, denn sonst muss man noch einmal hinunter laufen! Eine kleine Flasche Wasser, Spitzenschuhe und Ballettschläppchen, genug warme Kleidung, einen Wollschal, um den Rücken zu bedecken, eine Kunststoffhose, die die Wärme in den Beinen hält, Gamaschen, damit die Knöchel nicht kalt werden, Schuhe und dicke Wollstrümpfe - um die Schläppchen nicht schmutzig zu machen, auf der Treppe nicht auszurutschen und die Füße warm zu halten - dazu noch das Mittagessen, das ich in den Kühlschrank stellen muss, der auch im 6. Stock ist, in einem kleinen Aufenthaltsraum mit Küche und Sofas, der neben dem großen Ballettsaal liegt. Ich gehe nach oben… ich bin in der Mitte der Treppenflucht, denn es gibt keinen 5. Stock: Da ist das „Loch" der Bühne... Ich habe mein Portemonnaie im Umkleideraum vergessen… Also noch einmal im Galopp nach unten!

9:45 Uhr – Im Galopp wieder nach oben, das Essen in den Kühlschrank gestellt, frisches Wasser aus dem Spender in die Flasche gefüllt, dann hechte ich schnell in den Saal und rufe ein allgemeines *„Guten Morgen!"*, denn die Zeit reicht nicht mehr, um jemanden gesondert zu begrüßen. Ich komme an einigen Kollegen vorbei, die sich vor dem Beginn der Stunde bereits an ihren Plätzen an der Stange aufwärmen. Die Einzelstangen sind schon in die Mitte des Saales gerückt worden. Ich setze mich an meiner Ecke der Stange auf den Boden, ganz am Ende des Raumes, nah beim Fenster. Den Platz habe ich mir vor ein paar Jahren ausgesucht. Vorher habe ich meine Übungen in der Saalmitte gemacht, an einer der Einzelstangen… aber ich habe einen ruhigeren und weniger umkämpften Ort vorgezogen, wo ich mein Körbchen mit den Spitzenschuhen den ganzen Tag stehen lassen kann und nicht alles immer wieder rauf und runter schleppen muss - eine Sache weniger zu tragen. Ich ziehe meine Schläppchen an... Montagmorgen... ich werde es mit den Spitzen nicht übertreiben! Darüber ziehe ich ein paar dicke Socken, denn meine Füße werden hier in Europa nur langsam warm... morgens habe ich immer kalte Füße.

9:50 Uhr – Mit den unter den dicken Socken versteckten Schläppchen fange ich vorsichtig an, mich zu bewegen, den Körper auf die Tagesarbeit vorzubereiten. Ich dehne mich ein bisschen, ohne es zu übertreiben - die Muskulatur ist noch kalt und ich will für die kommende sportliche Betätigung die Blutzirkulation anregen.

9:55 Uhr – Der Saal füllt sich. Wir sind 32 Tänzer, alle unterhalten sich leise, einige lachen, manche sind ernst und vertieft, andere haben Kopfhörer auf und sind ganz in ihre eigene Welt versunken, in einem Akt der Konzentration und der Achtsamkeit auf den Körper und den Beginn eines weiteren Tages voller intensiver körperlicher Arbeit.

9:58 Uhr – Die Zeit reicht noch für einen Blick auf den Tagesarbeitsplan, der vor dem Saal am Schwarzen Brett hängt.

10:00 Uhr – Ich betrete den Saal und gehe zu meinem Platz; ich schaffe es kaum noch, meinen Schal über den Schultern zurechtzulegen und noch einmal um den Hals zu wickeln, damit er nicht herunterfällt, wenn die Stunde beginnt... schon ruft die Lehrerin aus der Mitte des Raumes: "*Good morning everybody! Let's start now! And one, and two, and three, and four...*" Und sie führt ganz genau vor, was wir machen sollen, mit welchen Dehnungen wir den Tag beginnen, wie viele Übungen, wie schnell (Tempo der Musik), welche Sequenz...

Die Pianistin, die an ihrem schwarzen Flügel an der linken Seite des Raumes neben dem Fenster sitzt, schaut aufmerksam zu... denn das erste Training des Tages ist stark von ihr abhängig. Die Musik, die gewählte Melodie, der Takt und der Rhythmus können für einen guten Ablauf der Probe sorgen und haben einen großen Einfluss auf die Stimmung in der Gruppe.

„Ein gutes Training am Morgen ist die halbe Miete" heißt es, was die Bedeutung dieser anderthalb Stunden unterstreicht, in denen wir technisch angeleitet werden und unsere Körper in Schuss halten, und die wir jeden Tag haben, an sechs Tagen in der Woche.

11:20 Uhr – Um diese Zeit herum endet das tägliche Training und die erste Pause beginnt. 20 Minuten um sich umzuziehen, sich zu erfrischen, einen Kaffee zu trinken, etwas Obst zu essen und... was in diesem Bereich der Kunst sehr traurig ist: ein oder zwei Zigaretten in der Kantine der Oper zu rauchen... Für die meisten dieser Tätigkeiten müssen wir die vierundsiebzig Stufen zum

Umkleideraum wieder hinunter, oder zumindest bis zum Aufzug, der bis in den 4. Stock fährt und uns in den Keller der Oper bringt, wo die Kantine ist, mit Raucher- und Nichtraucherbereich.
11:40 Uhr – Jetzt beginnen die ersten Proben des Tages. Damit es nicht zu Verwirrung kommt, werden sie bis auf wenige Ausnahmen einen Tag im Voraus festgelegt und auf einem Plan verzeichnet, der am Schwarzen Brett vor dem großen Saal hängt. Wir haben zwei Säle zur Verfügung, in denen wir den ganzen Tag und an den Wochenenden arbeiten können. Und so richten wir uns, wenn keine Verletzungen oder unvermeidlichen Änderungen aufgetreten sind, nach diesem Plan, um zu erfahren, wann, wie lange und wo wir proben sollen.
An einem wirklich harten Tag beginne ich um 11:40 Uhr (gleich nach der ersten Pause) mit einer Probe, die um 14 Uhr endet. Eine Stunde für das Mittagessen (von 14 Uhr bis 15 Uhr).
15:01 Uhr – Wir beginnen wieder zu proben. Gleich nach der Rückkehr vom Essen - das, wie man sich vorstellen kann, leicht und der kurzen Verdauungszeit angemessen sein muss - fangen wir mit dem nächsten Probenblock an. In vielen Theatern in Deutschland wird immer noch in Blöcken (geteilter Dienst) gearbeitet, was bedeutet, dass diese Ensembles nicht um 15 Uhr wieder ans Werk gehen, sondern um 18 Uhr, und demnach um 21:30 Uhr fertig sind - mit einer Pause von vier Stunden am Nachmittag. Manchmal, wenn wir gemeinsam für eine Produktion üben, müssen wir auch Rücksicht auf die Blockzeiten nehmen, die für das Orchester und die Sänger vorgesehen sind, aber das ist selten.
16:30 Uhr – Die dritte und letzte Pause des Tages: 15 Minuten. Diese Pause ist fakultativ, denn je nach der Probenzeit, die noch folgen soll, kann festgelegt werden, dass sie ausfällt und stattdessen nicht um 18 Uhr Arbeitsschluss ist, sondern 20 bis 30 Minuten früher. In vielen Fällen ist das vorzuziehen und auch sinnvoller. Wenn wir beispielsweise ein ganzes Ballett durchgehen, ist es besser, ohne Unterbrechung durchzuarbeiten, damit der Körper nicht wieder kalt wird und das Herz-Kreislaufsystem optimal funktioniert. Deshalb beschließen wir oftmals spontan, ob eine Pause angebracht ist oder nicht. Da sie gesetzlich vorgeschrieben ist, muss die Vorgabe respektiert und früher Feierabend gemacht werden, wenn um 16:30 Uhr durchgearbeitet wurde.
18 Uhr - Feierabend... Je nachdem, wie viel an diesem Tag geprobt worden ist, brauchen einige von uns noch ein paar Minuten, um die Muskeln zu dehnen oder ein wenig auf dem Ergometer zu strampeln und so die Laktatsäure (oder nur *Laktat*) in der Muskulatur abzubauen, die sich bei der intensiven Belastung gebildet hat.[15]

18:30 Uhr – Nachdem ich geduscht und mir im Winter all die schweren Sachen angezogen habe, schwinge ich mich wieder auf mein Rad und mache mich auf den Weg nach Hause. Im Winter ist es bereits seit 16 Uhr dunkel... man verliert völlig das Zeitgefühl und glaubt, dass es bestimmt schon 20 Uhr sein muss... Im Sommer scheint die Sonne noch mindestens vier Stunden lang und man hat den Eindruck, dass es mitten am Nachmittag ist. Zwei Extreme, die sich auf den Körper und die Seele auswirken.

Ob nun mit oder ohne Sonnenlicht ist dies jedenfalls genau die Zeit, in der wir anfangen, verzweifelt Antworten auf unsere unausgesprochenen Fragen zu suchen. *Liebe ich das, was ich mache? Möchte ich das weiterhin machen? Gehe ich jetzt noch einkaufen? Schaffe ich es, zu kochen, wenn ich nach Hause komme? Schaffe ich es überhaupt nach Hause?* Alle Muskeln des Körpers scheinen gleichzeitig ihre Meinung kundtun zu wollen...
An den Vorabenden von Premieren tauchen diese Fragen nicht so häufig auf, dafür beschäftigen einen andere Dinge: *Mit diesen Schmerzen im Knie kann ich die Premiere nicht tanzen. Ich hätte heute nicht so viel machen sollen, morgen schaffe ich nicht einmal die morgendliche Übung! Ich habe heute keine einzige vernünftige Pirouette hinbekommen! Er will, dass ich in dem Moment das Gleichgewicht halte, aber ich bin da so außer Atem... das gelingt mir nie! Es ist un-mög-lich, was dieser Choreograf von mir will! Dieser Typ ist verrückt! Wie kann man so mit den Leuten arbeiten! Er will uns umbringen, das ist es!* All das erscheint einem wie das *"Ende der Welt"*. Das Leben wird zur Tragödie, und andere Dinge spielen gerade keine Rolle mehr. Zum Beispiel: *Der Hund, der seit heute Morgen um 9, als ich zum Theater gegangen bin, nicht mehr vor der Tür war, hat auf den Wohnzimmerteppich gepinkelt, aber morgen geh ich wieder mit ihm raus*[16]. *Es ist egal, dass meine Eltern schon seit vier Tagen versuchen, mit mir zu sprechen... Oh! Und der Hausmeister auch!*

---

[15] Eine kurze Erklärung: *Das Laktat* - die Laktatsäure - *darf nicht als Abfallprodukt des Stoffwechsels betrachtet werden. Im Gegenteil, es ist eine wertvolle chemische Energiequelle, die sich bei intensivem Training ansammelt. Als Faustregel kann man sagen, dass nach einer maximalen Anstrengung eine Ruhepause von 25 Minuten nötig ist, um die Hälfte des angesammelten Laktats wieder abzubauen. Das bedeutet, dass es nach einer großen Anstrengung 1 Stunde und 15Minuten der Ruhe und Entspannung bedarf, um ungefähr 95% des Laktats abzubauen.* ***Ruhe und Erholung*** *impliziert aber, dass das Laktat schneller abgebaut wird, wenn man sich nach dem Training für eine aktive Erholung* ***mit geringer Intensität*** *entscheidet, anstatt sich nach dem Auspowern inaktiv* ***auszuruhen****."* - Die Informationen entstammen der Webseite: ***www.clickcorridas.com.br*** - September 2013

[16] Keine Angst! Er hat eine Terrasse, wo er sein Geschäft erledigen kann, aber er bevorzugt den Teppich... Pipoca, mein treuer *Lhasa Apso*, 2005 in Österreich geboren, mit dem ich so viele einsame Stunden geteilt habe!

Ich rufe morgen bei ihnen an! Und die Freunde... da habe ich schon lange nichts mehr von mir hören lassen.
Oder der Zahnarzttermin, den ich letzte Woche verpasst habe und wo ich heute nach der Arbeit hätte hingehen sollen...
Oder der Biomüll, den ich vergessen habe, nach draußen zu bringen... (ich wohne im 5. Stock, ohne Aufzug). Morgen nehme ich ihn mit... Oh! Das Knie tut so weh... ich sollte morgen früh zum Arzt gehen! Ich werde meine Kinder anrufen und fragen, wie ihr Tag war... Oh nein! Jetzt habe ich vergessen einzukaufen, bevor ich nach Hause gekommen bin... Ich habe ein paar Kekse und etwas Milch... Eine Banane... die Banane ist gut! Sehr gesund... ich sollte mehr gesunde Sachen essen...

Wenn man bedenkt, dass wir drei Premieren im Jahr haben, dazu noch zwei oder drei Wiederaufnahmen - Stücke, die in den folgenden Spielzeiten erneut aufgeführt werden - und ein paar Galavorstellungen, und dieser Gemüts- und Geisteszustand somit ein paar Mal im Jahr auftritt, ist es nicht verwunderlich, wenn ein Gutteil der restlichen Welt uns für „verrückt" hält. Glücklich diejenigen, die eine Familie oder hartnäckige Freunde haben und in den freien Zeiten in die Realität zurückgeholt werden. Schlimm ist es für diejenigen, die sich unter dem Einfluss dieser Gedanken und Gefühle in einer kleinen Wohnung verkriechen, in der Dunkelheit der kalten Tage, und nicht mit anderen Menschen über ihre Probleme sprechen (was ihnen helfen würde, in die Realität zurückkehren), sondern dauerhaft in den so widrigen Anforderungen dieses komplexen Berufs gefangen bleiben. Das Ergebnis dieser Option kann eine vollkommene Isolation und eine vernichtende Einsamkeit sein.

19 Uhr bis 20 Uhr – Ich rede mit den Kindern und esse gleichzeitig.
21 Uhr – Wieder einmal schlafe ich vor dem Fernseher ein und schaffe es nicht, den Film zu Ende zu sehen.
Ich schleppe mich ins Bett und stelle den Wecker auf sieben... ich will zum Arzt gehen, damit er sich vor der Premiere mein Knie ansehen kann... und bevor es schlimmer wird.
22:30 Uhr – Ich wälze mich im Bett herum und kann nicht einschlafen. Meine Muskeln tun weh und ich sollte ein Aspirin nehmen. Aber ich nehme nicht gern Medikamente, wenn es nicht wirklich sein muss. Und ich halte nichts von Selbstmedikation.
23 Uhr – Endlich gelingt es mir, wieder einzuschlafen!

7:00 Uhr – Ich erwache und rufe meine Kinder an, bevor sie in die Schule gehen. Nur um *„hallo"* zu sagen.
7:30 Uhr – Mühsam stehe ich auf und genehmige mir ein gutes Frühstück.
8:00 Uhr – Ich rufe beim Orthopäden an und bekomme einen Termin in einer halben Stunde. Im Laufschritt hetze ich die fünf Stockwerke hinunter, um den Biomüll hinauszubringen und mit dem Hund zu gehen. Aua, mein Knie!
8:30 Uhr – Ich komme beim Orthopäden an.
9:00 Uhr – Mit einem Rezept für die Physiotherapie in der Hand mache ich ein paar Termine für die nächsten Tage aus.
9:15 Uhr – Auf dem Weg zur Oper.
9:30 Uhr – Ich schließe meinen Drahtesel im Fahrradständer vor der Oper an, ob es nun kalt oder warm ist, die Sonne scheint oder es regnet…
9:40 Uhr – Die vierundsiebzig Stufen bis zu den Ballettsälen hinauf, die sich im 6. Stock befinden, unter dem Dach der Oper, ohne Aufzug. Aufpassen, dass man nichts vergisst, denn sonst muss man noch einmal hinunter! Mein Knie tut weh.
9:45 Uhr – Ich stelle das Mittagessen in den Kühlschrank, zapfe frisches Wasser aus dem Getränkespender in die Flasche, betrete schnell den Saal und rufe ein *„Guten Morgen"* in die Runde. Ich gehe an einigen Kollegen vorbei, die sich vor dem Beginn der Stunde bereits an ihren jeweiligen Plätzen an den Stangen aufwärmen. Die Einzelstangen sind schon in die Mitte des Saales geschoben worden. Ich setze mich an meiner Ecke der Stange auf den Boden, ganz hinten im Raum, in der Nähe des Fensters. Dann ziehe ich meine Spitzenschuhe an… Dienstagmorgen… Spitzen! Darüber ziehe ich ein Paar dicke Strümpfe, denn meine Füße werden nur langsam warm… morgens habe ich immer kalte Füße.
9:50 Uhr – Mit den dicken Socken über den Schuhen fange ich an, mich vorsichtig zu bewegen. Ich mache ein paar gesunde Dehnübungen.
9:55 Uhr – Der Raum füllt sich. Ich renne noch einmal hinaus, um einen Blick auf den Arbeitsplan zu werfen. Ein voller Tag!
10:00 Uhr – Ich kehre in mein "Eckchen" zurück, lege meinen schwarzen Wollschal um die Schulter und wickle ihn um den Hals, damit er nicht herunterfällt, wenn die Stunde beginnt… und schon ruft die Lehrerin dort mitten im Raum: "*Good morning everybody! Let's start now! And one, and two, and three, and four...*"
Die Pianistin an ihrem schwarzen Flügel an der linken Seite des Raumes, neben dem Fenster, wartet... „Ein gutes Training am Morgen ist schon die halbe Miete".

11:20 Uhr – Die erste Pause des Tages… ich habe mehr Zeit als gestern, meine nächste Probe ist erst um 12 Uhr. Ich nehme eine schnelle Dusche, ziehe mir für die Probe andere Sachen an und kehre in den Ballettsaal zurück, um mir die Choreografie in Erinnerung zu rufen, bevor die Probe beginnt.
14 Uhr - Mittag
15:01 Uhr – Die Proben fangen wieder an und ich habe eine lange Pause zwischen 16:30 Uhr und 17:15 Uhr.
16:30 Uhr – Ich verbringe sie damit, mir auf den Tablets, die uns dafür zur Verfügung stehen, Videos der letzten Probe anzusehen und die Bewegungen zu analysieren. Manchmal nutzt man eine kurze Pause, um ein Stück Obst zu essen oder in der Kantine eine Erfrischung zu sich zu nehmen.
17:15 Uhr – Ich komme zurück, um einen *Pas de Deux* zu üben.
18 Uhr - Feierabend... ein paar Minuten für eine kurze Dehnung.
18:30 Uhr – Nach einer Dusche und dem Hineinzwängen in all die schwere Winterkleidung schwinge ich mich auf mein Rad und mache mich auf den Weg nach Hause. Ich lege noch einen Zwischenstopp ein, um einzukaufen... und schaffe es kaum, die schweren Tüten zu tragen…
19 Uhr – Ich komme zu Hause an. Der Hund freut sich wie wild… ich muss noch einmal mit ihm Gassi gehen… *so wie mein Knie wehtut, werde ich die Premiere niemals packen.* Meine Eltern, ich muss meine Eltern anrufen. Der Hausmeister hat noch einen Brief hinterlassen. Himmel, habe ich Hunger!
19:30 Uhr – Ich rede mit den Kindern, esse gleichzeitig und kühle mein Knie.
21 Uhr – Wieder einmal habe ich den Film nicht zu Ende gesehen. Ich schleppe mich ins Bett und stelle den Wecker auf sieben… Physiotherapie um 8:30 Uhr.
23 Uhr – Ich schlafe endlich wieder ein!
7 Uhr – Ich rufe die Kinder vom Bett aus an und wünsche ihnen einen guten Morgen… und schlafe wieder ein!
8 Uhr – *Schlummertaste drücken*, ich krieche schwerfällig aus dem Bett um zu sehen, ob es regnet… es ist immer noch dunkel… Schmerzen in den Muskeln... ich gehe wieder ins Bett, um die Muskeln ein wenig zu entspannen...
8:10 Uhr – *Schlummertaste drücken* (aber zum letzten Mal) – Tiefschlaf…
8:20 Uhr – *Schlummertaste drücken*, noch halb im Schlaf…
8:30 Uhr - *Schlummertaste drücken*... ich weiß nicht mehr, ob ich den Wecker schon zum letzten Mal ausgemacht habe, oder ich habe es verschlafen… ich habe die Physiotherapie verpasst…
8:40 Uhr – Ich springe erschrocken aus dem Bett… ist es schon so spät? Mir tut alles weh… und ich habe fürchterlichen Hunger!

9 Uhr – Ich habe es geschafft, aufzustehen und mir einen starken Kaffee mit Milch und dazu Brot und Obst zu machen. Bereite nun mein Mittagessen zum Mitnehmen vor!
9:30 Uhr – Ich sollte schon im Theater sein und mich umziehen… der Müll, den bringe ich raus, wenn ich wiederkomme… den Hund schicke ich auf den Balkon, die Zeit reicht nicht zum Spaziergang… während ich die Zähne putze, rennt der Hund schon das zweite Mal nach draußen, um sich zu erleichtern… der Arme! An manchen Tagen schaffe ich es einfach nicht, dreimal mit ihm zu gehen... Heute wird es nicht klappen...
9:40 Uhr – Ich schließe die Wohnungstür und versuche zu überlegen, ob ich auch nichts vergessen habe... Mein Essen, die Schlüssel, die frische Kleidung für die Probe… Ich renne die Treppe hinunter… aua, mein Knie… morgen werde ich früh aufwachen, zur Physiotherapie gehen, so ist das ja kein Zustand… wie soll ich heute nur proben!?
Der Hausmeister sieht mich von weitem auf dem Rad und versucht, mich aufzuhalten... ich signalisiere ihm, dass ich spät dran bin und er mich anrufen soll… er schüttelt unzufrieden den Kopf…
9:45 Uhr – Ich komme bei der Oper an. Fünfzehn Minuten für die Vorbereitungen - umziehen, die Haare hochbinden. Das *einfache Make-up, um gut in den Tag zu starten…* keine Zeit dafür!
9:50 Uhr - Die vierundsiebzig Stufen hinauf zum Ballettsaal im 6. Stock, unter dem Dach der Oper. Aua, mein Knie! Aufpassen, dass man nichts vergisst: Wasserflasche, Spitzenschuhe und Ballettschläppchen, genug warme Kleidung, einen Schal, eine Kunststoffhose, Gamaschen für die Knöchel, noch eine für das Knie, Schuhe und dicke Strümpfe… das Essen in den Kühlschrank…
9:55 Uhr – Frisches Wasser in die Flasche… ein schneller Blick auf den Plan… das Knie tut weh!
9:58 Uhr – Ich ziehe die Ballettschläppchen an… Mittwoch... der Körper braucht jetzt schon eine Pause… den schwarzen Schal über die Schultern ziehen! Wie kalt es ist!
10:00 Uhr - *"Good morning everybody! Let's start now! And one, and two, and three, and four..."*
11:40 Uhr – Wir beginnen mit einer Probe des kompletten Stücks, das wir morgen aufführen sollen. Einen Tag vor einem Auftritt - und je nach Schwierigkeitsgrad eines Stücks auch noch ein paar Tage früher - machen wir normalerweise eine durchgehende Probe der kompletten Choreografie, damit wir die Koordinierung der Bewegungen in Verbindung mit der Darstellung verinnerlichen. Bei dieser Probe gibt es so wenige Unterbrechungen wie möglich, Korrekturen werden am Ende vorgenommen. Der Fokus liegt auf der

körperlichen und geistigen Vorbereitung aller. Das Körperliche bezieht sich auf die Vorbereitung des Herz-Kreislaufsystems, die geistige Vorbereitung beinhaltet die Konzentration und das Erlernen (oder Auffrischen) der Reihenfolge des Programmablaufs, unsere Aufstellung innerhalb des Stücks (die Positionen in der Gruppe) und das, was wir „Aufgang und Abgang“ nennen, also die Momente, in denen wir auf die Bühne kommen oder hinter den Kulissen verschwinden. Diese ganze Koordination erfordert viel Übung.
13:40 Uhr – Wenn alles so läuft, wie es soll, sollte diese Probe jetzt beendet sein. *"Running Through"* - also ein "Durchlauf durch das ganze Stück". Nun kommen die Korrekturen.
14 Uhr - Mittagspause.
15:01 Uhr – Je nach Programm und Zeitpunkt im Jahr widmen wir uns jetzt den Korrekturen des Morgens oder haben dafür keine Zeit mehr, weil wir bereits mit den Proben für eine andere Choreografie beginnen müssen - Schritte lernen, sie an die Musik anpassen, bereits Gelerntes wiederholen, um es zu festigen - ein Alltag, der körperlich wie geistig zermürbend ist.
18 Uhr – Feierabend. Heute dehne ich mich nicht, denn ich habe einen Termin beim Physiotherapeuten und renne unter die Dusche.
18:20 Uhr - Physiotherapie. Das Knie tut weh. Aber nach der Mobilisierung und der Elektrostimulation spüre ich eine große Erleichterung.
19:20 Uhr – Ich komme nach Hause, bereite ein leckeres Abendessen zu und rufe die Kinder an.
21 Uhr – Der Film ist gut, aber ich muss morgen auftreten.
23 Uhr – Endlich schlafe ich ein.
7 Uhr – Ich rufe die Kinder vom Bett aus an und wünsche ihnen einen guten Morgen... dann schlafe ich wieder ein!
7:45 Uhr – Ich stehe auf und bemerke, wie viel besser mein Knie geworden ist.
9 Uhr – Auf zur Arbeit. Auf der Straße treffe ich den Hausmeister und unterhalte mich 10 Minuten lang mit ihm.
9:30 Uhr – Ich schließe meinen Drahtesel im Fahrradständer vor der Oper an. Ich komme immer mit dem Rad, ob es kalt oder warm ist, ob es regnet oder die Sonne scheint… und heute regnet es… und ist kalt…
9:45 Uhr – Schnell nach oben, frisches Wasser aus dem Spender in die Flasche, dann husche ich in den Saal und rufe ein *„Guten Morgen“* in die Runde.
9:55 Uhr - Der Saal füllt sich.
10 Uhr - *"Good morning everybody! Let's start now! And one, and two, and three, and four..."* An Tagen, an denen eine Vorstellung ansteht, müssen wir uns noch mehr auf die Stunde konzentrieren. Wir dürfen bei den Übungen nicht übertreiben, aber ebenso wenig dürfen wir sie schleifen lassen. Schon am

Morgen schicken wir unserem Kopf eine wichtige Nachricht und „zeigen“ ihm, was gebraucht wird und wie er es bei der Show erreichen kann. Wer so zu arbeiten lernt, kann das Beste aus sich herausholen - körperlich wie geistig - und besitzt eine große Reife.

11:20 Uhr – Die erste Pause des Tages…

11:40 Uhr – Nun folgen die Korrekturen aus dem *„Running Through“* von gestern. Falls jemand unvorhergesehen erkrankt sein sollte, ist dies auch der Zeitpunkt, um Änderungen vorzunehmen, zusätzliche Proben einzuschieben oder einfach Korrekturen umzusetzen.

13 Uhr – Die Proben für das nächste Stück, dessen Premiere in ein paar Wochen sein wird, werden wieder aufgenommen.

14 Uhr – Mittagspause. Wenn abends eine Aufführung ist, haben wir ungefähr vier Stunden Pause - um zu essen, uns auszuruhen und wieder zurück ins Theater zu kommen. Diese vier Stunden Pause sind gesetzlich vorgeschrieben. Wenn einem Tänzer weniger Zeit bleibt, weil er pünktlich in die Maske muss - für die es einen vorher festgelegten Zeitplan gibt, der einzuhalten ist - muss diese fehlende Zeit als Überstunde betrachtet und vergütet werden. Ich springe schnell unter die Dusche, bereite meine Schuhe für den Auftritt vor und gehe nach Hause, um mich auszuruhen.

15 Uhr – Ich komme zu Hause an und koche ein schnelles und wirksames Mittagessen: Nudeln! Ein schönes Pastagericht ist vor einem Auftritt ideal, aber es muss mindestens 2 bis 3 Stunden vor der körperlichen Anstrengung verzehrt werden.

15:30 Uhr – Ich lege mich hin und entspanne mich ein wenig. Das tue ich nicht immer, aber je nach Schwierigkeitsgrad der Show machen 30 bis 50 Minuten Ruhe später bei der Aufführung einen großen Unterschied.

17 Uhr – Nachdem ich mit meinen Kindern gesprochen habe, mit dem Hund spazieren war und noch einen kleinen Imbiss zu mir genommen habe, bereite ich mich darauf vor, wieder an die Arbeit zu gehen.

18 Uhr – Zeit für die Maske. Uns stehen Fachleute zur Verfügung, die uns schminken und frisieren. Dafür halten wir uns an eine Tabelle mit den Namen der Tänzer und den Zeiten, an denen sie jeweils geschminkt werden.

18:30 Uhr – Eine Stunde noch bis zum Beginn der Show, es gibt ein Aufwärmen im Ballettsaal. Einer der Meister bietet uns eine kurze Übung an, um die Muskeln aufzuwärmen, was vor einer Aufführung essentiell ist. Aber diese Aufwärmübungen sind keine Pflicht, was in Anbetracht der unterschiedlichen Zeiten für die Maske und der verschiedenen Schwierigkeitsgrade, die die einzelnen Tänzer in der anstehenden Show erwarten, auch verständlich ist. Einige Kollegen wärmen sich vorher auf,

während andere, die länger warten müssen, bis sie auf die Bühne sollen, das Aufwärmen lieber auf einen späteren Zeitpunkt verschieben, der näher an ihrem Auftritt liegt.
19 Uhr – Das Aufwärmen ist zu Ende. Ich gehe rasch hinunter zu den Umkleideräumen und tausche die Trainingskleidung gegen mein Bühnenkostüm. Dabei stehen uns ein paar Ankleiderinnen helfend zur Seite. Sie sind auch für die gesamte Vorbereitung und die Reinigung aller Kostüme verantwortlich, die während der Aufführung benutzt werden - außer den Schuhen, die etwas sehr Persönliches sind und um die sich jeder Tänzer selbst kümmert. Das erste Klingelzeichen vom Inspizienten der Aufführung ertönt, ein Aufruf über die Lautsprecher in den Bühnenwänden. Es gibt drei dieser Zeichen, die pünktlich erklingen: 30, 15 und 5 Minuten vor jeder Aufführung. Auch Anfang, Pausen und Ende der Show werden über die Lautsprecher bekannt gegeben.
19:15 Uhr – Die letzten Vorbereitungen für die Show. Das zweite Klingelzeichen. Wir begeben uns in Richtung Bühne, jeder hat eine Tasche mit ein paar Utensilien dabei: zusätzliche Schuhe, Wasser, eine Tafel Schokolade oder etwas Obst für die Pause und Wollkleidung, um uns warm zu halten, während wir darauf warten, dass wir auf die Bühne müssen. Wenn es möglich und der Vorhang geschlossen ist, benutzen wir die Bühne, um ein paar Bewegungen zu üben, ein paar technische Dinge auszuprobieren. Das Publikum erhält jetzt die Erlaubnis, die Plätze aufzusuchen.
19:25 Uhr – Das letzte Klingelzeichen. Alle Beteiligten werden über Lautsprecher gebeten, ihre Plätze einzunehmen (Orchester, Dirigent, Tänzer, Techniker, Maskenbildner und Ankleider).
19:30 Uhr – Der Vorhang geht pünktlich auf.
21:45 Uhr – Je nach Länge von Show und Applaus gehen wir ungefähr zu dieser Zeit die Treppe zu den Umkleideräumen hoch. Weg mit dem Kostüm und ab unter die Dusche.
22 Uhr/23 Uhr – Abhängig von der Dauer der Aufführung komme ich nun zu Hause an. Ich habe nagenden Hunger. Den Hund lasse ich auf die Terrasse und mache mir schnell noch etwas zu essen, bevor ich schlafen gehe. Normalerweise passen die Müdigkeit, die man nach einer Show empfindet, und die Adrenalinmenge, die einem noch durch die Adern schießt, nicht zusammen. Auch wenn wir erschöpft sind, gelingt es uns im Normalfall nicht, nach Hause zu kommen und uns gleich zur Ruhe zu begeben. Das Gesetz schreibt vor, dass zwischen der Arbeit in der Nacht und derjenigen am Tag 11 Stunden Ruhe liegen müssen… Mein Körper ist der Meinung, dass es eher zwei Tage sein sollten…

0 Uhr – Endlich entspanne ich mich ganz und gehe schlafen.
7 Uhr - Ich überhöre das Klingeln des Weckers…
7:15 Uhr – Mit einem Schrecken wache ich auf und rufe schnell die Kinder an, um ihnen einen guten Morgen zu wünschen. Sie dürfen meinetwegen nicht zu spät kommen. Dann schlafe ich noch einmal für 30 Minuten ein.
8:30 Uhr – Ein starker Kaffee... mit Milch und dazu Brot und Obst… wir haben den ganzen Tag über Proben...
9 Uhr - Physiotherapie
9:30 Uhr – Ich schließe meinen Drahtesel im Fahrradständer vor der Oper an.
9:45 Uhr – Ganz laaang-saaam erklimme ich die vierundsiebzig Stufen zum Ballettsaal; ich habe vergessen, das Mittag vorzubereiten (heute werde ich etwas in der Kantine der Oper essen). Frisches Wasser aus dem Spender in die Flasche, dann betrete ich den Saal und rufe „*Guten Morgen*" in die Runde. Nur wenige Tänzer sind schon hier und wärmen sich auf.
9:55 Uhr - Der Saal füllt sich. Ich ziehe den schwarzen Schal um die Schultern. Wie kalt es ist!
10 Uhr - *"Good morning everybody! Let's start now! And one, and two, and three, and four..."*

Fotomaterial 5: Lene Münch

Im Jahr 2006, als wir gerade in Hannover angekommen waren, fertigte die Fotografin **Lene Münch**, damals noch Kunst- und Fotografiestudentin an der Universität Hannover, ein Porträt von mir an. Sie begleitete mich sechs Wochen lang zu den Übungen, Proben und Auftritten in der Oper und nannte ihre Arbeit **"Lady Capulet"**, nach meiner Rolle in dem Stück *„Romeo und Julia"* von Jörg Mannes, das in dem Jahr auf dem Programm stand. Diese Arbeit brachte ihr nicht nur Bestnoten bei ihrer Abschlussprüfung ein, sondern im folgenden Jahr auch den **2. Platz im Fotowettbewerb der VGH** in Hannover.

Projekt "Lady Capulet"
Von Lene Münch Hannover - 2006 Abschlussarbeit Fotografie

Vorbereitungen vor der Probe

Am Spiegel: Joerg Mannes & Ensemble

Hannover - 2006 - "Lady Capulet"

(©Lene Münch)
Spitzenschuh-Training

Vorne: Cássia Lopes
←

(stehend) Cassia Lopes
& Ensemble
Korrekturen nach der Probe
→

(©LeneMünch)

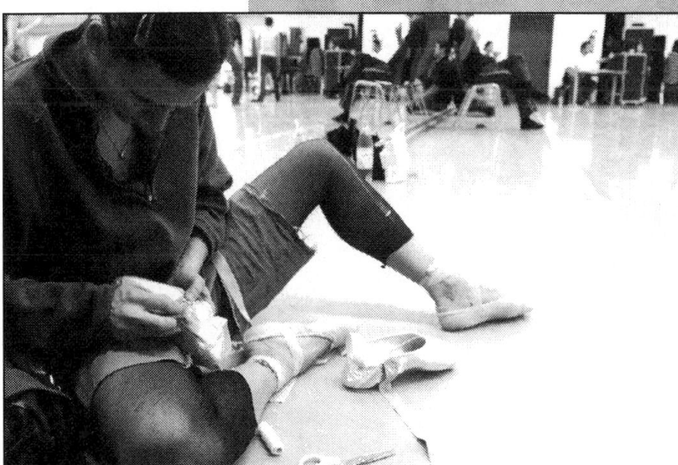

←
Probenpause: Spitzenschuhe nähen

Projekt
"Lady Capulet"

Beobachtungen während der Probe für "Romeo und Julia"

(©Lene Münch)

Hannover - 2006

Während des Trainings Dehnübungen (Re. am Boden)
←

↑
Tägliches Training →

↑
Trainingschluss
(am Spiegel - Denis Piza)

„Maske“
Rechts: Mareike Kopatz & meine Tochter- kurz vor der Generalprobe
→

Hannover 2006 Projekt
“Lady Capulet”
(©Lene Münch)

←
Training vor der Generalprobe mit Andreas von Arb

→
Allein üben, Minuten vor der Generalprobe

Hannover - 2006 - Projekt "Lady Capulet"

Kostümkorrekturen nach der Generalprobe 2006 (©Lene Münch)

In der Mitte: Kostümbildnerin mit Cássia Lopes - Rechts Vorne: Monica Caturegli

"Der Ball - Romeo und Julia"
(Mit dem Staatsorchester Hannover) - Choreografie Jörg Mannes

(©Lene Münch)

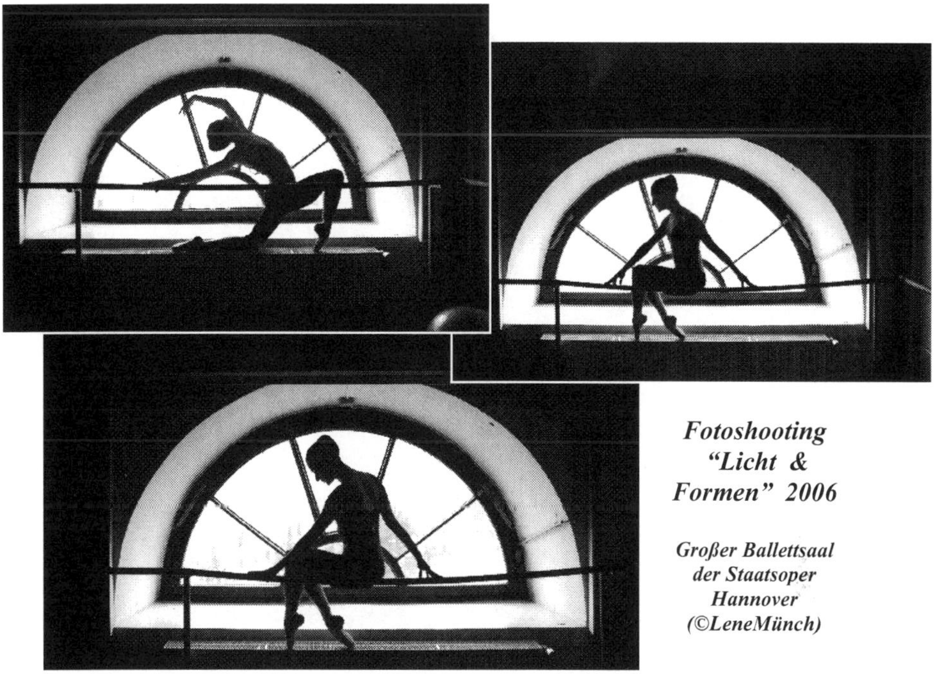

Fotoshooting "Licht & Formen" 2006

Großer Ballettsaal der Staatsoper Hannover (©LeneMünch)

- Coverfoto -

***"Lady Capulet" (©Lene Münch) - 2. Platz im Fotowettbewerb der VGH** in Hannover.*
Mittlerweile ist <u>Lene Münch</u> eine weltweit annerkannte und prämierte Fotografin.

Cássia Lopes (©Lene Münch)

„Ich leide an einer unheilbaren Krankheit: Altersschwäche! Du darfst gerne an meinem Leben teilnehmen, aber sorge dich nicht all zu sehr um mich. Das Altwerden ist zugleich eine Gnade und die größte Herausforderung des Lebens!" ***(Lilo)***

ENTSTEHUNG EINER CHOREOGRAFIE

Stirb du, wennst kannst...

Der Entstehungsprozess einer Choreografie ist voller Extreme: Extrem verworren, extrem ermüdend, lang, auslaugend, schmerzhaft, in manchen Fällen altert man daran und wird desillusioniert… Aber gleichzeitig ist er auch extrem entzückend, faszinierend, verjüngend, prägend, schön und sinnlich!

März 2011
Wir befanden uns auf der Zielgeraden für die Premiere des Stücks *"Stirb du, wennst kannst"*.
Jörg Mannes, der in Wien zur Welt gekommen und aufgewachsen ist, hat viele Jahre lang das *Tanzkonservatorium der Staatsoper Wien* in Österreich besucht.

Seit den ersten Jahren der Zusammenarbeit mit ihm ist unsere berufliche Beziehung von viel Charme, aber auch Enttäuschungen gekennzeichnet gewesen, wie es bei einer mehr als ein Jahrzehnt andauernden, sehr intensiven Arbeit nicht ausbleiben kann.
Aber was ich betonen möchte, ist die Qualität und die Vertrautheit, der Respekt und das Vertrauen, das sich durch diese vielen gemeinsamen Jahre zieht. Wenn ein Direktor diese Qualitäten erreicht, ist das für ihn schon der halbe Weg zum Erfolg. Werden sie von einem Tänzer erreicht, hat er sich den Erfolg bereits gesichert.
Nach einigen Enttäuschungen, viel Schweiß und harter und aufreibender Arbeit kann ich heute mit großem Stolz von mir behaupten, dass ich im Ensemble von Jörg Mannes diejenige bin, die am längsten für ihn tanzt und seine Ballette interpretiert. Auch wenn die Hauptrollen - die ich selbst so oft getanzt habe - mittlerweile jüngeren Tänzern übergeben werden, arbeite ich doch nach wie vor als Solistin und genieße großen Respekt von Seiten der Direktion, die mir immer noch gute Charaktere mit technischem, aber auch mit großem erzählerischem Gehalt anvertraut.

Vom Beginn unserer Zusammenarbeit an und bis zum jetzigen Zeitpunkt (2000-2015) habe ich an praktisch allen Premieren seiner Ballette - oder Produktionen - mitgewirkt, mit wenigen Ausnahmen, die meiner Gesundheit oder der Tatsache geschuldet waren, dass sie an anderen Theatern und mit anderen Ensembles produziert worden sind.
Ich bin an beinahe vierzig verschiedenen Produktionen beteiligt gewesen, und meistens hatte ich eine Hauptrolle oder einen hervorstechenden Charakter darzustellen.
Und auch heute noch bewegen mich dieselben Gefühle wie vor mehr als einem Jahrzehnt, wenn ich die Besetzungsliste sehe und meinen Namen hinter einer der Hauptrollen eines Stücks entdecke.
Es ist immer noch ein Abenteuer, eine Herausforderung, die gesunde Erwartung, über sich hinauszuwachsen und sich immer weiter zu entwickeln...

Aber zurück zum Thema... Wir befanden uns auf der Zielgerade für die Premiere des Stücks "*Stirb du, wennst kannst*"...
Die Tatsache, dass ich eine Idee oder etwas ganz Besonderes darstellen soll, das der Choreograf mir anvertraut, bewegt mich oftmals sehr, und ich fühle mich dafür in hohem Maße verantwortlich!

Man muss sehr vorsichtig mit sich selbst und sehr verantwortungsvoll mit dem Anderen umgehen!
Sobald ich das choreografische „Material" bekomme, fange ich an, es zu lieben und zu respektieren, als wäre es ein Kind, um das ich mich kümmern muss: es ernähren, es sauber halten, es in den Schlaf wiegen, es anziehen und mit ihm spazieren gehen... Metaphern, um die enorme Verantwortung für das zu verdeutlichen, was mir nicht gehört, aber mir anvertraut worden ist! In einer solchen Situation zählt niemals die **Quantität**, mit der etwas getan wird, sondern immer die **Qualität**, mit der man sich dem widmet!

Die Arbeit mit Jörg Mannes ist etwas ganz Besonderes, denn er ist ein sehr feinfühliger Mensch, was schon verschiedentlich falsch verstanden worden ist - auch von einigen Tänzern, mit denen wir gearbeitet und die seine Freundlichkeit und Milde mit Schwäche verwechselt haben. Seine Bewegungsfolgen scheinen eine tödliche Kälte auszustrahlen... und vom Darsteller wird die Empfindsamkeit erwartet, sie zu entblättern. Man braucht eine große Reife, um eine solche Arbeit durchzuhalten!

Viele haben den Versuch, ihn zu verstehen, aufgegeben und sind gegangen, unzufrieden mit dem, was sie bei Jörg Mannes als „mangelndes Talent" begreifen.
Aber ich bin geblieben, ebenso wie verschiedene andere. Wir sind seiner Arbeit treu, vielleicht weil wir in der Lage sind, seine sparsame Sprache und die Erhabenheit seiner Ideen zu verstehen.
Was kalt erscheint, bekommt Form und Wärme, wenn es „neu entdeckt" und „nachgezeichnet" wird.
Und das ist meine Aufgabe als Darstellerin: *Farbe in das Schwarzweiß zu bringen, der scheinbaren Stimme Klang einhauchen.*

Stirb du, wennst kannst:
Sie starb im Alter von einhundert Jahren: seine Großmutter mütterlicherseits. Eine Frau, die ohne jeden Zweifel Spuren im Leben von Jörg Mannes hinterlassen hat, und viele davon habe ich im Laufe der Entstehung dieses Stücks entdeckt…
Seit ihrem achtzigsten Geburtstag antwortete sie:*„Stirb du, wennst kannst"*, wenn jemand fragte, wie sie sich fühle.
Das Altwerden ist eine schwere Aufgabe, ganz besonders für eine so kluge und aktive Person, eine Staatssekretärin, die in der Lage war, fünf Sprachen zu sprechen.
Es gibt viele Verluste im Leben, die wir zu ertragen lernen, aber sich selbst unwiederbringlich an die Senilität zu verlieren… diesen Verlust kann man niemals lernen zu ertragen, denn es bleibt keine Zeit dazu! Gefangen in sich selbst: *"Stirb du, wennst kannst".*

Ich beschäftige mich immer damit, meiner Rolle als *Gestalterin der Charaktere*, die ich darstelle, gerecht zu werden. Ich lege etwas von mir selbst, von meiner eigenen Persönlichkeit, meinen eigenen ähnlichen Erfahrungen, in die Darstellung und entwerfe ein Wesen, das sich an der Schwelle zu mir selbst bewegt… das ich aber nicht bin! Es ist ein sehr lohnender Prozess, bei dem man viel über sich selbst lernt. Und in all den Jahren bin ich selten mit einem so bewegenden Profil konfrontiert worden, mit jemandem, der mir so nah und gleichzeitig so fern war. Bei ***„Granny"*** - so heißt das Stück, das Jörg Mannes seiner Großmutter gewidmet hat - war der Entstehungsprozess deutlich anders als sonst. Ich traf auf einen sehr eindeutigen *Jörg*, ganz im Gegensatz zu dem, was ich weiter vorne über seine Art des Choreografierens gesagt habe. Dieses Mal gab es eine große Klarheit, was mich tief berührte. Ich spürte ein Gefühl der Sehnsucht, wenn er Tatsachen beschrieb, Passagen erzählte, genauer auf

Momente aus dem Leben dieser Dame einging, die sich in seine eigene Erinnerung eingebrannt haben mussten, sodass er nun in der Lage war, sie in einer Choreografie umzusetzen. Immer wieder glänzten seine Augen und füllten sich mit Tränen. Und zum ersten Mal konfrontierte er mich nach all den Jahren der Zusammenarbeit mit einer Aufgabe, die sich von den früheren stark unterschied. Diesmal sollte ich ein Profil „nachzeichnen", dieser Frau Raum geben, versuchen, sie nachzustellen und ihr zu neuem Leben zu verhelfen! Ich hatte sie nie gesehen, ich kannte sie nicht, ich wusste nicht einmal ihren Namen! Aber meine *Zeichnung* musste so genau wie möglich sein, damit ihre Verwandten sie wiedererkennen konnten, wenn sie meine Darstellung sahen.

Genau diese Entwicklung, dieses Gefängnis in sich selbst, war es, was Jörg Mannes so empfindsam gemacht hatte. Im Laufe der Arbeit spürte auch ich die Last dieser Tragödie immer wieder am eigenen Leib: eingekerkert in sich selbst. Die Entstehung der Choreografie war ein bewegender Prozess, bei dem ich viele Male die Probe unterbrechen und meine Gefühle ordnen musste. Immer wieder wurde ich von tiefem Mitgefühl überrascht, von dem ich mich im nächsten Moment zu distanzieren versuchte, im Ringen um die künstlerische Objektivität, die nur noch die Dimension der Geschichte und die reine Ausführung der Schritte zulässt, um zu verhindern, dass der Intellekt unter dem Einfluss der starken Gefühle zugrunde geht oder durcheinander kommt…

Ich spreche hier von einem Solo von gerade einmal dreizehn Minuten in einem Ballett, das über eine Stunde dauert. Eine Zelle in einem Organismus, das Blitzlicht bei einem Foto. Etwas Kleines, das sich dem Publikum dennoch ins Gedächtnis brennen sollte! Ich machte mir diese Herausforderung zu eigen, und ich nahm das größte Geschenk an, das mir ein Choreograf anvertrauen konnte: seine eigenen Gefühle!

Jörg Mannes

Ballettdirektor und Chefchoreograf des Balletts der Staatsoper Hannover

(©2014)

Jörg Mannes wurde 1969 in Wien (Österreich) geboren und trat mit acht Jahren in die *Ballettschule der Wiener Staatsoper* ein. 1985 (mit sechzehn Jahren) wurde er direkt von der *Wiener Staatsoper* eingestellt.

Doch trotz dieser Anstellung beschloss er im folgenden Jahr, seine Kenntnisse zu vertiefen, und ging er für sechs Monate nach Monte Carlo, an die *Académie Princesse Grace* unter der Leitung von **Marika Besobrasova**.

Mit Hilfe des *Stipendiums Rudolf Nurejew*, konnte Jörg seine klassische Technik schließlich in Frankreich an der Pariser Oper weiter verfeinern. 1991, im Alter von zweiundzwanzig Jahren, wurde er von **Heinz Spoerli**, dem damaligen Direktor der *Deutschen Oper am Rhein* in Düsseldorf, engagiert und arbeitete dort als Tänzer an Stücken von ***Frederick Ashton, August***

Bournonville, George Balanchine, John Cranko, William Forsythe, JiříKylián, Léonide Massine, John Neumeier, Rudolf Nurejew, Heinz Spoerli, Rudi van Dantzig *und* ***Hans van Manen***. Hier lernte er auch seine zukünftige Frau, Monica Caturegli kennen, die damals ebenfalls als Tänzerin in diesem Ensemble arbeitete.

1994 entwarf er für einen Workshop seine erste Choreografie mit dem Titel *'März'*. Es war ein Duett (*Pas-de-Deux*), das ein derartiger Erfolg wurde, dass ein berühmtes Tänzerehepaar aus der Ukraine ihn um die Erlaubnis bat, das Stück einzustudieren und damit bei verschiedenen Galas auftreten zu dürfen. Letztendlich ging das Stück um die ganze Welt, getanzt von **Vadim Pisarev** und **Inna Dorofeeva**, und gelangte unter anderen auf die Bühne der *Gala des Étoiles* in Montreal, Kanada.

Seine Lust zu choreografieren wurde immer stärker, und sie überwog immer mehr die Freude am Darstellen. Mit *„Ensemble"* gewann Jörg Mannes den *Concours de Chorégraphie Classique* in Paris und erreichte das Finale des *Prix Dom Perignon* in Hamburg.

Bald darauf folgten die Einladungen, als Choreograf in verschiedenen Ensembles zu arbeiten: *Indianapolis Ballett* (USA), *Ballett der Oper Graz* (Österreich), *Ballett Regensburg*, *Bolshoi Ballett Moskau* (Russland) und *Aalto Ballett Theater*.

Im Jahr 2000 wurde er nach einer einstimmigen Entscheidung der Tänzer und des Generalintendanten des Theaters Choreograf und Leiter des Balletts am *Stadttheater Bremerhaven*. Vier Jahre später, 2004, erhielt er die Einladung, dieselbe Stellung am *Landestheater Linz* in Österreich zu übernehmen, und nur zwei Jahre später (2006) trat er den Posten des Ballettdirektors und Chefchoreografen des *Balletts der Staatsoper Hannover* an, wo er bis heute tätig ist (2014/ 2015)[17].

In dieser Zeit hat er mehr als 30 abendfüllende Ballettproduktionen und unzählige Einzelchoreografien erschaffen, in erster Linie für das Ballett Hannover, aber auch für das *Badische Staatsballett Karlsruhe* und das *Bayerische Staatsballett München*. 2010 wurde er mit dem Ballett *„Gefährliche Liebschaften"* - in seiner 4. Auflage - in der Kategorie *bester Choreograf* für den *„Deutschen Theaterpreis DER FAUST 2010"* nominiert.

[17] 2015 -Veröffentlichung dieses Werkes. Voraussichtlich wird Jörg Mannes diese Position bis 2019 innehaben.

Als Mitglied der **BBTK**[18] (Bundesdeutsche Ballett- und Tanztheaterdirektoren Konferenz), in deren aus sieben Direktoren bestehendem Präsidium er tätig ist, setzt sich Jörg Mannes aktiv für eine Veränderung innerhalb des Tanzbereichs in Deutschland ein, die die Bedeutung dieser Kunstart als Kommunikationsform für die Gesellschaft im Blick hat und daher für eine wirkungsvolle Verbesserung der mit diesem Arbeitsbereich verbundenen Verträge eintritt.

Im Allgemeinen sammeln wir im Laufe unserer Karriere sowohl als Tänzer als auch als Choreograf viele Erfahrungen mit Menschen der verschiedensten Nationalitäten, die unterschiedliche kulturelle Gewohnheiten und natürlich auch verschiedene Sprachen mitbringen[19]. Wie ich schon einmal erwähnt habe, sprechen wir alle mehr als eine Sprache, einige sind sogar überaus polyglott und sprechen mehr als fünf Sprachen. Das ist vollkommen natürlich in einem so international angesiedelten Beruf wie dem Tanz, bei dem eine derart starke Fluktuation innerhalb der Kompanien herrscht.

Auch bei Jörg ist das nicht anders. Er beherrscht problemlos vier Sprachen und versteht noch einige mehr.

Aber sehr viel wichtiger noch als die gesprochene Sprache ist, dass ein Choreograf die Körpersprache verstehen und die Tänzer *finden* muss, die ihm darin die größte Vielfalt bieten. Sie müssen zumindest in der Lage sein, sich in der spezifischen *„Sprache"* auszudrücken, die von dem jeweiligen Choreografen gefordert wird.

---

[18] Die **BBTK** ist eine Vereinigung, deren Ziel die Förderung des Informationsaustauschs und der gegenseitigen Kooperation ist. Die erste BBTK fand 1998 auf Initiative von **Marc Jonkers** und Einladung des NRW Landesbüros Tanz in Köln statt. Das Ziel dieser Konferenzen ist die Schaffung, Verbesserung und Festlegung von *„Strategien und Ansätzen für die Arbeit"*, *„Öffentlichkeitsarbeit"*, *„Rechten des Choreografen"*, *„internationalen Verbindungen"* *und der* *„beruflichen Situation und den Aussichten in Bezug auf eine Tanzlaufbahn"* (wobei alle Berufstänzer eingeschlossen sind). Alle Ballett- und Tanztheaterdirektoren, deren Theater überwiegend öffentlich getragen werden (durch das Land oder die Gemeinde), können Mitglied in der BBTK werden. Alle zwei Jahre werden ein „Sprecher" und ein „Präsidium" gewählt, das aus sieben (gewählten) Mitgliedern besteht, die wiederum einen Generaldirektor ernennen. Bei der **32. Tagung** der BBTK im Mai 2014 haben die deutschen Ballettdirektoren mit Nachdruck auf die ungeheure Notwendigkeit hingewiesen, den Künstlern der verschiedenen Sparten eines Theaters (Oper, Chor, Theater, Orchester und Ballett) den gleichen Wert beizumessen, was konkret eine Verbesserung der Vertragsbedingungen für Tänzer bedeuten würde, die in die Satzungen der Bundesländer und Gemeinden aufgenommen werden müsste. - Die Informationen wurden der Website *http://www.bbtk.de/* entnommen - Dezember 2013

[19] Siehe ***Finale - „Tanz + Interaktion = Integration?"***

Diese Aufgabe - einen Tänzer auszuwählen, eine Choreografie für ihn zu entwerfen und diesem Tänzer den maximalen Erfolg zu bescheren - erfordert vom Choreografen eine große Fähigkeit zur Reflexion, ein sehr klares Erkennen des Potentials, das ihm zur Verfügung steht, und das angeborene Talent, die richtigen Bewegungen und Emotionen zu wählen, ob für eine Einzelperson oder eine Gruppe. Die größte Verantwortung für die Risiken liegt im Zuge dieser schwierigen Aufgabe immer beim Choreografen, während der größte Erfolg stets dem Tänzer beschieden ist. Anders gesagt: Ein gut ausgewählter Tänzer ist für einen Choreografen wie eine Visitenkarte.

Und so beschreibt Jörg Mannes seine prägendsten Erfahrungen mit brasilianischen Tänzern[20]:

„In der Arbeit mit ***Denis Piza*** *und* ***Catherine Franco*** *erstaunt mich immer wieder ihre schnelle Auffassungsgabe, ihr elastisches Eingehen aufeinander in der Probenarbeit.*

Die Entwicklung von Schrittmaterial findet immer in einer entspannten, aufmerksamen, nach vorne gerichteten Atmosphäre statt. Es ist ein Dialog, in dem sich aus dem Verständnis für den Inhalt heraus die Choreographie herauskristallisiert. Gleichzeitig lassen sie sich von mir führen, haben das Vertrauen, auch Dinge zu tun, die in diesem Moment nicht aus ihrer eigenen Gedankenwelt stammen. Auf diese Basisarbeit folgt bei ihnen immer eine Identifizierung mit der Rolle, ein gefühlsmässiges Eintauchen in den Charakter.

Mit ***Cássia Lopes*** *verbindet mich eine lange Zusammenarbeit. Speziell bei ihr ist ein Element sehr stark, das sie zu einer exzeptionellen Bühnenpersönlichkeit werden lässt. Sie hat eine unglaubliche Fähigkeit, ihre eigenen Erfahrungen, ihr tiefstes Empfinden in eine Rolle zu legen.*

In der Arbeit an ‚Granny', in der sie eine sterbende Frau darstellt, die sich langsam ihrem Schicksal ergibt, entstand das meiste Material aus Erzählungen, Erfahrungen heraus. Sie schaffte es, diesen Charakter zu beleben, das Publikum mitzunehmen auf dieser emotionalen Reise.

Das schafft man nur durch wirkliches Fühlen und sich der Rolle total Ergeben.

Das Technische der Bewegung ist dann nicht im Vordergrund, es wird zur Leinwand, auf der sich die Gefühle abbilden und vermitteln."

(Jörg Mannes - Hannover - November 2013)

---

[20] Ich möchte noch einmal daran erinnern, dass dieses Buch ursprünglich für brasilianische Leser verfasst worden ist, deshalb liegt der Fokus auf diesem Personenkreis. Es sollte jedoch nicht in Vergessenheit geraten, dass Jörg Mannes seit dem Jahr 2000 mit unzähligen Talenten gearbeitet hat und sein choreografisches Repertoire mindestens ebenso breit gefächert ist wie die Persönlichkeiten, die im Laufe der Zeit seine Choreografien getanzt haben.

Fotomaterial 6: Kulissen

Dieses Kapitel habe ich „Kulissen" genannt, weil es ebenfalls sehr interessant ist, zu entdecken, was sich hinter den Vorhängen, den Bühnen, den Probenabläufen und den Kameras abspielt. Ich habe mich hier für verschiedene Fotos von ***Jörg Mannes*** und ***Lilit Hakobyan*** entschieden, die perfekt zum Thema passen.

Fotoshooting für das Plakat von "SISSI" Hannover - 2012 (©Joerg Mannes)

(Von Li. nach Re.) Catherine Franco Cássia Lopes Debora Di Giovanni Anastasiya Bobrykova

***Proben für* Carabosse - “Dornröschen”**
Hannover - 2013 (©Joerg Mannes)

“Gefährliche Liebschaften”

↔

Choreografie Joerg Mannes

Proben für Rouen, mit Denis Piza Hannover 07.01.2013

(©Joerg Mannes)

***Rouen** - Frankreich 10.01.2013*
"Gefährliche Liebschaften

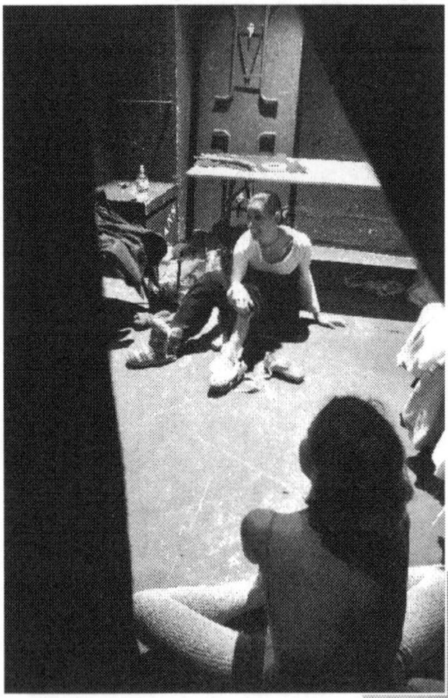

↔

Pause mit Catherine Franco

Orchesterbühnenprobe
In →
Rouen – Frankreich
10.01.2013
Mit Denis Piza
(©Joerg Mannes)

Applaus nach der letzten Vorstellung in Rouen
←

Vorstellungsende – hinter der Bühne
"Gefährliche Liebschaften"
Choreografie Joerg Mannes ↓

Anastasya Bobrikova (Li.) ↑

Cassia Lopes (Mi.) & ***Steffi Waschina (Re.)*** ↑

(©Joerg Mannes)
Rouen-Frankreich 10.01.2013

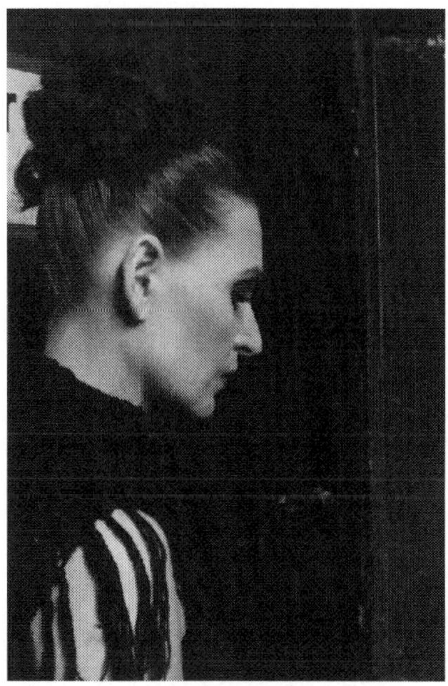

"Inferno" →
Bühnenprobe
Hannover 07.05.2013
Choreografie Joerg Mannes
(©Lilit Hakobyan)

Der Glaube an eine höhere Macht: Mein eigenes Potential

Im Jahr 2011 veranstaltete die ***Gautier Dance Company***, die im *Theaterhaus Stuttgart* logiert, eine Wohltätigkeitsgala, um Spenden für die Alzheimerforschung zu sammeln. Organisiert wurde sie von ***Eric Gautier*** selbst, dem künstlerischen Leiter und Choreografen dieser Kompanie. Wir, das Ballett aus Hannover, wurden eingeladen, bei der Gala aufzutreten.

Dass sich Eric Gauthier so sehr für an Demenz erkrankte Menschen einsetzt, liegt in seiner Biografie begründet: Sein Vater war einer der führenden Alzheimer-Forscher in Kanada, und so sammelte auch der Sohn schon in jungen Jahren Kenntnisse zu diesem Thema. Im Moment engagiert er sich nicht nur für diese gute Sache, indem er jedes Jahr eine schöne

Wohltätigkeitsveranstaltung organisiert - die „Tanzgala zugunsten der Alzheimer-Forschung" - sondern ist auch Mitglied des Kuratoriums der neu gegründeten Alzheimer Stiftung Baden-Württemberg, die den Patienten und ihren Familien insbesondere im Südwesten Deutschlands zur Seite steht. Er sagt dazu:„Im Jahr 2020 werden etwa 10 Millionen Menschen in Westeuropa an Alzheimer erkrankt sein; mit meiner Gala möchte ich die Aufmerksamkeit auf die Alzheimer-Krankheit bzw. das Demenzsyndrom lenken und auch Gelder für die Forschung sammeln." (Eric Gauthier)[21] ***(Einen Verweis auf diese Gala finden Sie im FINALE - "Tanz: Wirkungsvolle Intelligenz für Körper und Seele")***

Jörg Mannes wollte, dass ich an dieser Tanzgala teilnahm und unser Ballettensemble dort vertrat. Ich schlug vor, das Solo *„Granny"* aufzuführen. Aber er zweifelte an der Idee, denn er war der Meinung, dass diese Passage möglicherweise nur funktionierte, wenn sie im Zusammenhang mit dem gesamten Stück gezeigt wurde. Ich hingegen war überzeugt davon, dass sie funktionieren würde, aber ich war sehr unsicher, weil ich mich am linken Fuß verletzt hatte - eben jene Verletzung an der Fußsohle, die ich schon einmal erwähnt habe und die mir immer noch Probleme bereitete.
Wir blieben lange unentschlossen, und als uns schließlich nur noch eine Woche bis zur Gala blieb, musste ich mich entscheiden, ob ich würde tanzen können, oder nicht.
Mir war klar, dass es für Jörg sehr wichtig war, an der Gala teilzunehmen, denn es würde die „Crème de la Crème der Tanzwelt" anwesend sein, ebenso wie einige bedeutende Tanzkritiker aus Süddeutschland, sodass die Show auf diese Weise auch eine gute Werbung für unsere Arbeit wäre. Und davon lebt die Kunst schließlich.

Einschub: Die Tatsache, dass wir diese Initiative unterstützen, ihre Bedeutung anerkennen, uns für den Erfolg der Show einsetzen und unser Augenmerk auch direkt auf die lokale Kritik richten, tut dem wohltätigen Charakter keinen Abbruch und ist auch nicht illegitim, denn alle Tänzer, die zu dem Event eingeladen sind, haben zugunsten dieser guten Sache auf ihre Gage verzichtet und im Gegenzug von den Organisatoren eine Entschädigung für Anreise, Unterkunft und Verpflegung bekommen. Darüber hinaus wurden uns Kontakte zu lokalen Kunstkritikern vermittelt. Ich verzichte, ebenso wie alle anderen Teilnehmer, gern auf meine Gage, denn wir wissen, dass das Geld in diesem

---

[21] Die Informationen zu *Eric Gautier* entstammen den Webseiten: http://www.theaterhaus.com/theaterhaus/index.php?id=1,3,12852 und http://www.theaterhaus.com/theaterhaus/index.php?id=1,2,569 - November 2013

Fall wirklich einer Institution zugute kommt, die den Menschen helfen möchte. Anders gesagt: Wir stellen unsere Fähigkeiten als Künstler in den Dienst einer guten Sache. Aber es besteht ein großer Unterschied zwischen dem „Nutzen des künstlerischen Werts" zur Unterstützung der Wohltätigkeit - und hierfür muss der tatsächliche Wert, den die Kunst hat, ganz klar beziffert werden - und dem Einfordern dieses Nutzens, als wäre unsere Kunst öffentliches Eigentum, ohne zu bedenken, dass das, was wir machen, unser Beruf ist, von dem wir leben - auch wenn er für den Zuschauer Freizeitunterhaltung ist.

Ich hatte Angst, meine Teilnahme zuzusagen, da ich von der Verletzung immer noch nicht ganz genesen war.
Da kam mir ein sehr lieber Kollege zu Hilfe. Er brachte mich dazu, meine Überlegungen noch einmal zu überdenken, indem er mich fragte, ob ich in letzter Zeit Schmerzen gehabt hätte. Ich bejahte, und er fragte, ob ich wegen dieser Schmerzen eine Aufführung in unserem Theater versäumt hätte. Das verneinte ich natürlich. Daraufhin fragte er mich, ob ich bereit wäre, das Risiko einzugehen, in Hannover aufzutreten, auch wenn ich wüsste, dass es sehr wehtun würde, und ich sagte: „Offensichtlich schon."
Und da fragte er sehr mitfühlend und beinahe väterlich: „Warum willst du nicht auf einer der wichtigsten Galen Deutschlands tanzen, wenn du es aus weniger wichtigen Anlässen offensichtlich tust?"
Meine Entscheidung war „offensichtlich": Ich sagte für Stuttgart zu.
Es war schön, so viele Menschen so herrlich tanzen zu sehen, und ich muss zugeben, dass ich meine Angst ein paar Minuten lang fest am Zügel halten und sie mit Nachdruck verscheuchen musste.
Ich gestand diesem Kollegen, der mich bei dem Solo begleiten würde - in einer schlichten, aber überaus wichtigen Rolle - dass ich mich sehr unsicher fühlte, denn ich sollte direkt nach der ersten Solistin des *Balletts des Stuttgarter Theaters* auftreten. Sie, sehr klassisch, auf den Spitzen tanzend... ein Solo, das für sie und ihren Bruder, einen Saxofonisten, erschaffen worden war, eine Huldigung an ihren Großvater, der am Klavier saß - sehr gefühlvoll und poetisch und eine deutliche Hommage daran, wie wichtig es ist, ältere Menschen in unseren Alltag einzubinden.
Er umarmte mich und sagte weise: ***„Glaub an dich! Jeder Mensch ist auf seine eigene Weise wertvoll."*** (Ich habe diesen Satz ganz bewusst hervorgehoben, denn ich möchte ihn niemals wieder vergessen!)
Diese Worte hatten eine unglaubliche Wirkung auf mich.
Ich kannte die Geschichte von *„Granny"* sehr genau. Ich wusste, wie viel dieses Stück Jörg bedeutete. Mit welcher Zärtlichkeit er es erschaffen und mit

wie viel Respekt und Liebe er es mir anvertraut hatte. Und ich wollte so gern dort tanzen, für dieses Publikum, das zusammengekommen war, um Spenden für die Erforschung ganz genau der Krankheit zu sammeln, auf die sich *„Granny“* bezieht, dieses Einkerkern des Geistes in den eigenen Körper... das Altern mit Alzheimer... und das Einbüßen des Verstandes.
Wenige Augenblicke vor dem Betreten der Bühne richtete ich meine Gedanken auf Gott. Ich bin Christin und habe von Kindesbeinen an an die göttliche Kraft geglaubt. Im Laufe meines Lebens habe ich viele Kostproben seiner Weisheit erfahren dürfen.
In diesem Moment bat ich ihn um die Kraft, dem Publikum all die Liebe vermitteln zu können, die ich für das empfand, was ich tat, und für das Stück, das ich darbieten würde. Ich spürte, wie sich eine Gänsehaut über meine Unterarme zog und wie mein Nacken heiß wurde.
Ich spürte, dass ich in eine wunderbare Trance eintauchte. Ein Gefühl von Liebe umgab mich.
Dort stand ich, neben der Bühne, während die erste Solistin des Stuttgarter Theaters ihren rauschenden Applaus in Empfang nahm, und ich freute mich für sie, denn in diesem Leben bekommt jeder von uns, was er verdient. Und sie verdiente es!
Ich bat Gott um Verzeihung, weil ich so egoistisch gewesen war, um Hilfe für meinen Erfolg zu bitten. Aber was ich dennoch ganz ohne jeden Zweifel wollte, war, die Herzen der Anwesenden zu berühren. Ich wollte ihre Empfindsamkeit dafür schärfen, was für eine Tragödie Alzheimer ist! Das war meine Absicht gewesen, als ich Jörg vorschlug, bei dieser Gala dieses Solo aufzuführen, denn ich glaubte fest, dass viele Menschen die Geschichte seiner Großmutter, die ja kein Einzelfall ist, auf sich würden beziehen können. Ich wollte meine Fähigkeiten als Künstlerin - meine Mission - nutzen, um die Herzen der Menschen zu erreichen, die diese Sache mit ihren Spenden unterstützten.
Der Vorhang schloss sich und ein Lichtstrahl erschien, in dem ich mich positionieren sollte. Ich stellte mich an den für mich vorgesehenen Platz, und in diesem Augenblick hörte ich auf, meine Umgebung wahrzunehmen. Ich versank in einer tiefen Konzentration, wie ich es schon so viele Male getan hatte, bevor ich begann, etwas Ähnliches zu tanzen, das über diese Dichte an Gefühlen und Subtilität verfügte.
Der Bühnentechniker fragte mich wortlos, mit einer Geste, ob ich bereit sei. Ich bejahte, ebenfalls wortlos, mit einer Geste. Er schien meine innere Stille zu begreifen und zu respektieren.

Ich muss gestehen, dass sich meine Augen mehrfach mit Tränen füllten, während ich das Stück tanzte. In meinem Herzen brodelten sehr starke Gefühle. Ich war mir dessen, was ich tat, sehr bewusst. Niemand führte mich. Ich selbst war es, Cássia, mit meinen körperlichen Möglichkeiten, die das Stück umsetzte. Aber da gab es etwas, das von mir ausging und das Publikum erreichte. Ich konnte es nicht sehen, aber ich wusste sicher, dass es geschah.
Die Stille war so intensiv, dass sie mich erstickte. Wenn die Musik aussetzte, hörte ich meinen eigenen Atem, und ich wusste, dass auch das Publikum ihn hörte. Sie waren bei mir. Und ich trug sie…
Sie fühlten mit mir. Sie lebten mit mir. Sie tanzten mit mir. Und das war alles, was ich wollte!
Das Stück endet sehr traurig, aber auch sehr befreiend.
Als das Licht verlosch und die letzten Töne von *Schubert* erklangen, herrschte für einen Moment, der mir unendlich lang erschien, vollkommene Stille.
Und dann folgte eine unfassbare Explosion aus Applaus und Rufen und Pfiffen.
Ohrenbetäubend.
Es hat im Laufe meiner Karriere schon entscheidende Momente gegeben… Aber dieser war ohne jeden Zweifel der schönste, den ich je erlebt hatte, und ich erlebte ihn sehr bewusst. Er war bewegend, er war *göttlich*!
Der Widerhall dieses Abends war unerwartet und kam Monate später, als ich in der deutschen Zeitschrift ***„TANZ“*** von einem Kritiker, der damals in Stuttgart im Publikum gesessen hatte, zur ***„Tänzerin des Jahres“*** nominiert wurde.
Es blieb bei der Nominierung! Der Preis ging an eine andere Tänzerin, die ihn auch verdiente.
Ich war mit einer schönen Choreografie gesegnet worden, die meinen Möglichkeiten entsprach und sehr starke Emotionen ausdrückte. Es war nicht nur mein persönlicher Erfolg, sondern eine Kombination von Talenten.
Aber die Gewissheit, dass wir jederzeit mit den Fähigkeiten, die wir jetzt haben, den Gipfel des Berges erreichen können, hat sich mir für alle Zeiten eingebrannt!

Unzählige Male habe ich mich gefragt - und frage mich noch - wie ich so weit kommen konnte...
Die Basis war solide, aber sehr schlicht. Mein Leben hat nicht sehr glanzvoll begonnen, ich bin in einem einfachen Viertel aufgewachsen, in einer Stadt, die zwar schön ist, aber im Hinblick auf den Tanz kaum eine vorzeigbare Geschichte hat (und an dem vorhandenen Bisschen war ich beteiligt). Nun bewege ich mich in einem Umfeld, in dem viele meiner Kollegen die Schulen

des Bolshoi, der Wiener Oper oder des Münchener Balletts durchlaufen haben. Die Tanzkonservatorien in Berlin, Hamburg, St. Petersburg, Paris. Und obwohl dieses Detail sehr viel Gewicht hat, ist es nicht relevant. Ich habe es auch geschafft. Ich habe meine Ziele ebenfalls erreicht, ohne Angst vor den mickrigen 10 Prozent Chance, mit denen ich begonnen habe.

Es gibt kein Erfolgsrezept. Es gibt nichts, was ich sagen könnte, das dazu führt, dass ein anderer Mensch das gleiche Ergebnis erreicht. Erfolg ist etwas überaus Persönliches.

Ein paar Mal sind Jugendliche und Erwachsene zu mir gekommen und haben mich um meine Meinung gebeten, um einen Tipp oder einen Vorschlag in Bezug auf ihre Pläne, eine Laufbahn als Tänzer oder am Theater einzuschlagen oder weiter zu verfolgen. Einige Male habe ich mich in derselben Situation wiedergefunden wie meine Lehrer damals in São Paulo, die nicht glauben konnten, dass ich es schaffen würde. Ich habe mich schon dabei erwischt, wie ich über Leute, die zu mir gekommen sind, um mich um meine ehrliche Meinung zu bitten, genau das Gleiche gedacht habe. Aber ich habe niemals gesagt: „Lass es sein. Du schaffst es sowieso nicht."

Diesen Weg gibt es nicht. Es gibt kein ***„das schaffst du nicht!"***

Ich werde mir niemals herausnehmen, das zu jemandem zu sagen, obwohl ich immer sehr ehrlich war, wenn es um die Schwierigkeiten ging, mit denen man möglicherweise konfrontiert wird, insbesondere dann, wenn man seinen Weg durch den Irrgarten eines Berufs erst sehr spät beginnt.

Aber es gibt immer die Willenskraft und die Intelligenz des Einzelnen, die jedem Menschen in seinem Entwicklungsprozess gegeben ist.

Wenn ich ein Talent unterschätze, gibt mir das nicht das Recht, auch den Enthusiasmus eines anderen zu unterschätzen. Man hat niemals das Recht, jemandem seinen Traum zu zerstören, auch wenn man ihm aufrichtig die Hindernisse aufzeigen kann, die möglicherweise zu überwinden sind. Die Realität ist etwas Individuelles und muss geschützt werden. Die Kraft, mit der jeder Mensch sein Schicksal bestimmt, ist nach göttlichem Beschluss einzigartig.

Und wieder einmal schließe ich mit den Worten Shinyashikis:

"Wenn einem bewusst ist, dass man durch seine Arbeit (welche auch immer dies sein mag) seiner eigenen Mission folgt, entwickelt man eine ungeheure Kraft, die Berge versetzen kann"
(Übers. aus „Consciência de sua Missão..." - Roberto Shinyashiki)

Fotomaterial 7:Heike Mischewsky

"Granny" gehört meiner Meinung nach zu den Ballettstücken, die sich am leichtesten fotografieren lassen, denn es gibt immer wieder Momente der Reflexion und choreografische Pausen, die sich gut eignen, um ein Foto zu machen. Was diese Fotos hier jedoch so außergewöhnlich macht, ist, dass sie in den bewegungsintensivsten Momenten aufgenommen worden sind, was ihnen einen hohen Schwierigkeitsgrad und eine außerordentliche Schönheit verleiht. Achten Sie auf die Fotos von **Heike Mischewsky**, die uns zu einer Gala in Hameln begleitet hat. Zu diesem Zeitpunkt hatte sie zwar schon unzählige fotografische Arbeiten mit Bezug zum Tanz und zur Bewegung angefertigt, einschließlich choreografierter Kurzfilme, die einen unglaublichen künstlerischen Gehalt haben, aber dieses Stück hatte sie nie zuvor gesehen. Sie hat sich von ihrer feinfühligen Intuition leiten lassen, und das Ergebnis ist wirklich brillant. Mein Lieblingsbild ist das letzte Foto dieser Serie (ich habe ihm den Namen **„der Sprung"** gegeben).

"Granny"

Hannover - 19.03.2011 - Choreografie Joerg Mannes

(©Joerg Mannes)

"Granny"
Hannover - 19.03.2011
Choreografie
Joerg Mannes

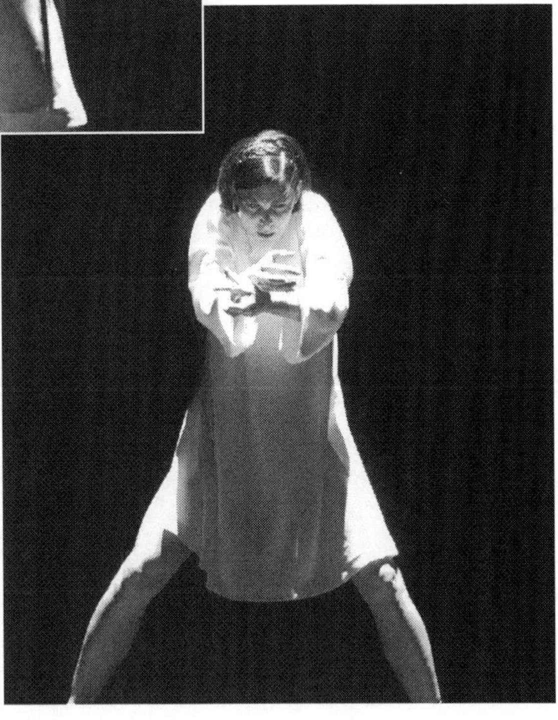

(©Joerg Mannes)

"Granny"

Hannover - 19.03.2011

Choreografie
Joerg Mannes

(©Michèle Seydoux)

"GRANNY"

Hameln 13.04.2013

Bühnenprobe mit Denis Piza

(©Heike Mischewsky)

Stadttheater Hameln

"Granny"
Hameln

13.04.2013

General - probe mit Denis Piza (Oben)

(©Heike Mischewsy)

“Granny”
Gala - Stadttheater Hameln
2013

‘Der Sprung’

(©Heike Mischewsky)

INTERMEZZO

MOMENTE

&

PERSÖNLICHKEITEN

*"All that is important is this one **moment** in movement.*
Make the moment important, vital and worth living.
Do not let it slip away unnoticed and unused."
Martha Graham

Momente

*Die Kostbarkeit des Augenblicks oder **Moments** ist - insbesondere im Tanz - etwas Besonderes, Spezielles... Einzigartiges. Die Notwendigkeit, ihn aufs Äußerste zu nutzen, unterstreicht die reale Bedeutung, die er für einen Tänzer erlangt, und unseren Umgang mit ihm.*

Wir werden intensiv dazu ausgebildet, in Bruchteilen von Sekunden eine einzigartige und beständige plastische Schönheit zu erkennen, einzuordnen und zu erschaffen! Genau das ist es, was wir jahrelang lernen und während unseres gesamten Berufslebens und sogar noch darüber hinaus Tag für Tag viele Stunden lang üben. Oftmals wird uns irgendwann bewusst, dass diese beständige Übung zu einer hoch entwickelten und präzisen selektiven Fähigkeit geworden ist, die ihrerseits schnell die Merkmale höchst kritischer Scheuklappen annimmt. Das weniger Schöne wird als „hässlich" betrachtet, das nicht ganz so Überschwängliche als „Untergang" und das technisch weniger Anspruchsvolle als „ungeeignet" oder „unfähig"! All das innerhalb eines Wimpernschlags.

Es kann zu einer großen Gefahr werden, sich innerhalb eines so engen und gleichzeitig so strikten Rahmens zu bewegen, der das "Gute und Schöne" und "das Hässliche und den Untergang" festlegt und voneinander trennt. Wie in allen künstlerischen Ausdrucksformen führen auch beim Tanz die Technik, die Virtuosität und das Talent zu Prestige und Ruhm, denn sie sind die großen Verbündeten des Künstlers, der sie besitzt. Diese Eigenschaften werden als für den Erfolg entscheidend betrachtet, aber die Grenzen der Kunst gehen weit über eine solche Aufzählung oder eine technische Regel hinaus! Denn ihr Ausgangspunkt ist die Annahme, dass jeder tiefgehende und ernst gemeinte Ausdruck im Rahmen einer menschlichen Äußerung als Kunst bezeichnet werden kann und über eine eigene Schönheit verfügt, selbst wenn er die Regeln sprengt. Er kann auch intuitiv und ohne Kenntnisse getätigt werden und einen Laien zu einem Künstler machen.

Aber diese eben beschriebene Strenge beim Anlegen von Werten, bei der Entscheidung, ob etwas gut oder eine Katastrophe ist, darf nicht mit

Gemeinheit verwechselt werden - zumindest nicht in jedem Fall. Es liegt keine Bosheit in den Kriterien, die der Künstler ansetzt, denn diese Kriterien sind dem intensiven Training geschuldet, mit dem wir darauf gedrillt werden, so schnell zu urteilen und zu kritisieren. Es sind Herausforderungen, die wir in jedem Augenblick und jedem ***Moment*** *bestehen müssen. Die größte Strenge lässt der Künstler dabei im Hinblick auf sich selbst walten, dann folgt die eingebildete oder tatsächliche „Konkurrenz". Die legitime Analyse eines Konkurrenten ist eine wesentliche Fähigkeit der menschlichen Vernunft. In dem Bestreben, immer besser zu werden, betrachten wir uns im Spiegelbild von Beispielen; wir kopieren, was uns gefällt, und arbeiten an unserem persönlichen Wachstum, indem wir unsere Anstrengungen verdoppeln, uns Herausforderungen stellen, danach trachten, uns zu perfektionieren, und Hindernisse überwinden.*

Diese Schnelligkeit und analytische Intensität bei der Bewertung bestimmter Tätigkeiten tritt auch nicht nur im Bereich der Kunst auf. Man trifft das bei allem an, was intensiv erlernt worden ist und sorgfältige und genaue Techniken erfordert. Das Phänomen begegnet uns überall da, wo wir besondere Mechanismen zu beherrschen lernen, die uns wiederum als Automatismen in Fleisch und Blut übergehen. Aber in der Kunst ist die Perfektionierung dieser Fähigkeit sehr augenfällig und wird sehr bewusst erkannt.

Ein Beispiel: Ich habe hier in Deutschland einen guten Freund, der bei der Verkehrspolizei arbeitet. Eines Tages, als wir mit einer Gruppe von Freunden in Bremerhaven spazieren gingen, fiel uns auf, wie angespannt er war, und wir fragten ihn, was los sei. Er erklärte uns, dass er sich in der Stadt nicht entspannen und so herumbummeln könne, wie wir es in diesem ***Moment*** *taten. Als Polizist war er darauf „konditioniert", Betrügereien, Unregelmäßigkeiten und Übertretungen der Verkehrsregeln aufzuspüren. Während wir die Straße entlang gingen, hatte er bereits vier Gesetzesverstöße registriert und sich acht Nummernschilder gemerkt… Er war dazu ausgebildet worden. Es war ein Teil seiner „Konditionierung" - wie eine* ***zweite Natur*** *- auf diese Details zu achten; er konnte diese Fähigkeit nicht einfach „ausschalten" oder sie ignorieren, denn sein Gehirn registrierte die Probleme, die Mängel im System, und schlug Alarm!*

Dieser Begriff der "zweiten Natur" ist vom Bildungsphilosophen ***Prof. Dermeval Saviana*** *definiert worden, der ihn folgendermaßen erklärt: In dem Maße, wie wir uns von den mechanischen Aspekten befreien, also von den*

Bewegungen, die man überdenken muss, bevor man sie ausführt, werden sie zu internen Elementen und damit zu einem Teil von uns, einer „dauerhaften Errungenschaft. Einer zweiten Natur".

Ein Tänzer, der im Allgemeinen in der Kindheit oder allerspätestens in der Jugend mit dem Ballettunterricht begonnen hat, erhält eine so intensive körperlich-geistige Konditionierung, dass seine Körperwahrnehmung fast schon als „Anomalie" betrachtet werden kann. Es ist beinahe irrational. Unbewusst. Und sehr oft begleiten ihn viele Aspekte dieser Konditionierung bis in die Senilität. Ich versteige mich sogar zu der These, dass das Ballett praktisch eine „Lebensphilosophie" ist!

Aber es erscheint mir offensichtlich, dass diese "Sensibilisierung", diese "Suche nach Werten", diese "tiefgehende Konditionierung" nicht unbedingt als etwas Schädliches betrachtet werden muss - ansonsten dürfte sie nicht die Bezeichnung "Kunst" tragen. Es ist auch etwas, das an der Schwelle zu extremer Schönheit steht... Von wenigen Ausnahmen abgesehen, sind Künstler meist auf mehreren Gebieten der Kunst genial, denn die stark verfeinerte kritische Wahrnehmung erstreckt sich auf verschiedene menschliche Sinne (sinnlich und übersinnlich). Anders ausgedrückt: Ein guter Musiker kann gleichzeitig ein guter Sänger sein. Ein guter Tänzer kann auch ein guter Zeichner, ein guter Maler oder vielleicht ein herausragender Bildhauer sein. Und sehr oft mischen sich viele dieser Tätigkeiten noch viel stärker, wenn Musik, Tanz und gestaltende Kunst in ein und demselben Menschen in inniger Verbundenheit existieren.

Aus diesem Grund habe ich für dieses Buch Fotos ausgewählt, die beispielhaft für jene künstlerische Fähigkeit sind: Das Einfangen von **Momenten***, umgesetzt mit ungeheurem Können. Nahezu alle Fotos, die in diesem Buch abgedruckt worden sind, sind Herzensgaben von Tänzern, von meinen Kollegen, deren brillanter fotografischer Blick in enger Verbindung mit ihrer Art des Tanzens, ihrer Darstellung oder der Choreografie steht. Die einen haben sich auf Gefühle spezialisiert, andere auf Formen und wieder andere auf das Licht und den Ausdruck.*

Das Ergebnis dieser Auswahl ist eine gefühlvolle, vielfältige und hochwertige Sammlung unvergesslicher **Momente** *meiner Karriere.*

Darüber hinaus habe ich die Ehre gehabt, die Arbeiten professioneller Fotografen zur Verfügung gestellt zu bekommen, deren Meisterschaft in der gestaltenden Kunst hier deutlich zu Tage tritt. Den Tanz zu fotografieren bedeutet, in genau dem richtigen ***Moment*** *den Auslöser zu drücken, was auch für einen erfahrenen Fotografen keine einfache Aufgabe ist. Aus diesem Grund soll dies auch eine Hommage an all die Spezialisten sein, denen es mit unfassbarem Können gelingt, unglaubliche* ***Momente*** *wiederzugeben und so nicht nur den Tanz selbst zu dokumentieren, sondern auch der Plastizität in der Kunst der Fotografie Ausdruck zu verleihen.*

Mein aufrichtigster Dank gilt:

Jörg Mannes (http://www.joergmannes.de),

Lilit Hakobyan, Michèle Stéphanie Seydoux,

Ronaldo Navarro und Samuel Azevedo*

**(der meiner ehrlichen Meinung nach ein viel größerer Künstler ist, als er selbst glaubt!)*

Den professionellen Fotografen danke ich natürlich ebenfalls von Herzen:

- ***Gert Weigelt - für seine Freundlichkeit und Großzügigkeit***

  (http://www.gert-weigelt.de)

- ***Lene Münch - für den Umschlag und die Geschichte***

  (http://lenemuench.de/)

- ***Heike Mischewsky - für ihre Intuition***

(http://www.heikemischewskyfotografie.de/page2/photos/index.html)

Und auch all den Fotografen, die im Kapitel ***"Persönlichkeiten"*** *Erwähnung finden, möchte ich für ihre Freundlichkeit und die Zusammenarbeit danken:*

Barbara Aumüller, Amir Sfair Filho, Ida Zenna,

Stefan Kühle, Claudia Bernhard, Beth Porto,

Reginaldo Azevedo, Rodrigo de Souza, Rolf Arnold

Persönlichkeiten

Vor vielen Monaten, als ich beschlossen habe, dass diese Seiten tatsächlich zu einem Buch werden sollen, ist mir auch klar geworden, dass ich keine Lust verspüre, meine Geschichte ganz allein zu erzählen. Ich möchte keine Behauptungen über unseren Beruf, unsere Laufbahn, unseren harten Weg aufstellen, ohne zumindest Unterstützung zu finden oder illustrierende Anmerkungen mit einzuflechten. Ich möchte nicht die Einzige sein, die von all den Schwierigkeiten berichtet, die ich meistern musste, um meine Ziele zu erreichen, denn die Geschichten vieler meiner Kollegen haben mich sehr berührt. Wir sollten die Augen niemals vor den Problemen unserer Nächsten verschließen, damit wir nicht in Selbstmitleid verfallen, sondern verstehen, wie wichtig es ist, dass wir uns im Namen eines Ziels zusammentun.

Als ich diejenigen, für deren berufliche Laufbahn und deren Auftreten im Alltag ich größte Bewunderung und tiefsten Respekt empfinde, fragte, ob sie bereit wären, ein wenig über ihre Erfahrungen mit dem Tanzberuf zu erzählen, haben sich ausnahmslos alle diese Aufgabe mit einer ungeheuren Großzügigkeit zu Eigen gemacht. Und sie haben mich allesamt ermutigt, den Traum wahr werden zu lassen und dieses Buch zu veröffentlichen.

Ich habe ihre Berichte zu ihrem jeweiligen Werdegang zusammengetragen, in denen sie von ihren Gefühlen und dem Lebensweg erzählen, der sie an den Punkt gebracht hat, an dem sie heute sind: in den besten und begehrtesten Theatern, Ensembles und Positionen, die ein Tänzer in seinem Leben erreichen kann. Und neben all diesem Glanz - denn wir sprechen hier tatsächlich von Stars - gewähren sie uns auch einen Blick darauf, was der harte Weg, den sie für ihre Träume in Kauf genommen haben, menschlich für sie bedeutet hat.

Es sind sehr einfache, bescheidene Menschen, voll schmerzhafter Erfahrungen und Kummer, voll Traurigkeit und Sehnsucht, und manchmal auch voll überschäumender Freude. Noble und unprätentiöse Stars, denen ich dieses besondere Kapitel widme, *„PERSÖNLICHKEITEN“*, denn ihre Erkenntnisse sind es wert, gelesen zu werden. Es geht um den Erfolg, die berufliche Verwirklichung und den Berg von Schwierigkeiten, den sie alle überwinden mussten, um an diesen Punkt zu kommen… der ganz zweifellos nicht das Ende der Reise ist - die ‚Moral von der Geschicht' - denn es bleibt schließlich noch das, was wir *„das Leben nach dem Tanz“* nennen. Und das wird auf keinen Fall einfacher, erfüllter, überschwänglicher als das Leben, das wir im Moment führen. Ganz im Gegenteil: Möglicherweise erleben wir den Höhepunkt unseres Lebens gerade jetzt, dort, wo wir uns in diesem Moment befinden. Die

Dankbarkeit und das **Bewusstsein** für das, was wir in unserem Leben bereits erreicht haben, ist eine der schönsten Botschaften dieses Kapitels.
Ich habe all diese Informationen, die mir anvertraut worden sind, mit viel Liebe, Mitgefühl und Respekt behandelt, und ich hoffe, dass ich ihrem Glanz und ihrer menschlichen Schönheit gerecht geworden bin.
Außerdem hoffe ich, dass es mir gelungen ist, deutlich zum Ausdruck zu bringen, mit welcher Verletzlichkeit wir in unserem Beruf leben - einem Beruf, in dem man robust sein muss. Bei dem die Liebe und die Hingabe zu dieser Arbeit nichts mit Vergnügen zu tun haben, sondern mit einer Verwirklichung, die das „Persönliche" übersteigt und „kollektiv" wird.

Die Annahme, dass der finanzielle Verdienst zum einzigen Grund für die Ausübung eines Berufs wird, halte ich für einen gewaltigen Irrtum (auch wenn er natürlich wichtig ist). Der Mensch erlebt in der beruflichen Verwirklichung die größte Erkenntnis, das größte Wachstum und das intensivste Lernen seines Lebens, denn schließlich verbringt er zwei Drittel seiner Zeit auf Erden mit seiner Arbeit.
Natürlich kann ich keine umfassende Liste all der unzähligen mir bekannten oder auch nicht bekannten Brasilianer anfertigen, die derzeit außerhalb Brasiliens Erfolg haben. Es sind so viele…! Ich will niemandem Unrecht tun.[22]
Ebenso wenig kann ich diejenigen unerwähnt lassen, die in Brasilien geblieben sind. Die tagtäglich mit Arbeitsbedingungen zu kämpfen haben, die manchmal wirklich inakzeptabel sind. Tänzer, Lehrer, Meister, Ballettdirektoren, Choreografen, Bühnenbildner, Kostümbildner - all jene, die in diesem Land in irgendeiner Weise mit dem Tanz in Verbindung stehen und Tag für Tag um ihre Stellung und ihr berufliches Umfeld fürchten. Ich muss sie erwähnen, selbst wenn es nur allgemein geschieht, denn ich habe dieses Buch auch für sie geschrieben.
Es ist meine - unsere - Hommage an euch alle, die ihr euer berufliches Leben dem Tanz gewidmet habt!

---

[22] Ich wollte die Seele des Werks nicht verändern und habe aus diesem Grund die Originalinterviews beibehalten, die nur mit brasilianischen Tänzern geführt worden sind. Aber ich möchte noch einmal deutlich darauf hinweisen, dass das „Künstler-Sein" überall auf der Welt eine mutige Mission mit vielen Schwierigkeiten ist. Alle Künstler dieser Welt, und insbesondere die Tänzer, müssen sehr harte und prägende Erfahrungen machen und verdienen größten Respekt dafür, dass sie ihren Weg dennoch weiter gehen.
Allein im **Ballett der Oper Hannover** sind Menschen aus mehr als 15 Nationen an der täglichen Arbeit beteiligt. Mehr zu diesem Thema finden Sie im ***FINALE - Tanz: Wirkungsvolle Intelligenz für Körper und Seele***

Ricardo Fernando

Seit über 20 Jahren Ballettdirektor und Choreograf in Deutschland,

seit über 10 Jahren Ballettdirektor und Choreograf in Hagen

Wenn ich an Ricardo Fernando denke, ist das erste, was mir in den Sinn kommt, gute Laune. Dazu Vielseitigkeit, Einsatz, harte Arbeit, Kreativität... aber vor allem fällt mir das Wort Mut ein!
Ich habe selten jemanden erlebt, der mit so viel Zwanglosigkeit ganz bewusst so viele Schwierigkeiten auf sich genommen und mit so viel Kraft dagegen angekämpft hat, ohne jemals die Gelassenheit zu verlieren, und dem es gelungen ist, sie alle mit Bravour zu bewältigen.
Vor zwei Jahrzehnten hat er im Alter von 33 Jahren die Leitung des Balletts am Stadttheater Bremerhaven in Norddeutschland übernommen. Die ***"Nordsee-Zeitung"***[23] hat vor kurzem eine schöne Reportage veröffentlicht, die die Arbeit würdigte, die Ricardo Fernando in dieser Stadt geleistet hat, und in der man ihm für sein Werk dankte. Und diese Würdigung ist weit davon entfernt, eine Übertreibung zu sein. So schrieb die Journalistin **Monica Willer**:
"Als Ricardo Fernando vor 20 Jahren nach Deutschland kam, musste er sofort mit einem Schock fertig werden. Am Theater Bremerhaven hatten der neue Ballettdirektor und seine Frau ihre Koffer noch nicht ausgepackt, da sollte das Tanztheater per Magistratsbeschluss abgewickelt werden."
Wie offensichtlich zu erkennen ist, hat Ricardo mit all seinem Scharfblick für einen anderen Ausgang gekämpft. Das Ergebnis: Er hat es nicht nur geschafft, das Ansehen der Tänzer neu zu beleben, indem er das Ballett zu einem lokalen und regionalen Anziehungspunkt machte, sondern er verhinderte auch die Schließung dieser Sparte. Alle Zeitungen im Bundesland Bremen haben die Entwicklung dieser einen kleinen Gruppe von 10 Tänzern mit jeder Menge Enthusiasmus verfolgt. Das Publikum strömte ins Haus und von allen Seiten gab es Applaus und Ansporn.
Doch all das war kein „Geschenk". Ricardo hat viel Kreativität und Arbeit in seine „Rettung" des Balletts investiert.
Hierfür hat er die Taktik entwickelt, seine Tänzer in verschiedene Aktivitäten einzubinden, die die Aufmerksamkeit der ganzen Stadt auf sich zogen. Ich erinnere mich sehr gut daran: Modenschauen im Theater, Kalender mit Fotos der Tänzer, Poster, die während der Shows verkauft wurden, Postkarten mit unseren Fotos... kurzum, eine unglaubliche Fülle an Marketingmaßnahmen rund um sein Ensemble, die dazu führten, dass das Prestige seiner Tänzer von Tag zu Tag größer wurde.
Das Publikum liebte diese Aktivitäten und schätzte sie sehr, aber neben all diesem Trubel gab es natürlich etwas, das noch viel wichtiger war: die Shows selbst.

---

[23] 16. Oktober 2013 - Seite 15 - Rubrik ***"Stadt Bremerhaven"***

Ricardo eröffnete dem Ballett von Bremerhaven künstlerische Horizonte, wie es sie seit mehr als 40 Jahren nicht mehr gegeben hatte. Er erschuf nicht nur Stücke, die technisch anspruchsvoll waren, denn Carla und er kommen aus einem klassischen Ensemble in Brasilien und beherrschen diesen Bereich sehr gut, sondern er organisierte auch GALAVORSTELLUNGEN. Die erste Gala, mit der Mittel für das Ballett und die Hilfe des Publikums gewonnen werden sollten, fand gerade einmal sechs Wochen nach seinem Amtsantritt statt.
Und so ging es weiter! Die Einwohner der Stadt waren gegen die Entscheidung der Politiker, und das Bremerhavener Ballett besteht bis heute. In den sieben Jahren, in denen er die künstlerische Leitung innehatte, sorgte Ricardo Fernando nicht nur dafür, dass das Ballettensemble von Bremerhaven ein aktiver Teil des Theaters blieb, sondern gründete auch den "*Ballettfonds*", mit dem das Ensemble finanziell unterstützt werden sollte. Er bescherte der Truppe ein großes choreografisches Repertoire und hinterließ seinen Nachfolgern ein für den Tanz entflammtes Publikum[24]!
Nach dem Tod seines Bruders Wilson Fernando, der ebenfalls Tänzer gewesen war, organisierte Ricardo Fernando noch im selben Jahr in Bremerhaven die erste Benefiz-Tanzgala, um Spenden für Einrichtungen zu sammeln, die sich um Aidskranke in Deutschland kümmern. Daraus hat sich eine feste Tradition entwickelt. Die Gala hat in der Folge auch in den Theatern von Regensburg und Hagen stattgefunden, und es gibt sie bis heute.
Was er damals nicht wusste, war, dass all dies im Grunde nur eine „Probe" war. Wie es die "**Nordsee-Zeitung**" formuliert: *"An fünf Theatern hat Fernando in Deutschland gewirkt. Stets wurde er gerufen, wenn eine Tanzsparte am Boden lag."* Und in fünf Theatern hat Ricardo neue Richtlinien und Parameter für das Ballett eingeführt und so das Überleben der Sparte gesichert.

Im Jahr 1998 erhielt er die Einladung, die Leitung des Balletts von Chemnitz zu übernehmen, der drittgrößten Stadt Sachsens, in Ostdeutschland gelegen. Er wurde der erste westliche Ballettdirektor dieses Ortes, worauf er stolz war, und er blieb dort drei Jahre lang. In den ersten zweien dieser drei Jahre leitete er parallel dazu das Ballett in Bremerhaven - ein Fall, wie er in Deutschland bisher bei keinem zweiten Choreografen vorgekommen ist. Im Anschluss daran übernahm er die künstlerische Leitung des Balletts der Stadt Pforzheim in Baden-Württemberg, wo er ein Jahr blieb, bis er vom Generaldirektor des Theaters in Regensburg, Bayern, die Einladung erhielt, ab der Spielzeit 2002

---

[24] Siehe ***Coda:"Auf der Suche nach Lösungen".***

dort künstlerischer Leiter zu werden. Während seiner Zeit als Ballettdirektor in Regensburg bat man ihn schließlich, die künstlerische Leitung des Balletts in Hagen (Nordrhein-Westfalen) zu übernehmen, und so leitete er in der Spielzeit 2002/2003 erneut zwei Ensembles gleichzeitig. Heute ist Ricardo Fernando bereits seit 10 Jahren der künstlerische Leiter und Choreograf des Hagener Balletts und in ganz Europa der einzige Brasilianer, der eine solche Stellung innehat. Auch in Hagen musste er gegen die Schließung des Ensembles kämpfen. Aus dieser Situation heraus gründete er den Verein ***„Ballettfreunde Hagen“***, der heute mehr als 400 Mitglieder zählt und bei der Öffentlichkeitsarbeit, der Bewerbung und der Entwicklung des Ensembles eine große Rolle spielt. Im Rahmen des Projekts ***“Ballroom Dance”***, das schon zum 4. Mal stattfindet, haben in den letzten sieben Jahren über 1.200 Jugendliche im Alter von 12 bis 14 Jahren an Workshops und Tanzkursen mit dem Ballettensemble Hagen teilnehmen und so zum ersten Mal mit dem Tanz und dem Theater in Berührung kommen können. Auch das Projekt *“Mein Freund, mein Nachbar”*, das sich an Kinder zwischen 8 und 12 Jahren richtet, verfolgt integrative Ziele. Mit dem Projekt ***“Closing the Gap”*** ist Ricardo Fernando ein außergewöhnlicher Schritt gelungen, der eine große Mauer eingerissen hat: Zum ersten Mal hat ein festes Tanzensemble in Deutschland eine Tanzshow mit körperlich beeinträchtigten Menschen ohne Tanzerfahrung gestaltet.

Mit ***“Terra Brasilis”*** (2014) hat sich Ricardo Fernando einen großen Traum erfüllt. Er hat drei brasilianischen Choreografen die einmalige Chance geboten, gemeinsam eine Tanzshow für das Hagener Ballett zu gestalten. Kritiker und Publikum nahmen das Projekt gerne an und bejubelten das Ergebnis.

In all diesen Jahren hat sich Ricardo Fernando stets auf die uneingeschränkte und grundlegende Unterstützung seiner Frau verlassen können, der Brasilianerin Carla Silva, die in allen Theatern, in denen er als Direktor gearbeitet hat, als Primaballerina, stellvertretende künstlerische Leiterin und Choreografieassistentin tätig gewesen ist und auch jetzt in Hagen als seine Stellvertreterin fungiert. Sie war maßgeblich an der Entwicklung und dem Neuarrangement seines choreografischen Repertoires beteiligt.

Natürlich legt es Ricardo in seiner Arbeit auf einen persönlichen Erfolg an. Das ist für jeden Künstler legitim, und die Anerkennung des Publikums und der Kritiker ist ein starker Impuls dafür. Aber die Art, wie sich Ricardo an seinen Lorbeeren erfreut, unterscheidet sich deutlich von anderen Direktoren und Choreografen. Anders als sie strebt er nicht auf Kosten der Tänzer nach dem Erfolg, sondern bezieht sie direkt in das Erringen desselben mit ein. Er sorgt dafür, dass sie – die Tänzer – zum Bezugspunkt seiner Arbeit werden. So erschafft er eine Infrastruktur und ein komplettes soziales Netzwerk rund um

das Ballett; er macht es zu einer lebendigen Zelle innerhalb des Theaters, an dem er arbeitet, und befeuert eine extreme Popularität, bis das Ballett unverzichtbar ist.
Jetzt, nach 10 Jahren in Hagen, hat er eine besondere und nahezu romantische Form gefunden, sich seines Erfolgs zu rühmen: Er rettet nicht seine eigene Stellung und seinen Job, sondern eine ganze Kunstform innerhalb des Theaters. Persönlich hat er keine Angst vor zweifelhaften Situationen, denn er hat genug davon durchgestanden und ist als Sieger daraus hervorgegangen. Das hat ihm Ruhe und eine hohe Erwartungshaltung beschert, wenn er sich mit Problemen befasst. Enttäuschung scheint in seinem Wortschatz selten vorzukommen. Der Fatalismus, „eine Krise durch Arbeit zu bewältigen", scheint prägend für seinen 20 Jahre währenden Weg in diesem Land zu sein, und er passt in jeder Hinsicht zu der Art, wie in Deutschland Politik gemacht wird. Sein Charisma und seine sympathische Art wirken wie ein warmes, entspannendes Bad auf das Publikum, denn er besitzt die Fähigkeit, seine Zuschauer zu unterhalten und mit einzubeziehen, wenn er sich verbal an sie wendet. Er ist sich dieser Gabe voll bewusst und nutzt sie ehrlich und mit den besten Absichten, auch wenn er sehr wohl weiß, dass er es nicht jedem recht machen kann.
In Interviews macht er seine Rolle nicht künstlich klein: *„Zur Kunst gehört immer eine ungeheure Verantwortung. Ich frage mich stets: Ist das gut so? Ist die Musik richtig? Die Tänzer? Das Publikum? Die Botschaft? Denn die Form ist ja nicht gleichgültig, und auch nicht die Musik... Das ist keine leichte Aufgabe. Ganz im Gegenteil: Sie ist sehr schwierig!"*
Zum steigenden Bekanntheitsgrad des Namens "Fernando" in Deutschland sagt er:*„ Wir möchten gut in unserem Beruf sein und Erfolg haben. Was wir in all diesen arbeitsreichen Jahren aufgebaut haben, hat uns geerdet – uns ein Fundament gegeben – und es erfüllt uns stets mit großer Freude: Wir haben so viele Krisen überwunden und so viele Türen geöffnet, für die professionellen Tänzer und für das Publikum. Das ist das, was wir immer machen wollten. Wir machen es wirklich."*
"Angst" ist ein Wort, das für Ricardo nicht existiert: Angst führt zu Panik, und wer panisch ist, kann nicht mehr rational vorgehen und sich Strategien ausdenken. Vorsicht allerdings kennt er sehr gut.
Ricardo ist geduldig. Er weiß, dass sein Erfolg nicht mehr umkehrbar ist, weil man die Geschichte nicht umschreiben kann. Aber er weiß auch, dass er nicht die Art Direktor ist, die auf den Titelblättern der Zeitschriften in den großen Theatern erscheint. Das ist nicht sein Ziel. Hagen war eine bewusste Entscheidung. Er weiß, dass kein anderer auf ein Schiff aufspringen würde, das

kurz davor ist, auf Grund zu laufen. Aber er tut es! Er entert das Schiff, strukturiert es neu und macht aus ihm einen interessanten Anziehungspunkt. Deshalb antwortet er auch nicht auf meine Frage: „Was kommt nach Hagen?“ Er weiß, dass etwas kommen wird. Und er weiß, dass Erfolg die Frucht harter Arbeit ist. So antwortet er mir nur: *„Wir haben keine Angst vor harter Arbeit. Wir haben immer viel gearbeitet. Wenn wir noch mehr arbeiten müssen, werden wir das tun.“*

Ricardo Fernando

Der Deutsche Berufsverband für Tanzpädagogik e. V. - DBfT und der Förderverein Tanzkunst Deutschland haben im Jahr 1983 einen Preis ins Leben gerufen, der jedes Jahr an landesweit anerkannte Künstler verliehen wird, die auf nationaler Ebene Großes für den Tanz geleistet haben. Es gibt drei Kategorien, die prämiert werden: Künstlerische Leistung, Junge Talente und Anerkennung und Innovation.

*Mit Stolz und großer Freude habe ich wenige Tage vor der Veröffentlichung dieses Buches erfahren, dass **Ricardo Fernando** vom DBfT als Anerkennung für seinen 20 Jahre währenden nimmermüden und beispielhaften Einsatz für den Tanz in diesem Land der **Tanzpreis 2014/2015** in der Kategorie **Anerkennung und Innovation** verliehen worden ist.*

Dies ist zweifellos die größte Hommage und das größte Prestige, das einem Künstler in Deutschland zuteil werden kann.
Und es ist mehr als verdient!

Carla Silva

Seit 2003 stellvertretende Direktorin, Direktionsassistentin, Trainingsleiterin und Probenleiterin des Ballettensembles am Theater Hagen, Deutschland
Seit 1993 in Deutschland - war als Primaballerina, Direktionsassistentin und Ballettmeisterin in Bremerhaven, Chemnitz, Regensburg und Pforzheim tätig
Von 1988 bis 1993 Primaballerina des Ensembles am Stadttheater St. Gallen, Schweiz
Bis 1988 Solistin im Ballett des Teatro Municipal do Rio de Janeiro

Als ich sie 1993 kennen lernte, hatte Carla ihre Arbeit in Deutschland gerade erst aufgenommen, aber in der Schweiz und am *Teatro Municipal do Rio de Janeiro* war sie bereits als frühreifes Talent bekannt. Sie hatte ihre Ballettausbildung im Alter von 8 Jahren begonnen und war mit gerade einmal 15 Jahren als professionelle Tänzerin ins klassische Ensemble des Teatro Municipal do Rio de Janeiro, des städtischen Theaters von Rio de Janeiro, aufgenommen worden. Ein paar Jahre später vertraute man ihr an der Seite des Tänzers **Julio Bocca** die Hauptrolle in dem Ballett *„La fille mal gardé"* an. In dieser Zeit lernte sie auch Ricardo Fernando kennen, der ebenfalls Tänzer und Solist war und dann zu ihrem Ehemann wurde.
Aufgrund diverser finanzieller Probleme, mit denen das Ensemble des städtischen Theaters von Rio de Janeiro zu kämpfen hatte, sahen sich Carla und Ricardo gezwungen, einen Vertrag als Tänzer in der kleinen schweizerischen Stadt St. Gallen anzunehmen, wo die Arbeitsbedingungen und die finanzielle Sicherheit es ihnen ermöglichten, eine Familie zu gründen. Das Ensemble war nur klein und sein Stil auf die moderne Technik ausgerichtet, aber Carla tat sich schon sehr bald als Solistin hervor und man besetzte sie in Rollen mit großem szenischem Gehalt.
Doch nach ein paar Jahren in der Schweiz kamen Carla und Ricardo irgendwann zu dem Schluss, dass sie für ihre Laufbahnen ein noch höheres Ziel anstrebten: *„Wir stellten fest, dass wir gern ein Ensemble leiten würden. So bewarben wir uns und wurden schließlich ausgewählt, um die Leitung des Balletts in Bremerhaven, in Norddeutschland, zu übernehmen."*

1993 entwarf der Tänzer und Choreograf **James Sutherland**[25], der damals ebenfalls noch in St. Gallen unter Vertrag stand - heute, im Jahr 2014, ist er Ballettdirektor in Pforzheim, Deutschland - speziell für Carla das Ballett **„Yerma"**. Während der Premiere des Stücks verletzte sie sich bei einem Sprung auf der Bühne schwer: Sie erlitt einen Bänderriss im linken Fuß. Obwohl sie starke Schmerzen hatte, tanzte sie das Stück fehlerfrei zu Ende, was ihr nicht nur eine ungeheure Anerkennung von Seiten des Publikums und der lokalen Kritiker einbrachte, sondern auch von Seiten des Choreografen. Der Vorfall liegt 20 Jahre zurück, aber er erinnert sich bis heute daran, mit großer Bewunderung und Respekt vor der Professionalität und der Hingabe dieser Tänzerin.

Damals (1993, in Bremerhaven) kreuzten sich auch unsere Wege zum ersten Mal. Im *I Akt*, im Kapitel *„Ricardo Fernando - Bremerhaven I"* erzähle ich aus meiner Perspektive von dieser Begegnung.

---

[25] Bis 2015 Chef Choreograf und Ballettleiter am Stadttheater Pforzheim. In 2015 Gast Choreograf und ab der Spielzeit 2015/2016 als neuer Ballettdirektor am Pfalztheater Kaiserslautern.

Carla übernahm in Bremerhaven mehrere Aufgaben gleichzeitig: Solistin, Direktionsassistentin, Ballettmeisterin und Mutter (ihre kleine Tochter war 3 Jahre alt), und allen widmete sie sich mit großer Hingabe. Da sandte ihnen das Schicksal den ersten großen Schrecken: Nur wenige Wochen, nachdem sie die Leitung des Bremerhavener Balletts übernommen hatten, beschloss die Lokalpolitik aufgrund der großen Verschuldung des Bundeslandes Bremen, die Subvention für das Theater Bremerhaven zu kürzen. Das Ballettensemble sollte aufgelöst werden. *"Am Anfang hatten wir große Schwierigkeiten, denn es war ein kleines Ensemble, es gab keine angemessenen Arbeitsbedingungen für die Tänzer (wir hatten nicht einmal einen geeigneten Ballettsaal - es war ein Lagerraum, der für das Ballett hergerichtet worden war, im 3. Stock des Gebäudes) und wir waren noch sehr unerfahren. Aber das Beste war, dass es uns gelungen ist, das Ensemble zu retten, das eigentlich geschlossen werden sollte. Alles nur dank unserer Arbeit und Hingabe."*

Carla tat sich in dieser Stadt, die so kulturbegeistert ist und ihr kleines Ballettensemble von Herzen liebt, in allen Balletten hervor. Die meisten waren speziell für sie choreografiert worden.

Aber sie brillierte nicht nur in Bremerhaven, sondern auch auf vielen anderen Bühnen in Deutschland. Als beste Darstellerin der von ihrem Mann choreografierten Ballette hat sie ihm in treuer und aufrichtiger Liebe und mit großer Zuneigung und aller Professionalität immer geholfen, ihm assistiert und ihn repräsentiert.

In den verschiedenen Theatern, in denen sie tätig war, hat sie es stets verstanden, das lokale Publikum von Anfang an für sich einzunehmen. Sie hat sich ein unglaublich umfassendes soziales Netz aufgebaut und für ihren Tanz die mehr als verdiente Anerkennung erfahren.

Nach 10 Jahren in Hagen, wo sie wiederum mehrere leitende Funktionen gleichzeitig innehatte, nahm sie Abschied von der Bühne und widmet sich nun ganz der Choreografieassistenz und der Arbeit als stellvertretende Direktorin und Ballettmeisterin.

Aber wer über lange Jahre so viel Erfolg und eine so große Anerkennung erfahren hat, lässt eine solche berufliche Tätigkeit nicht *vollständig hinter sich.*

Als ich sie fragte, was in all ihren aktiven Jahren als Tänzerin ihre größte Errungenschaft gewesen sei, von der sie für sich selbst am meisten mitgenommen habe, antwortete sie mit ihrer Kleinmädchenstimme:

„Meine gesamte Laufbahn! Ich fühle mich privilegiert, weil ich früh (mit 15 Jahren) die Möglichkeit hatte, in einem großen klassischen Ensemble anzufangen, in dem ich viele Ballette aus dem Repertoire tanzen durfte. Ich bin nach Europa gekommen und habe neo-klassische und moderne Ballette kennen gelernt, und dann wurde ich neben meiner Tätigkeit als Tänzerin auch noch Probenleiterin, Choreografieassistentin und Trainingsleiterin. Ich hatte eine Karriere, in der alles zur rechten Zeit geschehen ist, ganz natürlich, und das halte ich für meine größte Errungenschaft. Leider erreichen nicht alle Tänzer das, was ich erreicht habe. Aber in meinem Fall ist alles so gekommen, wie ich es mir ausgemalt hatte!"

Ich wollte wissen, ob sie diese Errungenschaften, die sie als so "natürlich" bezeichnet, für die Frucht harter Arbeit oder einfach nur für Glück hält. Ihre Antwort war sehr eindeutig:
„Unabhängig von allem anderen ist es die Tag für Tag geleistete harte und hingebungsvolle Arbeit, die Ergebnisse bringt. Stell dir vor, du hättest dich verletzt und müsstest für eine Weile aussetzen. Wenn du es schaffen willst, zurückkehren und deine Technik ***neu aufzubauen****, um wieder dorthin zu kommen, wo du vorher gewesen bist, wirst du schwer arbeiten müssen: vor, während und nach der Verletzung. Grundsätzlich arbeitet man nicht, um andere zu beeindrucken, sondern für sich selbst."*

In all den Jahren der gemeinsamen Arbeit und der Freundschaft, die wir pflegen, habe ich immer bewundert, wie viel Bedeutung Carla dem "Leben" in ihren Charakteren beigemessen hat. Ihre Technik war stets makellos, aber es war der künstlerische Gehalt ihrer Darstellungen, der ihr den größten Erfolg beschert hat. Sie erinnert sich, dass eine ihrer größten Sorgen als Tänzerin immer *„der Augenblick eines Unfalls war, wenn man nicht weiß, ob man wird weiter tanzen können oder nicht..."*

Mit dieser Angst – oder zumindest dieser Sorge – erlebt man jeden Arbeitstag intensiver und achtsamer. *„Ich bin schon an diesem Band im Fuß und am Meniskus im Knie operiert worden, und ich habe es dennoch geschafft, wieder zu tanzen und meine Karriere auszukosten. Das gehört zu den Risiken des Alltags! Ich ernähre mich relativ gut. Diäten habe ich früher durchaus gemacht, aber jetzt mache ich keine mehr. Ich rauche nicht und trinke nur hin und wieder mal ein bisschen Wein in Gesellschaft. Körperliche Schmerzen? Ja, natürlich! Das gehört zu jedem Beruf, bei dem der Körper so extrem belastet* *wird, wie es beim Ballett der Fall ist. Es wäre schon fast ein Wunder, wenn man dabei keine Schmerzen hätte!"*

Auch wenn ihr Tagesablauf heute ein wenig anders ist, wollte ich wissen, welche Bedeutung der Tanz in ihrem Leben hat. Sie erklärte mir die bewegende Verbindung von beidem: *„Der Tanz **ist** mein Leben! Ich bin mit ihm aufgewachsen, durch ihn habe ich meinen Mann kennen gelernt und wir haben gemeinsam die Stellung als Direktoren bekommen, durch den Tanz konnte ich meine Tochter aufziehen und erziehen und mit dem Tanz bringe ich den Menschen die Kunst und die Gefühle nahe. Diese Seite fasziniert mich am meisten: Die Macht, durch den Tanz bestimmte und erhabene Gefühle zu vermitteln!"*

Würdest du alles noch einmal so machen?
„Das ist eine schwierige Frage... vielleicht ja, vielleicht nein..."
Aber du bist glücklich?
„Ja. Und vor allem bin ich dankbar, dass ich meinen Traum zu meinem Beruf machen konnte! Wir dürfen niemals vergessen, dass wir hier nur auf der Durchreise sind, dass niemand unersetzlich ist und dass es besser ist, mit geringeren Erwartungen zu leben, weil wir dann oftmals von etwas überrascht werden, mit dem wir nicht gerechnet haben. Und das kann sehr gut sein, eben weil wir uns darauf konzentrieren, den Moment zu erleben, der immer einzigartig ist."
Erinnerst du dich an einen traurigen Moment?
„Ja. Wir standen kurz vor einer Premiere, der Choreograf hatte speziell für mich ein Ballett zusammengestellt. Einige Tage vorher verletzte ich mich am Knie und musste operiert werden. Ich konnte bei der Premiere nicht tanzen. Das hat mich traurig gemacht und mich sehr enttäuscht..."
Und ein bewegender und unvergesslicher Moment?
Mein Abschied als Tänzerin war sehr bewegend, denn mein Mann (und Direktor) hatte für den letzten Auftritt meiner Karriere etwas Unerwartetes vorbereitet: Blütenblätter regneten auf die Bühne herab, meine Lieblingsmusik wurde gespielt, es wurden sogar Fotos gezeigt und bekannte Leute sagten etwas zu meiner Laufbahn. Ganz zum Schluss kam die große Überraschung: Meine Tochter (die damals in einem anderen Land studierte) kam auf die Bühne, zu mir, und küsste mich. Das war unvergesslich!"

Ihre Laufbahn trägt bis heute Früchte; unzählige bekannte Choreografen sprechen mit viel Respekt und Anerkennung von Carla Silva. In ihrer Rolle als

Choreografieassistentin trägt sie entscheidend zur Pflege des choreografischen Werks bei, das Ricardo Fernando in den 20 Jahren in Deutschland geschaffen hat.
Als Ballettmeisterin formt sie mit Sorgfalt und Disziplin viele der jungen Talente, die in ihrem Ensemble arbeiten, indem sie ihnen nahe bringt, wie wichtig eine präzise Technik, die tägliche Hingabe und die beständige Liebe und Achtung vor diesem Beruf sind.
Ich bat sie, mir zu erläutern, was für sie das Wichtigste sei, das man den jungen Tänzern mitgeben müsse. Sie antwortete mit großer Sicherheit, aber auch sehr behutsam:
"Dass sie ihren Gefühlen freien Lauf lassen, dass die Kunst des Tanzens etwas sehr Spezielles ist, das man nicht nur einfach ausführen darf, sondern spüren muss, und dass sie die älteren Generationen mehr achten sollten - diejenigen, die schon vieles erlebt haben und Erfahrungen mit sich tragen, die sie mit ihnen teilen könnten. Wenn die jungen Tänzer das zulassen würden, mit Demut und Verständnis, würden sie daran viel mehr wachsen, als sie sich vorstellen können. Nicht nur als Tänzer, sondern vor allem als Künstler! Letzten Endes ist das Ballett immer auf genau diese Weise weitergegeben worden, von Generation zu Generation. Und vor dem Ruhm und dem Erfolg steht immer harte Arbeit und Hingabe. Das ist unvermeidlich!"

←
"Nussknacker"
Carla Silva & Hilton Ellis Choreographie Ricardo Fernando Stadttheater Hagen

(©Stefan Kühle)

Carla zieht es vor, nicht über ihre persönlichen Zukunftspläne zu sprechen, die sie für die Zeit haben mag, in der das Ballett nicht mehr Teil ihres täglichen Lebens ist. Es bleibt die Frage, ob dieses Schweigen ein Ausdruck der Vorsicht ist, mit der sie danach trachtet, sich nicht respektlos über den Tanz zu äußern, solange sie noch mit ihm verbunden ist... oder ob es einfach noch nicht die richtige Zeit ist, um über ein Leben „ohne“ das Ballett nachzudenken! Aber zumindest eine Gewissheit bleibt uns sicher: Das Werk, das Carla Silva und Ricardo Fernando in Bezug auf den Tanz in Deutschland vollbracht haben, ist strahlend und unvergleichlich und wird hoffentlich noch für sehr, sehr viele Jahre Bestand haben.

→
“5 WALZER”
Carla Silva &
Marcelo Moraes -
Choreografie
Ricardo Fernando
Stadttheater Hagen
22.02.2006

(©Stefan Kühle)

←
“Prelude”
Carla Silva &
Marcelo Moraes

Choreografie
Ricardo
Fernando
Stadttheater
Hagen
26.09.2007

(©Stefan Kühle)

Daniela Severian

Gastkünstlerin im Aalto Theater Essen (1998 - 2000)
Primaballerina der CNB - Companhia Nacional de Bailados - Portugal (2001 - 2002)
Primaballerina am Staatstheater Wiesbaden - Deutschland (1994 - 2008)
Mutter seit 2008
Ballet Maitre der São Paulo Companhia de Dança

Ich mache überhaupt kein Geheimnis aus meiner Verehrung für diese brillante Tänzerin, die mich schon 1991, als ich sie zum ersten Mal sah, und 1992, als ich die Ehre hatte, an ihrer Seite zu arbeiten, unsagbar beeindruckte, mich in Flammen setzte und meinen Träumen von diesem Beruf Flügel verlieh.
Ich bin auch bestimmt nicht die einzige, die sie bewundert, denn der Name *Daniela Severian* ist bis heute ein leuchtendes Beispiel für unzählige Triumphe in der brasilianischen Tanzwelt.
Aus genau diesem Grund möchte ich deutlich machen, dass selbst eine illustre Tänzerin wie Daniela schwere Kämpfe auszufechten hatte und viel Arbeit und Hingabe in das investieren musste, was wir *„den Beruf des Tänzers"* nennen.
Im November 2013 bat ich sie in einem Interview, ein wenig darüber zu erzählen, wie alles begann, und mir ehrlich von ihrem Werdegang zu berichten, um ihre Geschichte in meine Niederschrift der Schwierigkeiten aufzunehmen, mit denen wir es in unserem Umfeld zu tun haben. Sie hat das sehr gern getan.
Gleich zu Beginn erklärte sie mir, dass der Tanz von Anfang an in ihrer Seele existiert habe, und erinnerte sich an die ersten Jahre ihres Lebens, genauer gesagt an ihr viertes Lebensjahr: *„Ich begann meine Ballettausbildung in einer Schule im Osten von São Paulo,* ***‚Camilla Ballet'****, unter der großen Meisterin* ***Camilla Pupa****, die mir nicht nur technische Kenntnisse vermittelte, sondern mich auch lehrte, den Tanz zu lieben und zu achten."*

Sowohl ihrer Lehrerin als auch ihrer Mutter wurde sehr schnell klar, dass Daniela ein besonderes Talent hatte, eine Gabe; sie war ein tanzendes Wunderkind. Und beide förderten sie mit viel Liebe und Sorgfalt, kümmerten sich um dieses große Naturtalent, verliehen dieser angeborenen Begabung Flügel. Die eine mit ihrem technischen Wissen, die andere mit ihrer unbedingten Liebe, bestrebt ihr finanziell und emotional alle Möglichkeiten zu eröffnen:
„Ich habe immer zu meiner Mutter gesagt, dass ich eine Tänzerin werden und um die ganze Welt reisen würde, aber ich hatte keine Ahnung, was die Zukunft wirklich für mich bereit hielt. Ich wäre auch nicht imstande gewesen, mir dieses gewaltige Netzwerk von Menschen vorzustellen, die mir geholfen haben, meinen Traum zu verwirklichen. Das begann mit meiner geliebten Mutter - sie muss hier einfach erwähnt werden - nicht nur, weil ich ihr mein Leben verdanke, sondern weil sie Weisheit und ungeheuren Mut bewiesen hat, als sie ihrer Tochter auf ihrem getanzten Weg in einer Welt (und ganz besonders in Brasilien) half, wo es nicht die kreativen und künstlerischen Berufe sind, die wertgeschätzt werden."

Ihre Kindheit und Jugend bestanden in ihrer Erinnerung ganz und gar aus unzähligen klassischen Ballettstunden und technischer Vervollkommnung, aus dem Studium von Rollen, die sie verkörpern sollte, und den niemals endenden Wegen von zu Hause zur Ballettschule und von der Ballettschule nach Hause. Sie waren bestimmt von den Träumen, die sie hegte, und die um eine professionelle Tanzkarriere kreisten. Es ist beeindruckend, dass die Entscheidung für eine berufliche Laufbahn in den allermeisten Fällen schon sehr früh und mit aller Klarheit fällt, insbesondere dann, wenn das Interesse am Tanz so stark und, wie hier, so strahlend ist.
Ihr Talent zeigte sich immer deutlicher, und noch im Schulalter (was heute den Hauptschuljahren entsprechen würde) verließ sie die Räume der Ballettschule und betrat die Bühne - für Vorstellungen, Wettbewerbe, Festivals. Um das möglich zu machen, brauchte es viel Verständnis von Seiten der Direktion und der Lehrer, die immer wieder Stunden und Prüfungen verschieben oder nacharbeiten lassen und sie für bestimmte halb-professionelle Verpflichtungen freistellen mussten. Einen Namen hat Daniela dabei in besonders lieber Erinnerung:
*"**Ayako Kuba Sakamoto** war damals die Direktorin meiner Schule, dem 'Colégio Brasília'. Sie war einfach unglaublich. Sie wusste von Anfang an um mein Talent und spornte mich an, indem sie an der Schule Veranstaltungen ins Leben rief, bei denen ich tanzen konnte. Und sie stellte mich frei, damit ich an Terminen teilnehmen konnte, die für meine Karriere wichtig waren, wie Festivals und Wettbewerbe. Als ich in die Oberstufe wechselte, die es damals an dieser Schule nicht gab, musste ich an eine staatliche Schule gehen, und als ich die Möglichkeit bekam, das Land bei meinem ersten internationalen Wettbewerb zu vertreten, fragte ich bei der Schulleitung nach, ob ich die Prüfungen vorziehen oder nachschreiben könnte, denn sie fielen genau mit den Daten des Wettbewerbs zusammen. Aber die Leiter dieser Schule hatten nicht das geringste Interesse daran, mir zu helfen. Da ich bereits am Ende des dritten Jahres stand, bedeutete eine Teilnahme an dem Wettbewerb für mich den Verlust des kompletten Schuljahrs. Es geschah, was geschehen musste. Ich habe den höheren Bildungsabschluss viele Jahre später nachgeholt, nämlich 2003 in Portugal. Aus dem gleichen Grund habe ich auch das Schuljahr an der städtischen Tanzschule eingebüßt, obwohl meine Noten dort immer exzellent gewesen waren!"*

Von diesem Zeitpunkt an musste Daniela die professionelle Richtung einschlagen, wenn sie weiter tanzen wollte. Sie beschreibt ihre ersten beruflichen Versuche als eine *Reise im Dunkeln*, denn sie hatte zwar ihr Ziel

fest vor Augen und wusste, wo sie hin wollte, aber ihr fehlten die Möglichkeiten, das zu verwirklichen. *„... das war, wie in einen dunklen Tunnel zu gehen, auf der Suche nach einem Licht, mit dem ich meinen Traum verwirklichen konnte. Ich habe Möglichkeiten und Orte gesucht, an denen ich tanzen konnte, einfach nur tanzen. Ich bin schlichtweg meinem Herzen dorthin gefolgt, wohin mich die Intuition verschlagen hat."*
Und sie wird sehr ernst, als sie sich an die Vergangenheit erinnert: *„Ich kann nicht behaupten, dass es Mut war, denn ich war mir meiner Wahl gar nicht wirklich bewusst. Es war vielmehr Liebe, Leidenschaft, ein Gefühl, das so groß war, dass es über mich hinausging und auf der Bühne geteilt werden musste, mit dem Publikum und mit meinen Kollegen."*

In dieser Phase der Suche, in der sie sich immer noch stark auf die massive Förderung durch ihre Mutter und ihre Freunde stützte, konnte Daniela sich auf verschiedenen -nationalen wie internationalen - Festivals und Wettbewerben profilieren, unter anderem als tänzerische Offenbarung, größtes Talent und beste Darstellerin[26]. Sie brillierte innerhalb und außerhalb Brasiliens. *"Ich habe die grün-gelbe Flagge sogar auf anderen Kontinenten vertreten"*, sagt sie spaßhaft und zeigt ihren Patriotismus.

Damals hat **Daniela Severian** das "Festival de Dança de Joinville" revolutioniert. Sie wurde immer als Sensation betrachtet! Bei jeder einzelnen ihrer Vorstellungen war ihre Technik von einer beeindruckenden Extravaganz, ohne Angst davor, neue und kühne Dinge auszuprobieren. Das hatten vor ihr in Brasilien nur sehr wenige gewagt. Sie ist eine der vielseitigsten Tänzerinnen, die ich in meinem ganzen Leben kennen gelernt habe. Neben ihrer beeindruckenden Technik, ihrer Kontrolle und einer beneidenswerten Disziplin hat sie auch noch dieses Puppengesicht und diese langen, so lebendigen Arme. Diese singenden Hände, schier benebelnde Füße... Aber auch ein sehr wertvolles darstellerisches Talent. Sie ist in der Lage, Bewegungen auszuführen, von denen ich nie geglaubt hätte, dass ich sie bei einem menschlichen Körper jemals sehen würde. Und sie hat einen gesegneten Charakter, sie ist unvergleichlich bescheiden! Meine Sichtweise, meine Theorien, meine Erfahrungen mit dem Ballett haben sich im Laufe der Jahre anhand von Momenten und unvergesslichen Begegnungen in meinem Leben

---

[26] Dreimal der 1. Platz beim ENDA (1988, 1989 und 1990), zwei Mal der 1. Platz beim Festival Internacional de Joinville (1989 und 1990, wobei sie 1990 als "Tänzerische Offenbarung des Festivals" nominiert wurde), 1. Platz beim C. B. D. D. in Rio de Janeiro, wo sie den Titel "Beste klassische Tänzerin des Festivals" erhielt, sowie die Silbermedaille beim I Seminário de dança de Brasília, mit einem Stipendium für die Volksrepublik China.

gebildet: All die Choreografen und Direktoren und all die Partner und Kollegen, mit denen ich gearbeitet habe, haben mich stets vieles gelehrt, das habe ich immer so gewollt. Aber Daniela Severian gebührt ohne jeden Zweifel **einer** der vier oder fünf Altäre, die ich in meinem Geist errichtet habe. Diese Altäre erinnern mich beständig daran, warum ich in meinem Leben die Entscheidungen, die sich auf den Tanz bezogen, so getroffen habe, wie es der Fall war... Sie war immer eine große Inspiration für mich... und wird das auch bleiben!

Aber was Daniela in jungen Jahren für so entschieden und festgelegt gehalten hatte, wurde im Laufe der Zeit zu einem großen Zweifel. Sie hat all die unzähligen Fragen noch gut im Gedächtnis, die sie sich damals im Hinblick auf ihre Entschlossenheit stellte, eine berufliche Zukunft als Tänzerin anzustreben. Insbesondere in ihrer Teenagerzeit wurden diese Fragen drängend. Eine ungeheure Unsicherheit brachte ihre Pläne ins Wanken: Sollte sie ihrem Verstand oder ihrem Herzen folgen? Daniela ging vom Schlimmsten aus und traf in der Blüte ihrer Jugend eine harsche und schmerzhafte Entscheidung: *„In meinem Land war das kein leichtes Lebensumfeld, und die Möglichkeiten waren rar. Ich habe mit den Stunden aufgehört, mit den Proben und mit meinen Hirngespinsten."* Mitten in all diese Unruhe, die in erster Linie durch die offensichtliche Schwierigkeit ausgelöst wurde, sich als Tänzerin in Brasilien durchzusetzen, platzten all die unzähligen Fragen, über die man als Jugendlicher üblicherweise nachdenkt: *„Ich brauchte mehr als einfach nur einen Traum im Leben."* Sie wollte mit ihren Einnahmen zu Hause mithelfen und sie hatte auch ihre eigenen Wünsche nach finanzieller Unabhängigkeit, wie junge Erwachsene sie nun einmal haben. All das ließ sich mit dem Tanz kaum realisieren.

Mit schwerem Herzen erinnert sie sich daran, was ihre geliebte Mutter alles unternahm, um sie dazu zu bringen, ihrem Herzen zu folgen und sich für ihren Traum einzusetzen. Aber Daniela hatte beschlossen, dass sie so einfach nicht leben wollte. *„Ich konnte den Gedanken nicht akzeptieren, dass ich den Rest meines Lebens mit der Suche nach etwas verbringen sollte, das niemals auftauchen würde."* Eine drastische Reaktion, aber sie zeigt eine grundlegende Empfindsamkeit, die zu einem Muster für ihr zukünftiges Leben wurde. Die Erinnerung an diese Dinge bringt ihr einen Ausdruck der Aversion (beinahe eines Aufbegehrens) auf die Lippen: *„Der Wunsch nach einem* ***Leben in Würde, egal welchen Beruf man ausübt****, sollte, solange es ein ehrlicher Beruf ist,* ***immer realisierbar sein; das müsste sichergestellt werden.****"*

Aber so war es nicht, zumindest nicht unter diesen Umständen.

„... in diesem Moment meines Lebens senkte sich eine tiefe Finsternis herab...“, mit diesen Worten beschreibt sie ihre schmerzhafte und brüske Entscheidung, aufzuhören...
Sie erinnert sich nicht mehr genau, wie lange diese *„Finsternis“* anhielt. Sie weiß nicht mehr, wie viel Zeit verging, bis „das Licht wieder erstrahlte“. Aber eines Tages erhielt sie einen Anruf und *„das Unwahrscheinlichste geschah. Ich glaube, dass irgendeine wundersame Macht meine Verzweiflung spürte und aus Mitleid etwas Neues erschuf...“* In São Paulo hatte sich ein neues klassisches Tanzensemble gegründet, ***“F. Bujones Brasil”***, geleitet von diesem großartigen Tänzer selbst. Daniela wurde persönlich eingeladen, an dem Vortanzen teilzunehmen. Und das tat sie.
Sie schaffte es in das Ensemble - und mehr noch. Einige Tage später benötigte man einen Ersatz für eine der Solistinnen, die sich verletzt hatte, und Daniela bekam einen zweiten Anruf (diesmal vom Direktor höchstpersönlich):
*“**Fernando Bujones**, einer der größten Tänzer aller Zeiten und der Leiter des Ensembles, fragte mich am Telefon, ob ich bereit wäre, eine Solistin zu vertreten, die mit ihm in **‚Who Cares?‘** (vom Choreografen **George Balanchine)** tanzen sollte. In diesem Moment begann ich zu glauben, dass ich meinen Traum niemals wieder aufgeben durfte...“*

Innerhalb weniger Monate leistete sie eine einzigartige und gewaltige Arbeit in diesem Ensemble, das im Prinzip privat finanziert wurde.
Aber es kam, wie es kommen musste: Trotz des ungeheuren Erfolgs der Truppe und des internationalen Niveaus, das sie ins Land brachte (und das der Qualität der Mitglieder gerecht wurde), und ungeachtet der hohen Erwartungen der Beteiligten, dass ihre Verträge verlängert werden würden, war das Ensemble ***“F. Bujones Brasil”*** nach ein paar Monaten gezwungen, seine Pforten zu schließen. Es fehlte an Geld und Schirmherren, denn die Finanzierung war nur für eine begrenzte Zeit gewährt worden.

Auch wenn das in Brasilien bis heute traurige Realität ist, bewirkte diese kurze Zeit der beruflichen Tätigkeit in dem Ensemble etwas Kostbares: Der Tanz begann, erneut durch ihre Adern zu kreisen. *„Mein Kindertraum wurde wieder lebendig, und die einzige Option, die mir vernünftig erschien, war die, das Land zu verlassen... So ging ich nach Europa und machte mich voll Entschlossenheit auf den Weg nach Wien, wo ich einen Vortanztermin haben sollte.“*
Jedes Mal, wenn sie von diesem so wichtigen Abschnitt ihres Lebens berichtet, wird Daniela von Gefühlen übermannt. Sie erzählt tief bewegt:

"Ich war so entschlossen, dass sich das Universum zu meinen Gunsten verschworen zu haben schien. Es gab unglaublich viele Leute, die mir halfen - beim Kauf des Flugs, mit dem Geld, das ich auf die Reise mitnehmen sollte, mit Unterkünften an verschiedenen Orten, Briefen, dem Verschicken von Lebensläufen, Telefonaten, um Vortanztermine auszumachen, und vielem mehr. Ich werde keinen von ihnen jemals vergessen, sie haben in meinem Herzen einen ganz besonderen Platz, der bis obenhin voll Dankbarkeit ist."
Von den ungefähr 200 Kandidaten, die sich auf fünf freie Stellen in Wien beworben hatten, kam Daniela unter die letzten zehn Finalisten. Dieses Ergebnis entfachte ihre Hoffnungen, auch wenn es für Vortanztermine nicht die aussichtsreichste Zeit des Jahres war.
Erinnern Sie sich an das Kapitel *„Fokus"*, in dem ich diese unzerstörbare und machtvolle innere Kraft beschreibe, die in uns allen steckt? Was jetzt geschah, werde ich gänzlich ungekürzt ihren eigenen Worten überlassen. Wer Daniela Severian kennt, wer sie bereits hat tanzen sehen, wer sie als Bezugspunkt für die eigene Karriere nimmt (wie ich es getan habe und wie es immer noch viele junge Leute tun), der kann nur schwer glauben, welch gewaltige Hindernisse auch sie auf ihrem Weg als Tänzerin überwinden musste - wie so viele junge Menschen in Brasilien, die letztendlich auf ihren Beruf verzichten. Aber wenn die Anstrengung und die Mühe von Liebe und einem aufrichtigen Begehren gespeist werden, geschieht irgendwann das Unvermeidliche:
„Ich nahm mir eine Karte von Europa und legte fest, was meine nächsten Ziele sein sollten. Ich bin wirklich viel herumgefahren, aber meistens war es vergebens. In einigen Ländern war es damals nicht einmal gestattet, an einem Test teilzunehmen, wenn man keine europäische Staatsangehörigkeit hatte. Und bei all diesem Hin und Her kam ich schließlich auch nach Deutschland, wo ich viele mir überhaupt nicht bekannte Tänzer, Kollegen und alte Freunde traf, die solidarisch waren, mich bei sich aufnahmen und mir bei meiner Suche halfen. Schließlich erhielt ich zwei Angebote von zwei verschiedenen Theatern in Deutschland, doch da verletzte ich mir das Knie und beschloss, nach Brasilien zurückzukehren. Aus diesem Grund ging ich auch nicht zu einem Vortanzen am ***Hessischen Staatstheater Wiesbaden****, das eigentlich vereinbart gewesen war. Mit dem verletzten Knie wollte ich lieber nach Brasilien zurückfliegen und die beiden angebotenen Stellen sorgfältig analysieren, während ich meine Beschwerden auskurierte und mich darauf vorbereitete, einen der Verträge anzunehmen.*
Da rief mich ein enger Freund aus Deutschland an und teilte mir mit, dass die Ballettdirektion in Wiesbaden sich an ihn gewandt habe. Sie baten mich, ihnen so schnell wie möglich ein Video zu schicken, da ich an dem Vortanztermin

nicht hatte teilnehmen können. Ich schickte ihnen das Video, und innerhalb einer Woche kam der Vertrag. Ich hatte nicht einmal die Zeit, mich von irgendwem zu verabschieden.
Und so kam ich in die hübsche, herrschaftliche Stadt Wiesbaden. Was für ein wunderschönes Theater!"

Bei der Aussicht, professionell arbeiten zu können, glühte Daniela vor Freude.
„Ich kam im November in Deutschland an, und das Klima – vor allem das fehlende Licht – wirkte sich deutlich auf meine Gefühlswelt aus. Auch die Entfernung von der Familie und den Menschen, die wir mögen, ist ein Faktor, den wir im Freudenrausch ganz außer Acht lassen, wenn wir uns dafür entscheiden, außer Landes zu gehen. Vielleicht auch, weil wir diese andere Realität nicht kennen oder weil wir keine andere Wahl haben."
Aber in dieser traurigen und dunklen Zeit voller Heimweh und Anpassungsschwierigkeiten an die Kultur dieses Landes kostete sie auch die berufliche Anerkennung, die ihr Tag für Tag süße Früchte bescherte. Es war ein schreckliches Dilemma, das Daniela durchstehen musste. Als ich sie fragte, ob sie mit dem Gedanken gespielt habe, alles aufzugeben und nach Brasilien zurückzugehen, sagte sie:
„Ich hatte nicht den geringsten Zweifel, dass ich in Europa bleiben wollte, und ich habe mir nie die Frage gestellt, ob ich nach Brasilien zurückkehren sollte - tatsächlich tauchte die Idee erst viele Jahre später auf, nachdem meine Tochter zur Welt gekommen war - denn für mich war klar, dass ich meinen Beruf in Brasilien niemals würde ausüben können, wenn ich dabei ein Leben führen wollte, wie ich es in Europa konnte. Aber ich hatte große Sehnsucht nach meiner Familie, meinen Freunden und meiner Kultur. Es war die einzige Möglichkeit, das Leben zu leben, das ich liebte."

Sie erklärte mir, dass sie das Heimweh und die Anfangsschwierigkeiten sogar mit einiger Dankbarkeit ertragen konnte:
„Ich glaube, dass es ein großes Privileg ist, wenn man die Möglichkeit hat, sein Leben damit zu verbringen, anderen Menschen Freude und Schönheit zu bringen. Für mich ist die Arbeit mit der Musik und der Kunst, die durch Bewegung und Ausdruck lebt, wie ein großer Segen, eine Gabe. Es war der Weg, den ich für mein Leben gewählt habe, um mich als Mensch zu entwickeln und um dem Ausdruck zu verleihen, was mich in den Tiefen meiner Seele bewegt."

Danielas Erfolg in Wiesbaden wird heute von verschiedenen, vom Theater veröffentlichten Jahrbüchern bekundet, aber auch von den zahllosen Portalen und Publikationen der lokalen und landesweiten Kritik, in denen sie als eines der vielen großen Talente in der Geschichte des Balletts dieser Stadt bezeichnet wird.

Ein Star, dessen Glanz die Ballettdirektion dazu inspiriert hat, verschiedene Stücke speziell für sie zu entwerfen und namhafte Klassiker neu zu arrangieren. Für sie als Tänzerin bedeutete das ein großes Vertrauen und eine massive Anerkennung. Sie erwähnt die *„Großzügigkeit des Direktors"*, der es ihr (und nicht nur ihr, sondern all seinen Tänzern) gestattete, das Beste aus ihrer Karriere zu machen - die, wie wir wissen, nur allzu kurz ist - und an Veranstaltungen teilzunehmen, wann immer sie dazu eingeladen wurde. Er ermöglichte ihr Auftritte in Theatern und Ensembles von Weltruf, und zwar sowohl als Darstellerin in anderen Produktionen, als auch als Teilnehmerin an bedeutenden Galavorstellungen, bei denen der Name *Daniela Severian* großen Einfluss auf den Kartenverkauf und das Prestige der Veranstaltung hatte. Und Daniela wuchs. Sie errang sich internationale Anerkennung und Achtung.

Aber ihr geradliniger und bescheidener Charakter blieb stets eine Konstante in ihrem Wesen - genau das habe ich von Anfang an so sehr an ihr bewundert. Heute erinnert sie sich so an ihren gewaltigen Erfolg:

"Ich glaube, dass ich viel Glück hatte, auf meinem Weg so vielen Menschen zu begegnen, die an mich geglaubt und mich gefördert haben. Einer von ihnen war mein lieber ***Boris Trailine****, ein ehemaliger Tänzer im Grand Ballet du Marquis de Cuevas und Geschäftsmann und Manager großer, namhafter Ensembles. Er war es, der mir, ohne es zu wissen, half, meinen Kindertraum zu verwirklichen und meinen Tanz in so viele Ecken der Welt zu tragen. Seine Beteiligung an diesem Erfolg nahm ihren Anfang, als er mir riet, am* ***'Séptiéme Concours de Danse de Paris'*** *teilzunehmen, wo ich den* ***1. Platz*** *machte (die Goldmedaille). Danach hatte ich, wiederum durch ihn, die Möglichkeit, bei wichtigen internationalen Galavorstellungen aufzutreten, darunter der* ***'Stars of the 21th Century'****, die mir eine wunderschöne Kritik in der* ***'New York Times'*** *einbrachte.*

Aber ich hatte auch großes Glück, mit Ballettdirektoren wie ***Ben van Cauwenbergh*** *und* ***Marc Jonkers*** *arbeiten zu dürfen, die es mir niemals verweigert haben, an Veranstaltungen teilzunehmen, die für meine Laufbahn wichtig sein könnten. Das ist absolut nicht üblich. Die meisten Direktoren gestatten es ihren Tänzern nicht, bei Shows aufzutreten, die mit ihrem Ensemble nichts zu tun haben. Auf diese Weise habe ich unglaubliche berufliche Erfahrungen sammeln können. Ich habe gemeinsam mit den großen*

Stars unserer Zeit auf der Bühne gestanden. All das hätte sich das kleine Mädchen aus dem Viertel Vila Formosa in São Paulo nicht einmal träumen lassen."

Aber es erscheint mir offensichtlich, dass das, was Daniela hier als schlichtes „Glückhaben" bezeichnet, nicht unverdient war. Sie hat sich dem Tanz immer mit sehr viel Liebe und Durchhaltevermögen gewidmet und ist stets ein großes Vorbild gewesen, weil sie ihre Arbeit mit Disziplin, Selbstkontrolle und Unerschütterlichkeit angegangen ist. Wenn sie vom *„Glück"* spricht, zeigt das nur ihre Bescheidenheit, die ihr bewusst macht, dass ihr Glanz auch leicht hätte verblassen können, wenn sie unpassende Entscheidungen getroffen oder im Laufe ihrer Karriere auf die falschen Menschen vertraut hätte. Sie spricht davon, dass Tänzer - und Künstler im Allgemeinen - bei ihren beruflichen Entscheidungen wachsam sein müssen, selbst wenn sie bereits über viele Erfahrungen und Reife verfügen. Und sie hat Recht. Sie erläutert:
„Ich halte es für sehr wichtig, dass ein Tänzer sich selbst liebt, wenn er Entscheidungen treffen soll, die ganz allgemein gesehen gut für ihn und seine Kunst sind. Selbst wenn es der Aufwertung zuwiderläuft, die ‚dieses oder jenes' Ensemble für ihn bedeuten könnte. Oder anders gesagt: Wenn wir nur aufgrund des ‚Status', den ein Ensemble zu haben scheint, die Ambition hegen, dort zu arbeiten, übersehen wir oftmals, dass wir mit dieser Wahl unter Umständen nicht glücklich werden, weil wir keine Ahnung von dem wahren Alltag haben, der uns erwartet, oder von der Behandlung, die wir erfahren werden. Ich sage das nicht, um Tänzer zur Arroganz zu verleiten; ich möchte eher zur Demut anregen, denn jeder einzelne sollte nach wirklicher, ernsthafter und strahlender beruflicher Verwirklichung streben, auch wenn er sie möglicherweise in einem klitzekleinen Ensemble findet."

Sie selbst hat sich dafür entschieden, die letzten und glanzvollsten Jahre ihrer Karriere in einem Ensemble zu verbringen, das zwar nur mittelgroß war, aber in dem sie sich glücklich fühlte und sich verwirklichen konnte. Und sie erklärt, dass ihr größter Erfolg ihre unermüdliche Konzentration auf ihre Ziele war, für die sie tagtäglich gekämpft hat:
„Meine größte Sorge als Tänzerin war immer mein körperliches Wohlbefinden, damit ich mich stets in der bestmöglichen Form präsentieren konnte. Deshalb sind mir auch die Ballettstunden immer heilig gewesen, denn sie haben mir geholfen, eine optimale (technische) Form zu halten. Ich habe mich für eine gesunde Ernährung entschieden, um auch die andere (die körperliche) Form zu behalten - ohne schädliche Diäten zu machen - und ich habe jederzeit

wachen Auges Erkenntnisse angenommen, die mir bei meinen Bemühungen helfen oder sie verbessern konnten. Vielleicht haben all diese Maßnahmen auch dazu beigetragen, den durch den Beruf verursachten Verschleiß zu lindern und Verletzungen zu vermeiden: In mehr als 32 Jahren als Tänzerin bin ich nur ein einziges Mal aufgrund einer physischen Verletzung ausgefallen."

An diesem Punkt fragte ich sie, was sie bei einem Choreografen für eine wichtige Eigenschaft halte, und sie beschrieb mir in wenigen Worten Situationen, die für viele von uns immer noch traurige Realität sind:

„Ich glaube, dass ich großes Glück hatte, mit den schon genannten Direktoren und Choreografen arbeiten zu können, auch weil sie die Tänzer als Menschen respektiert haben. Es gibt immer noch viele Direktoren, die sich eines überkommenen Autoritarismus bedienen und mit ihren Tänzern umgehen, als wären sie Dinge. Einige fordern von den Tänzern eine solche Magerkeit, dass es der Gesundheit schadet, andere verlangen mehr Arbeit, als menschenmöglich ist, weil man sich nicht mehr ausreichend erholen kann. Wieder andere behandeln uns mit Geringschätzung. Und als ob das nicht schon genug wäre, gibt es auch Choreografen, die so rücksichtslos und egoistisch nach dem eigenen Erfolg streben, dass sie die Tänzer falsch einsetzen. Das führt dann zu schweren körperlichen Verletzungen, was schon viele Kollegen dazu gezwungen hat, ihre Laufbahn frühzeitig zu beenden - die andernfalls sehr erfolgreich hätte verlaufen können."

Als ich sie bat, mir von einem traurigen, einem bewegenden und einem unvergesslichen Moment ihrer Karriere zu erzählen, kam es zu etwas ganz Besonderem in unserer Unterhaltung. Daniela erinnerte sich an so sublime und bewegende Momente, dass ich auch hier beschlossen habe, unser Interview ungekürzt wiederzugeben, um Ihnen einen Einblick in die Empfindsamkeit zu geben, mit der diese einzigartige Künstlerin ihre Umwelt betrachtet:

"Für mich hatte jeder Moment, jeder kleine Sieg, eine große Bedeutung. Mit ***Fernando Bujones*** *zu tanzen war eine unvergessliche Erfahrung. Die feste Umarmung von* ***Maya Plisetskaya****, als sie mich am Ende des Tanzwettbewerbs in Paris als Künstlerin lobte, war denkwürdig. Auf den wichtigsten Bühnen der Welt zu stehen, wie beispielsweise dem 'State Theatre' in New York, dem 'Kennedy Centre' in Washington und dem 'Théâtre des Champs-Élysées' in Paris, und dort mit den größten internationalen Tanzstars zu arbeiten, war außergewöhnlich. In Budapest (Ungarn) nach dem Votum des Publikums den Titel ‚beste Tänzerin' zu bekommen, in einer Show, in der die Großen vom 'American Ballet Theatre', dem 'Royal Ballet', 'Alvin Ailey' und anderen*

Ensembles aufgetreten waren, war unfassbar und etwas, das ich mir niemals erträumt hätte. Auch all die Male, bei denen ich die Gelegenheit hatte, wieder in meinem Heimatland zu tanzen, waren leidenschaftlich und bewegend: 1998 auf Einladung des ***Festival de Joinville****, oder 1998, 1999 und 2003, als ich mit der Tanzkompanie* ***'Cisne Negro Cia. de Dança'*** *den* ***‚Nussknacker'*** *gab, sowie 2001 im* ***'Teatro Municipal do Rio de Janeiro'****. Der für mich wichtigste Moment aber war der, als ich auf das Ergebnis der Auswertung des Wettbewerbs in Paris wartete. Der Morgen dämmerte schon, und die Sieger waren immer noch nicht bekannt gegeben worden.* ***Boris Trailine****, mein ‚Künstlerpate' - wie ich ihn liebevoll nenne - wartete an meiner Seite (gegen meinen Willen, denn er war ernsthaft krank) im kalten Treppenhaus des Flügels für die Künstler, während der Tag heraufzog. Ich machte mir Sorgen um ihn und versuchte, ihn zu überreden, dass wir endlich gehen sollten, aber er, der damals schon nicht mehr jung war, hörte nicht auf mich. Nach der Siegerehrung erklärte er mir: In erster Linie habe er nicht gewollt, dass ich alleine blieb, wenn ich den erhofften Preis nicht gewonnen haben sollte, und in zweiter Linie habe er es mir nicht nehmen wollen, diesen Moment des Triumphs zu erleben, wenn ich den Preis doch gewonnen haben sollte, denn er wusste um meinen Kampf und meine Bemühungen. Dieser Moment war zweifellos der bedrückendste, denn ich war in so großer Sorge und fühlte mich so schuldig, weil ich zuließ, dass er dort blieb, zu dieser Tageszeit und unter diesen Umständen. Aber es war auch der bewegendste, denn er zeigte mir deutlich, wie groß seine Freundschaft und seine Zuneigung zu mir waren."*

So wie Daniela diese Geschehnisse erzählt, habe ich das Gefühl, beim Lesen ihres Interviews von einem besonderen Licht umgeben zu sein. Mir wird klar, dass diese treue Freundin trotz all der unzweifelhaft verdienten Anerkennung, die ihre Karriere ihr einbrachte, niemals vergessen hat, wie wertvoll Freundschaften und die Menschen in unserer Umgebung sind, und dass die Zwischenmenschlichkeit ihr stets wichtiger war als all ihre beruflichen Triumphe. Ich fragte sie, ob es nicht eine große "Last" sei, eine solche Dankbarkeit im Herzen lebendig zu halten. Ihre Antwort war so makellos wie ihre Technik auf der Bühne:
„Unter all den Erfahrungen, die ich gemacht habe, war die ***größte Lektion*** *meiner Laufbahn diese:* ***Gib niemals deine Träume auf.*** *Und das* ***Wichtigste*** *war zweifellos, neben den Träumen die* ***Liebe und die Dankbarkeit*** *zu bewahren: gegenüber der Familie, den wahren Freunden und den Menschen, die uns lieben und uns mit ihrer Zuneigung bereichern. Der Erfolg, der Ruhm, der ‚Status' und das Geld sind schön, aber sie können vergehen und zur*

Erinnerung werden. Die Menschen hingegen werden zu einem wichtigen Teil von uns.

Nach der Geburt ihrer Tochter im Jahr 2008 nahm Daniela Abschied vom Theater in Wiesbaden. Wie sie selbst sagt: *„Jetzt bin ich Mutter."* Sie widmet sich nun ganz und gar ihrer Tochter und legt all ihre Liebe in diesen neuen Lebensabschnitt. Es war eine bewusste Entscheidung. Dennoch hat sie niemals erklärt, dass dies das Ende ihrer Karriere sei: *„Ich möchte keine Aussage für alle Ewigkeit treffen, denn nichts ist sicher. Es gibt so viele unausgegorene Pläne, ich habe für die Zukunft noch so vieles im Kopf..."* So vervollkommnet sie auch weiterhin ihre Kenntnisse in Bezug auf den Tanz und die unabhängige darstellende Kunst und gibt ihre Erfahrungen und das Wissen, das sie auf ihrem Weg gesammelt hat, an kommende Generationen weiter, sodass ihre Künstlerseele lebendig und strahlend bleibt:

„In mir lebt die Liebe zur Musik, zum Tanz, zur Kunst, zur Schönheit, und ich sehe keinen Grund, mich davon abzuwenden. Aber ich beschäftige mich auch mit anderen Dingen, verstärkt sogar noch durch die Mutterschaft, wie beispielsweise der Not, in der so viele Menschen auf der Welt leben müssen, und dem Leben, das die Kinder inmitten all dieser Umstände führen. Ich möchte auf irgendeine Weise dazu beitragen, diese Welt zu einem besseren Ort zu machen. Die Kunst kann dabei sehr nützlich sein. Ob man nun aktiv tanzt oder den Tanz einfach wertschätzt - wir alle können meiner Meinung nach viel von ihm lernen. Unter anderem, dass Disziplin grundlegend ist, um besser zu werden und sich zu entwickeln, dass Entschlossenheit der Schlüssel zum Erfolg ist und dass die Liebe, um derentwillen man all das tut, wie ein Elixier wirkt, das uns hilft, die Schmerzen und Schwierigkeiten zu überwinden und voranzukommen. Ich bin sehr froh darüber, dass der Tanz ein Teil meines Lebens und meiner Geschichte ist."

Vielleicht verstehen Sie meine Verehrung nun ein wenig besser, wo Sie einen kleinen Einblick in die Persönlichkeit dieses wunderbaren Menschen bekommen haben. Auch nach so vielen Jahren staune ich noch stets über die Reife, die sie im Hinblick auf ihre eigenen Entscheidungen und die sich daraus ergebenden Konsequenzen zeigt. Ich beendete unser Interview, indem ich sie bat, mir in wenigen Worten zu sagen, welche grundlegende Erfahrung sie aus den Jahren als Tänzerin mit sich genommen hat. Und genauso beende ich auch dieses Kapitel, das ihren Namen trägt.

"Beruflich tun zu können, was man liebt, ist ein großer Segen, aber wie gut wir auch in einer Sache sind oder wie groß der Erfolg und unser Talent auch sein

mögen, das allein macht uns nicht zu besseren Menschen. Es sind unsere Taten und die Entscheidungen, die wir in jeder Sekunde unseres Lebens treffen, die uns unseren wahren Wert verleihen.“

Ich möchte mir nicht einmal vorstellen, welch gewaltigen Verlust es für den Tanz bedeutet hätte, hätte Daniela nicht mit soviel Zähigkeit dafür gekämpft, ihre Mission zu verwirklichen.
Danke, liebe Daniela, für das ungeheure Werk, das dein Vermächtnis an den Tanz ist, und für die treue Freundschaft, die du in all dieser Zeit so vielen Menschen geschenkt hast.

Daniela Severian & Carlos Pinillos “Theme & Variations” (©Rodrigo de Souza)

Nach genau 20 Jahren in Europa ist Daniela 2014 mit ihrer jungen Familie nach Brasilien zurückgekehrt. Ganz aufgegeben hat sie den Tanz jedoch nicht, sie hat sich nur neue Aufgaben gesucht. So ist sie, parallel zu ihrem Studium, seit 2015 Ballettmeisterin (Trainerin) in einem der größten und repräsentativsten Ballettensembles Brasiliens - der **São Paulo Companhia de Dança** - das im letzten Jahr die großartige Tänzerin und Choreografin **Marcia Haydée** als Gastchoreografin für das Stück „Der Traum von Don Quixote“ eingeladen und dieses auf glanzvolle Weise auf die Bühnen von SP gebracht hat

"Gala Carlos Acosta and Friends" in São Paulo - 1999 - Daniela Severian: "Diana"
Choreografie: Agripina Vaganova – Probeleiterin: Ramona de Saa
"Acteon": Carlos Acosta ↓ (©Reginaldo Azevedo)

***"Romeo und Julia"*- Daniela Severian & Carlos Pinillos**
Ag. Espetaculum – CNB ↓

(©Amir Sfair Filho)

Demis Moretti

Solotänzer im Ballettensemble Cisne Negro in Brasilien,
Solotänzer am Staatstheater Wiesbaden,
Solotänzer, Choreografie-Assistent und Ballettmeister an der Staatsoper Hannover

Demis Moretti (dessen voller Name Ademilson Moretti ist) hat seine Tanzausbildung fast zeitgleich mit seiner Theaterausbildung in der Stadt Limeira begonnen. Sein beeindruckendes Talent und seine außergewöhnlichen, naturgegebenen körperlichen Fähigkeiten sprangen der Direktorin der Schule *Adanac Danças e Artes* sofort ins Auge, und so erhielt er ein Stipendium. Noch *„im amateurhaften Rahmen"*, wie er selbst sagt, trat er bei diversen Festivals auf und nahm in ganz Brasilien an Ballettwettbewerben für Studenten teil, denn seine Schule hatte auch eine Niederlassung in Londrina und eröffnete ihm die Möglichkeit, sie auf diesen Veranstaltungen zu vertreten. Schließlich erhielt er die Einladung, an einem Vortanzen für das Ballett *„Der Nussknacker"* teilzunehmen, das jedes Jahr von der berühmten Tanzkompanie ***O Cisne Negro*** auf die Bühne gebracht wird. Demis Moretti wurde nicht nur für diese eine Produktion genommen, sondern arbeitete fast 10 Jahre lang in dem Ensemble und tanzte im Laufe dieser Zeit sehr bedeutende Rollen. *„Ich hatte die Ehre, mit den großen Namen meines Landes zu arbeiten – mit renommierten Tänzern, aber auch mit talentierten Choreografen. Mich daran zu erinnern, ist sehr erfreulich."*

Zu den verschiedenen Stars, mit denen er auf der Bühne stand, gehört auch Daniela Severian. Sie war im Jahr 2003 der Ehrengast der ***Cisne Negro*** und hatte eine der Hauptrollen im Ballett *„Der Nussknacker"* übernommen, das traditionell jedes Jahr zum Jahresende einstudiert und in der Weihnachtszeit in einem Theater in São Paulo aufgeführt wird (im Jahr 2015 zum 31. Mal). Demis tanzte damals die Rolle des *Prinzen* und Daniela Severian die der *Zuckerfee*. Den Proben für dieses Ballett entstammt ein Video, das Daniela ihrem Direktor in Wiesbaden schickte, womit sie der Laufbahn von Demis Moretti eine ganz neue Richtung gab.
„Der damalige Direktor des Hessischen Staatstheaters Wiesbaden, ***Ben Van Cauwenbergh****, sah das Video von unserer Probe und nahm mich auf der Stelle für die Spielzeit 2005/2006 unter Vertrag. Ich war begierig auf eine Veränderung in meinem Leben, denn ich habe die Karriere eines Tänzers immer für viel zu kurz gehalten, und ich wollte neue Erfahrungen machen. Auch wenn ich die Arbeit mit dem Ensemble Cisne Negro sehr schätzte, beschloss ich, aufs Ganze zu gehen, und kam mit einem Gefühl von ‚jetzt oder nie' nach Deutschland. Ich war schon 28 Jahre alt."*

In Wiesbaden traf Demis auf ein Umfeld, das sich erheblich von dem unterschied, was er aus Brasilien kannte. Alles schien so „leicht" zu sein, was die Infrastruktur im Theater und im Bereich des Balletts anging, alles war so methodisch geordnet und funktional. In allen Bereichen der Produktion standen unglaublich viele Helfer zur Verfügung, sodass seine Aufgaben als Tänzer erheblich geringer ausfielen, als er es aus Brasilien gewohnt war. Er hatte den Eindruck, dass die technischen Bereiche innerhalb des Theaters neben den Künstlern so viel Raum in Anspruch nahmen, dass er sich als Tänzer kaum mehr interessant fühlte. Hier „konnte" er sich allein auf den Tanz konzentrieren, seine eigentliche Funktion in diesem System. Daran war er überhaupt nicht gewöhnt, denn in brasilianischen Tanzkompanien müssen die Tänzer oftmals nicht „nur tanzen", sondern haben daneben auch noch sehr viele weitere Pflichten.

Ein Tanzensemble wie ***"Cisne Negro"****, das sich seit mehr als 35 Jahren*[27] *in Brasilien behauptet und in erster Linie von einer privaten Initiative und durch karitative Spenden getragen und finanziert wird, muss an einigen Bereichen seiner Infrastruktur sparen, wenn es seine Tänzer angemessen bezahlen und seine Produktionen umsetzen möchte. Ein Beispiel hierfür ist der Transport der Bühnenausstattung und der Kleidung. Während der Tourneen, ob sie nun national oder international sind, sind die Tänzer selbst für die Beförderung, die Pflege und die Reinigung all dessen verantwortlich, was sie während der Show benötigen. Das ist ein ziemlich kompliziertes Unterfangen und eine schwierige Aufgabe, die von jedem Mitglied eine ausgereifte Logistik erfordert. Demis erinnert sich, dass er am Flughafen unzählige Male bei der Gepäckkontrolle auf dem Weg zum Gate aufgehalten wurde, weil sich seine Utensilien und vor allem seine Kleidung stets im Handgepäck befanden, damit sie nicht verloren gehen konnten. Er richtete sich jedes Mal schon darauf ein, vor allen anderen Mitgliedern durch diese Kontrolle zu gehen, weil er wusste, dass es sich hinziehen würde, dem Sicherheitspersonal alles zu erklären. Auch das Linoleum, der spezielle PVC-Boden für das Ballett, wurde oftmals von den Tänzern selbst verlegt und wieder demontiert - eine sehr gängige Praxis in vielen Tanz- und Theaterensembles in Brasilien. Um eine angemessene Infrastruktur mit Technikern, Kostümbildnern, Maskenbildnern und Dienstleistungen garantieren zu können, müssten die Personalkosten von einer sozialen Einrichtung getragen werden, oder das Ensemble müsste über eine höhere Finanzierung verfügen. Tragischerweise sind in Brasilien nur sehr*

[27] Wenn ich nicht alle brasilianischen Tanzkompanien erwähne, liegt das nicht daran, dass mir ihr Bestehen nicht bekannt wäre, und es steckt auch keine Protektion der einen oder anderen hier genannten Kompanie dahinter. Der Grund findet sich in meinen persönlichen Verbindungen und denen meiner Kollegen, die in diesem Buch ihre Geschichte erzählt haben. Ich bitte den Leser dafür um Verständnis.

wenige Ensembles in der Lage, eine entsprechende Organisation auf die Beine zu stellen.

Auch wenn ihm die Eingewöhnung in Deutschland sehr schwer fiel und er oftmals innehielt und sich fragte, ob er hier glücklicher sei, als er es in Brasilien gewesen war, wurde ihm schon sehr bald die besondere Aufmerksamkeit des Theaterdirektors von Wiesbaden zuteil und er bekam in verschiedenen Produktionen herausragende Rollen zugewiesen. Das milderte den Wunsch, zurückzugehen. Bevor er nach Europa gekommen war, hatte Demis eine sehr bevorzugte Stellung in einer der besten und stabilsten Tanzkompanien Brasiliens innegehabt. Eine solche Situation ist bei einem brasilianischen Tänzer ausgesprochen selten. Wenn man die Möglichkeit hat, im eigenen Land zu bleiben und einer guten und bezahlten Arbeit nachzugehen, denkt niemand ans Auswandern. Aber in Deutschland fand er eine Sicherheit, die er nicht erwartet hatte und die seine Entscheidung, zu bleiben, erheblich beeinflusste: Die soziale Absicherung, die er gerade deshalb zu schätzen gelernt hat, weil seine Karriere unaufhaltsam ihrem Ende zustrebt:
„Heutzutage ist meine größte Sorge als Tänzer die Zukunft, die viel zu schnell näher kommt: das ‚Danach'. Mehr im praktischen Sinne, speziell im finanziellen, denn im künstlerischen - der Seele - löse ich mich langsam von allem, jetzt, wo ich spüre, dass der Zeitpunkt des Aufhörens immer näher rückt."

Als ich ihn nach der Bedeutung fragte, die der Tanz für sein Leben gehabt habe, gab er mir eine poetische und brillante Antwort:
"Es ist schwierig, die Bedeutung von etwas zu erklären, das quasi zu meiner Persönlichkeit gehört und seit vielen Jahren ein Teil meines Alltags ist. Am Anfang war er eine Möglichkeit, mich eines Problems zu entledigen, eine Luftveränderung, der Tanz war ein rebellischer Akt für mich. Ich habe mich massiv gegen das restriktive Umfeld aufgelehnt, in dem ich groß geworden bin. Meine Eltern waren Analphabeten und wir waren sehr arm. Als ich dieses Talent an mir entdeckte, setzte ich es gründlich um, und die Veränderungen folgten schnell. Mit 18 Jahren war ich bei einer professionellen Tanztruppe angestellt und lebte ‚auf eigene Kosten' in São Paulo. Der Tanz war ein Stück Freiheit in meinem Leben. Ich habe in dieser wunderbaren Zeit in den 90er Jahren, als ich Mitglied bei der ***Cisne Negro*** *war, die ganze Welt bereist. Ich habe meine Träume verwirklicht und sogar noch mehr... der Tanz ist für mich kein Traum geblieben, sondern Wirklichkeit geworden."*[28]

Und wie wird eine Zukunft ohne Tanz aussehen? Für jemanden, der unter dem Banner des Tanzens eine so überwältigende Änderung in seinem Leben erfahren hat, ist die Angst nur allzu menschlich. Wie geht man damit um? Demis setzt seine Erfahrungen als Tänzer weise ein und überrascht mit einer sehr hilfreichen Belehrung zur Zukunft:

„Jede Veränderung kann aus einer einfachen Idee entstehen, die Zukunft kann immer neu definiert werden. Die Beharrlichkeit ist dabei eine unfehlbare Waffe. Und der Zusammenstoß mit dem Ego ist verschwendete Zeit. Man muss den Dingen mit Ernst begegnen, aber auch mit Leichtigkeit, so, wie man es im Tanz bei einem technisch sehr anspruchsvollen Solo tut. Man muss sich beruhigen, um das Bestmögliche herauszuholen. Nervosität und Unsicherheit sind in Momenten, in denen man sich in der Klemme wähnt, keine guten Verbündeten.“

Derzeit wird er von der Ballettdirektion der Oper Hannover, zu der er seit dem Jahr 2008 gehört, regelmäßig gebeten, neben seiner Funktion als Solotänzer auch dem Ensemble Unterricht zu geben. Sein Talent als Ballettlehrer ist mindestens ebenso groß wie sein Talent auf der Bühne. Seine Kenntnisse der Technik und des klassischen choreografischen Repertoires sind ein beredtes Zeugnis einer erstklassigen Ausbildung auf diesem Gebiet. Eine exzellente Option für die nahe Zukunft, wie er selbst erklärt:

"Ich möchte Unterricht für Berufstänzer geben, als Coach oder als Probenleiter in Ballettensembles arbeiten, das ist es, was mir im Moment am meisten Freude bereitet. Aber alles kann sich ändern! Ich habe mich auch schon dabei erwischt, wie ich über ganz andere Sachen nachgedacht habe, die mit dem Tanz gar nichts zu tun haben. Die Zukunft ist nicht festgelegt, und ich bin offen für Vorschläge...“ Hier macht er einen kleinen Witz: *„und natürlich Einladungen!“*

---

[28] *"(...)Die Tanzkompanie **Cisne Negro** wird von einer privaten Initiative unterstützt, unterhält aber dennoch ein Sozialprojekt, das sich der künstlerischen Erziehung und Schulbildung von Jugendlichen im Alter von 12 bis 16 Jahren aus einkommensschwachen Schichten und von öffentlichen Schulen widmet. Über den Tanz, die Musik und die Künste im Allgemeinen, aber auch durch Themen wie Umweltschutz, Recycling, Gesundheit, Hygiene und anderes sollen die Jugendlichen ausgebildet und zu verantwortungsvollen Staatsbürgern erzogen werden, während sie gleichzeitig die Möglichkeit bekommen, später einen Beruf im Bereich der Bühnenkünste auszuüben, sei es als Künstler, Techniker oder Dienstleister(...)*
(Die dieser Übersetzung zugrunde liegenden Informationen entstammen der Webseite: http://cisnenegro.com.br/content/a%C3%A7%C3%A3o-social - Oktober 2013).

Wenn du jetzt, wo wahrscheinlich berufliche Veränderungen anstehen, zurückblickst, glaubst du, dass du dich noch einmal dafür entscheiden würdest, Tänzer zu werden?
„Zugegebenermaßen denke ich manchmal, dass ich das nicht tun würde... Aber die Antwort ist Ja. Die Herausforderungen sind groß, aber wir sind privilegiert, weil wir unseren Neigungen folgen und mit Freude die Arbeit tun, die wir uns ausgesucht haben. Es wäre mir selbst gegenüber grausam, wenn ich Nein sagen würde."
Ein trauriger Moment?
"Es hat in meiner Karriere nicht viele traurige Momente gegeben. Ich erinnere mich an einen Tänzer aus dem Ballettensemble in Wiesbaden, der ganz unerwartet gestorben ist; das war sehr schwierig für alle Kollegen, denn er war jung und talentiert. Was mich privat betrifft, weiß ich noch, wie ich auf einem sehr wichtigen Festival tanzen musste, nachdem am Tag zuvor mein Vater gestorben war. Ich war damals noch nicht einmal Berufstänzer, und Ironie oder nicht, ich habe den ersten Platz gemacht. Aber als (einige Jahre später) meine Mutter starb, musste ich zwei Wochen lang aussetzen, es hat mich für Jahre erschüttert."

Bist du heute glücklich?
"Sehr glücklich! Ich habe in meinem Leben viel Zeit damit verschwendet, unglücklich zu sein, denn es ist unsere eigene Entscheidung, ob wir glücklich sind oder nicht. Wir haben alle unsere Gründe für das Unglücklich sein... aber am Ende ist es nur eine große Strafe für einen selbst."

Was würdest du den jungen Leuten von heute mit auf den Weg geben wollen?
"Es ist schwierig, einen Rat zu geben, denn jeder geht seinen eigenen Weg. Ich glaube, das Schlüsselwort in diesem von Wettbewerb und Restriktion geprägten Universum, das den Tanz ausmacht, ist Beharrlichkeit. Es stimmt mich traurig, beim Ballett ganz allgemein einen gewissen künstlerischen Verfall festzustellen. Ich würde mir wünschen, dass die jungen Tänzer sich auf das konzentrieren, was meiner Meinung nach unsere wahre Mission ist: ***mehr Kunst und weniger Zirkus beim Tanz.****"*

Demis Moretti ist auch heute noch sehr bekannt für seine Arbeiten als Tänzer. Weil sein Körper mit bestechend schönen und gerade für das klassische Ballett so spezifischen Gaben gesegnet ist, dient er in den Ballettstunden immer wieder als Beispiel, als wäre er ein Lehrbuch für den Tanz. Bei der Produktion von *„5 Tangos"* von **Hans van Manen**, das wir kürzlich in unserem Ensemble in Hannover einstudiert haben, hat er, der geachtete Choreograf, sich ganz speziell an Demis gewandt und die Sauberkeit und Technik gelobt, die ihm bei der Aufführung dieses Balletts einen besonderen Genuss bereitet hätten. Er könne sich nicht erinnern, jemals eine so präzise und technisch gute Darstellung seiner Choreografie gesehen zu haben - einer Choreografie, die schon von den berühmtesten Ballettensembles der Welt einstudiert worden ist.

Und wenn ich an dieser Stelle nun auch meiner eigenen Meinung noch Ausdruck verleihen darf, möchte ich die Gelegenheit nutzen und betonen, über welch edlen, sanften und ruhigen Charakter dieser freundliche, aufmerksame und respektvolle Tänzer verfügt, mit dem zu arbeiten ich in Hannover die Ehre habe.

"SISSI"
Choreografie
Joerg Mannes
17. 11. 2012
Staatsoper Hannover

(©Samuel Azevedo)
←

"Goldberg Variationen"
Hannover 2008
Choreografie Joerg Mannes
← (©Joerg Mannes)

"Ein Stück Zeit"
Hannover 2010
Choreografie Joerg Mannes
mit Catherine Franco
↓

(©Joerg Mannes)

Andressa Miyazato

Tänzerin im Ballett der Stadt Rio Preto und der Tanzkompanie Cisne Negro in São Paulo (Brasilien), Mitglied des Tanzensembles am Theater Darmstadt (Deutschland), Solistin im Ballett des Landestheaters Linz (Österreich).

Andressa wurde in São José do Rio Preto geboren und begann ihren Tanzunterricht im Sozialzentrum des Parque Estoril, mit den ersten Ahnungen des "Jazz". Ein etwas unglücklicher Anfang, weil sie keine klassischen Grundkenntnisse als Basis hatte und weil sie schon 14 Jahre alt war. Aber wo das Talent wohnt, ist nichts unmöglich.
In einem Interview, das sie kürzlich der Zeitschrift ***„Darmstädter Echo"*** gegeben hat, gibt sie zu, dass sie lieber Fußballerin geworden wäre. Aber bei einem Wettbewerb für Kinder, der von der Stadtverwaltung von Rio Preto organisiert worden war (*"As Infantiades"* - sportliche und kulturelle Wettspiele zwischen den staatlichen und den privaten Schulen), gewann sie aus dem Stand den ersten Preis als beste Tänzerin der Veranstaltung. Da sich die Jury für die kulturellen Wettspiele aus der künstlerischen Leitung des Balletts der Stadt zusammensetzte, bot man ihr ein Praktikum und ein Stipendium an.

Unsere erste Begegnung beschreibt sie mit großer Anmut:
„Ich war dem Tanz bereits mit aller Leidenschaft verfallen, als ich Cássia Lopes kennen lernte, eine Tänzerin, die ebenfalls aus Rio Preto stammte und damals bereits auf deutschen Bühnen brillierte. Sie verbrachte ihren Urlaub in Brasilien und beteiligte sich an den Stunden in unserem Ensemble."
Ich muss gestehen, dass ich Andressa zwar durchaus noch aus Brasilien kenne - ich erinnere mich an ihr Talent und die unzähligen positiven Berichte, die ich damals in den lokalen Zeitungen über sie gelesen habe -aber dass sich mir diese Begegnung nicht speziell eingeprägt hat. Doch das spielt keine große Rolle, denn die Willenskraft, die dieses Treffen in Andressa freigesetzt hat, entfacht in mir eine große Dankbarkeit dafür, dass ich ihr als ein Vorbild für die Verwirklichung ihres Traumes dienen durfte: *„Cássia ist damals zu einer großen Quelle der Inspiration für mich geworden! Ich war noch ein Teenager, aber ich besaß schon den festen Glauben daran, dass alles möglich sei - auch, in die Fußstapfen von Cássia Lopes zu treten."*

Andressa gab sich dem klassischen Ballett vollkommen hin, mit **Körper und Seele**. Sie nahm zusätzliche Stunden bei dem Ballettmeister **Juan José Soares**, der ihr mit Hingabe die technischen Grundkenntnisse des klassischen Balletts vermittelte.
Nebenher hatte sie Unterricht mit dem Ensemble und tanzte auch mit ihm. *„Du hast viel Talent, aber auch noch viel zu lernen"*, so erinnert sie sich an Juan José Soares und seine Geduld.
Doch schon bald bekam sie die unselige Realität der brasilianischen Tanzwelt zu spüren, die nicht nur häufig prekär, sondern oft auch grausam sein kann:

„Wegen Geldmangels“ (wie es in den Verlautbarungen heißt) wurden nach einem mehr als zwanzigjährigen Bestehen die finanzielle Unterstützung und die Subventionen für das Ensemble und damit auch die künstlerischen Aktivitäten des Balletts der Stadt Rio Preto eingestellt. Gut 10 Tänzer verloren ihre Arbeit. Die Stadt verlor bedeutend an Status. Die an der lokalen Kultur interessierte Bevölkerung verlor einen Anziehungspunkt.

Für Andressa Miyazato bedeutete es, dass sie sich einen “Plan B” ausdenken musste, der, wie in unzähligen Fällen in Brasilien, auf das Folgende hinauslief: Eine Zulassungsprüfung für die Hochschule ablegen und versuchen, sich an irgendeiner Fakultät einzuschreiben... (was fälschlicherweise als „Besonnenheit“ ausgelegt werden könnte, obwohl es häufig nur eine „Flucht“ ist und leicht in einem zukünftigen Scheitern enden kann!)
Aber ihr Talent hatte schon zu viele Herzen erreicht und bei den Tanzkritikern der Region sowie den kulturellen Organisatoren der Stadt, die sich unermüdlich für die Anerkennung dieser Sparte einsetzen, Wurzeln geschlagen. Über einen solchen Kontakt erhielt Andressa die Erlaubnis, eine Woche mit der Tanzkompanie Cisne Negro in der Hauptstadt des Bundesstaates zu verbringen und gemeinsam mit den professionellen Tänzern an einigen Stunden teilzunehmen. ***Hulda Bittencourt***, die bis heute, 2014, die künstlerische Leiterin dieser Kompanie ist, lud sie auf der Stelle dazu ein, an der renommierten jährlichen Aufführung des ***„Nussknackers“***[29] mitzuwirken:
“2000 habe ich mit einer Ausbildung bei der Tanzkompanie Cisne Negro begonnen, 2001 wurde ich Teil der Truppe. Ich blieb dort bis 2007. In dem Jahr als Elevin lebte ich im Wohnheim der Schule des Cisne Negro und hatte so die Möglichkeit, am Abend, nach den Proben mit dem Ensemble, an der Schule noch weitere Ballettstunden zu nehmen und meine klassische Technik dadurch von Tag zu Tag immer mehr zu verbessern.“
Sie arbeitete bis zur totalen körperlichen Erschöpfung. Statt die Abende und Wochenenden für Vergnügungen oder Treffen mit Freunden zu nutzen, zog sie es vor, mit Liebe und Hingabe ihre Zukunft zu formen. Ihre Ausdauer war bemerkenswert und ihre Fortschritte innerhalb des Ensembles waren deutlich. Mit 19 Jahren hatte sie das gesamte Programm der ***“Royal Academy of Dance”*** durchlaufen – das Grundausbildungsprogramm für Tänzer, das normalerweise in einem Zeitraum von 6 bis 8 Jahren gelehrt wird. An harte Arbeit gewöhnt, legte Andressa sich ein Motto zurecht, das sie jederzeit und

[29] Es ist beeindruckend, in wie vielen hier erzählten Geschichten diese Produktion des *“Nussknackers”* eine positive Rolle spielt... ich hoffe, dass damit die enorme Bedeutung deutlich wird, die entsprechende Initiativen im Tanzbereich haben!

unter allen Umständen befolgt: *„Es gibt immer einen Grund zu arbeiten und mich in dem zu verbessern, was ich tue!"*

Sie erhielt darstellerisch bedeutendere Rollen mit emotionaler Kraft und einem anspruchsvolleren technischen Gehalt. Es ist wie ein positiver Teufelskreis: Wenn ein Weg, eine Idee, ein Ziel festgelegt ist und mit aller Kraft angestrebt wird, tut sich das ganze Universum zu dessen Gunsten zusammen.
Ein Freund Andressas, **Felix Valentin** - ein Brasilianer, der in Darmstadt als Tänzer arbeitete - zeigte der künstlerischen Leiterin seines Tanztheaterensembles ein Video von einer Aufführung der Tanzkompanie Cisne Negro. Zufall oder nicht: Auf dieser DVD war ein Duett, das Andressa und Felix – der ebenfalls sieben Jahre lang zum Cisne Negro gehört hatte - gemeinsam tanzten.
„Aus irgendeinem Grund interessierte sich die Darmstädter Direktorin von all den Tänzern, die auf der DVD waren, ausgerechnet für mich... für meine Arbeit! Ich erhielt einen Anruf aus Deutschland: ‚Andressa, hättest du Interesse daran, in Europa zu arbeiten?' - Es war eines der intensivsten Gefühle meines Lebens! Auch wenn ich viel gewollt hatte, hätte ich mir doch niemals vorstellen können, dass es mir wirklich widerfahren könnte."

Sie kam nach Deutschland, ohne auch nur ein paar Brocken Englisch zu sprechen, und noch viel weniger konnte sie Deutsch. Heute, sechs Spielzeiten später, fällt es einem schwer, das zu glauben, denn sie drückt sich in beiden Sprachen problemlos aus. In Bezug auf die Arbeiten der Choreografin ***Mei Hong Lin*** (in Darmstadt) gerät sie auf der Stelle in Verzückung: *„Mit ihr zu arbeiten ist ein Abenteuer, jede Produktion ist anders."*
Inzwischen hat Andressa Miyazato in großen Produktionen diverser berühmter Choreografen getanzt, und ihr großes darstellerisches Potential hat ihr in der Anerkennung der Kritiker ein sehr solides Fundament gesichert. In ***„Lala auf der Couch"***, einer choreografischen Arbeit von Mei Hong Lin, ist ihre künstlerische und technische Leistung derart intensiv, dass sie schon höchst riskant ist. In einem Interview mit der Kulturzeitschrift ***Darmstädter Echo***[30] gibt sie zu: *"Wenn ich mich nicht darauf konzentriere, was ich mache, kann es sehr gefährlich sein. Ich könnte mich auf der Bühne sogar verletzen."*

Auf die Frage nach ihrer darstellerischen Intensität in diesem Stück, nach der Quelle ihrer Inspiration für diese so grandiose Vorführung, antwortet sie der

[30] Webseite mit dem Interview: http://juliareichelt.de/?p=621

Kunstkritikerin ***Julia Reichelt*** bescheiden, aber sehr aufrichtig: *„Ich habe viel gelernt, nicht nur über Bewegung und Tanz, sondern auch über mich selbst und meine eigene Geschichte. Alles kommt von allein, die Herausforderung und auch die Lösung. Ich muss nur präsent sein."*

Heute gehört sie als Solistin zum Ballett des Landestheaters Linz in Österreich. Aber für ihre unglaubliche Darstellung in diversen herausragenden Ballettstücken ihres alten Ensembles in Darmstadt ist **Andressa Miyazato im Jahr 2013** in Deutschland zur **Tänzerin des Jahres** nominiert worden. Herzlichen Glückwunsch, Andressa! Du hast es geschafft!

"Hôtel du Nord" - Andressa Miyazato 07.03.2008 Staatstheater Darmstadt
Choreografie: Mei Hong Lin (© Barbara Aumüller)

"Lala auf der Couch"
Andressa Miyazato
Staatstheater Darmstadt
14.12.2012
Choreografie: Mei Hong Lin

← ↓

(©Barbara Aumüller)

Thiago Bordin

Seit dem Jahr 2001 Mitglied des Balletts am Staatstheater Hamburg
2005 wurde er Solist in diesem Ensemble
2006 ernannte man ihn zum ersten Tänzer
Seit 2014 Mitglied im NDT (Nederlands Dans Theater) in den Niederlanden

Thiago Bordin begann seine Tanzausbildung mit nur 5 Jahren in einer kleinen Ballettschule in einem Viertel der Hauptstadt des Bundesstaates São Paulo, das *Danúbio Azul* heißt. Ein Jahr später, mit 6 Jahren, nahm er an seinem ersten "Vortanzen" teil - einer Tanzprüfung für die **E**scola **M**unicipal de **B**ailados de **S**ão**P**aulo (Städtische Tanzschule São Paulo, **EMBSP**) - und mit 8 Jahren trat er der Tanzgruppe ***Grupo de Dança KR*** unter der künstlerischen Leitung von **Katiah Rocha** bei.

"Ich wusste schon im Alter von 2 Jahren, dass ich Tänzer werden wollte", sagt er heute auf die Frage hin, ob er sich damals Gedanken über seine Zukunft gemacht habe.

„Wie viele Brasilianer bin ich nach Brasília gefahren und habe am ***Seminário Internacional de Dança*** *teilgenommen. Ich war entschlossen, Brasilien zu verlassen, um mich in mein Ballettstudium zu vertiefen. In Brasília erhielt ich vier Stipendien für verschiedene Schulen in Europa, und ich entschied mich für die* ***ADT - Akademie Des Tanzes Mannheim*** *unter der Leitung von* ***Birgit Keil****. Ich war Stipendiat der* ***Tanzstiftung Birgit Keil*** *und hatte dort Unterricht bei* ***Vladimir Klos****."*

Auch wenn es für ihn in seinem Kopf ein konkretes Projekt war, sich dem Tanz zu verschreiben, gestaltete sich der Anfang sehr schwierig. Das betraf insbesondere die ersten drei Monate seines Aufenthalts in Deutschland. Er war von Zweifeln geplagt: die Entfernung von der Familie, das Heimweh nach Brasilien, die strenge Kälte... er verstand plötzlich den hohen Preis, den er zahlen musste, wenn er sein Ziel erreichen wollte. Thiago wusste, dass ihn durchaus nicht alle unterstützten. Selbst einige seiner Familienmitglieder waren gegen diese Entscheidung. Was den Tanz betrifft, herrscht in Brasilien eine gewisse Ignoranz: *„Das Ballett ist in Brasilien was für Mädchen, Schluss, aus."* Thiago erinnert sich noch gut an die Turbulenzen, die sein Entschluss, Tänzer werden zu wollen, am Anfang auslöste:

„Meine Familie überzeugte meine Mutter, mich zu einem Kinderpsychologen zu bringen, um festzustellen, ob mit dem Jungen, der Ballett machen wollte, auch alles in Ordnung war." Eine traurige Realität in Brasilien. *„Nach einigen Monaten Therapie beschloss meine Mutter, mich doch tanzen zu lassen, denn der Arzt hatte ihr gesagt, dass in dem Jungen etwas Großes stecke und man die Kunst beinahe schon mit bloßem Auge erkennen könne... yeah!!! Gerettet von der Medizin!!!"*

Aber die Realität ist für einen brasilianischen Jungen mit dem Traum, Tänzer zu werden, um einiges komplexer, und die Medizin konnte ihn leider nicht vor den Qualen der Schulzeit bewahren: dem Mobbing, dem Spott, der Abwertung, die er tagtäglich über sich ergehen lassen musste. Die Vorurteile der Klassenkameraden, die Witze, die Spitznamen, die man ihm gab - er litt sehr darunter. So sehr, dass er immer wieder weinend nach Hause kam und alles hinwerfen wollte. Und jedes Mal war es seine Mutter - bis zum heutigen Tag seine treue Freundin - die ihn tröstete und ihn ermunterte, seinem Traum treu zu bleiben und die sozialen Vorurteile zu ignorieren - zur damaligen Zeit eine unvergessliche und unermesslich wertvolle Hilfe. Heute, mehr als zwanzig Jahre später, erinnert sich Thiago mit einem gewissen Humor an diese Zeiten, und in dem sicheren Wissen, dass er sich richtig entschieden hat, zitiert er einen Satz, der unter Tänzern wohlbekannt ist: *„Oftmals bist nicht du es, der den Tanz wählt, sondern der Tanz wählt dich!“*

Wenn es etwas gibt, das ihm in seinem Alltag große Sorgen und Kummer bereitet, dann ist es die enorme körperliche und geistige Belastung, mit der wir unausweichlich konfrontiert werden. Ja, sie ist wirklich immens. Die konstanten und extremen körperlichen Schmerzen, denen wir Tänzer Tag für Tag unterworfen sind, haben einen direkten Einfluss auf den emotionalen Zustand eines jeden von uns. Mit Humor - gute Laune ist übrigens etwas, über das Thiago Bordin im Überfluss verfügt - erinnert er sich an einen Spruch, der in der Tanzwelt berühmt ist (Heinz Spoerli hat ihn immer wieder angebracht). Er lautet folgendermaßen: *„Wenn ein Tänzer eines Tages ohne Schmerzen aufwacht, kann man sicher sein, dass er tot ist.“* Aber er fügt hinzu, dass ihm durchaus bewusst sei, dass jeder Mensch seine eigenen Sorgen und seinen eigenen Kummer hat, egal welchen Beruf er ausübt. Das ist einfach unvermeidlich.

Ein trauriger Moment?
"All die Momente, die meine Familie durchstehen muss, wie Krankheiten oder der Verlust von lieben Menschen - und ich kann nicht da sein, um sie zu umarmen und zu trösten."
Ein bewegender Moment?
"All die Momente vor einer Show, wenn ich die Geräusche des Orchesters höre, das sich einspielt."
Ein unvergesslicher Moment?
"Es wäre ungerecht, nur einen einzigen zu nennen, denn ich trachte danach, mein ganzes Leben auf unvergessliche Weise zu leben."

Wenn man ihn nach der Bedeutung fragt, die der Tanz in seinem Leben hat, gibt er heute zu, dass viel mehr als nur eine „Bedeutung“ daraus geworden ist.

Der Tanz ist eine Mission, eine Existenz. Er ist für ihn wie „Sauerstoff", fast schon eine Religion oder ein Glaube, denn er weist ihm den Weg zur Verwirklichung und bringt ihn dem nahe, was man Spiritualität nennen könnte. Er sagt das gänzlich ohne Mystizismus, aber im vollen Bewusstsein dessen, dass er die Macht und die Schönheit seiner körperlichen Ausdruckskraft einsetzt, um dem Publikum Gefühle zu vermitteln:
„Eine grundlegende Sache, die ich in meiner Laufbahn gelernt und verstanden habe, ist die Bedeutung der Routine. Die Routine ist ein Teil des Tänzers, denn erst im Alltag lernt man sich richtig kennen und beginnt, den Dingen, die einem wirklich wichtig sind, den wahren Wert zu geben... meine Verwirklichung als Tänzer liegt heute darin, zu wissen und zu verstehen, dass es nicht wichtig ist, wie viele Pirouetten man dreht, wie hoch man die Beine hebt oder wie schön die Biegung des Fußes ist – als Ballettschüler lernen wir, dem allzu viel Wert beizumessen. Wirklich wichtig ist aber, was man mit jeder einzelnen Bewegung sagen möchte. Im Zusammenspiel mit der Musik kannst du selbst mit deinen Gefühlen und dem Publikum eins werden, und diese Vereinigung ist der Ursprung der wahren Kunst." (hervorgehoben von Thiago)

Als ich ihn fragte, welchen Rat er nachfolgenden Generationen gerne mitgeben würde, kam seine Antwort ohne Zögern, wie aus der Pistole geschossen. Meine Augen füllen sich noch immer mit Tränen, denn es ist ganz genau das, wovon ich schreibe, worüber ich spreche, woran ich selbst glaube. Thiago sagte:
"Nur du selbst (und wirklich ganz allein du selbst) kannst deinen eigenen Träumen folgen... Wenn Vorurteile, Schwierigkeiten, Hindernisse, Stürze und andere unangenehme Dinge deinen Weg kreuzen, dann sollten sie dich nicht zerstören, sondern nur stärken. Meine Überzeugung speist sich aus meinen Erfahrungen und dem, was ich gelernt habe, und das Fundament dieser Überzeugung besteht aus vier Pfeilern. Es sind die wichtigsten, die ich kenne, und bei allem, was ich tue, bemühe ich mich darum: ***Respekt, harte Arbeit, Demut und Menschlichkeit.*** *Man kann das Unmögliche erreichen, das Unerwartete, das, was im tiefsten Inneren der eigenen Seele steckt, wenn man diese Dinge einzusetzen versteht."*

Thiago Bordin ist mittlerweile 30 Jahre alt und ein anerkannter und in der Tanzwelt weithin respektierter Tänzer. Er hat die besten und begehrtesten Rollen getanzt, sowohl in Balletten von Gastchoreografen - wie beispielsweise *„La Sylphide"* in der Version der Pariser Oper von **Pierre Lacotte**, wo er die Hauptrolle hatte - als auch in den Balletten von **John Neumeier** (Intendant, Direktor und Choreograf des Hamburger Balletts), von denen viele speziell für ihn geschrieben worden sind. Darüber hinaus erhält er immer wieder Einladungen zu Galavorstellungen in verschiedenen Theatern überall auf dem Erdball, wo er Seite an Seite mit den größten Stars brilliert. Im Jahr 2010 wurde er nach der Darstellung der Rolle des *Armand Duval* im Ballett ***„Die Kameliendame“*** (Choreografie von John Neumeier) gemeinsam mit sieben anderen Tänzern aus der ganzen Welt für den ***Prix Benois de la Danse*** nominiert, den größten Tanzpreis, den es überhaupt gibt. Thiago Bordin erhielt in seiner Kategorie den 1. Platz und errang damit zum zweiten Mal in der Geschichte des brasilianischen Tanzes[31] den Titel als ***bester Tänzer der Welt***. Darüber hinaus widmet er sich auch dem Choreografieren und hat großen Erfolg mit seinen Arbeiten. Es scheint wirklich eine viel versprechende Zukunft als Choreograf vor ihm zu liegen, denn 2009 ist eines seiner Werke, ***“A Foreign Sound”***, in das Repertoire des Balletts am Landestheater Karlsruhe aufgenommen worden.

*1992 übernahm die UNESCO die Schirmherrschaft für den **Benois-Tanzpreis,** 1996 wurde er in die **“Weltdekade für kulturelle Entwicklung”** der UNESCO aufgenommen. Seit dem Jahr 2002 haben alle Veranstaltungen zum „Benois de la Danse“ im Bolshoi-Theater in Moskau, Russland, stattgefunden.*
*Da es sich um ein künstlerisches Programm mit gemeinnütziger Zielsetzung handelt, ist der Benois de la Danse hauptsächlich auf drei Aspekte ausgerichtet. Der erste Aspekt ist **kultureller Natur** - um dem Publikum einen weltumspannenden Überblick über den Tanz an Theatern zu bieten. Der zweite Aspekt ist **professioneller Natur** - um die besten Vertreter der verschiedenen choreografischen Strömungen und Schulen zu vereinen und ihnen das Knüpfen kreativer Kontakte zu ermöglichen. Der dritte Aspekt ist **sozialer Natur** - eine finanzielle Unterstützung für die Veteranen des Balletts. Die mit der Gala zum Benois de la Danse erzielten Einnahmen werden als eine persönliche finanzielle Unterstützung an Veteranen gespendet.* [32]

---

[31] **Obwohl schon verschiedene brasilianische Tänzer dafür nominiert worden sind, war Marcelo Gomes im Jahr 2008 der erste Brasilianer, der den *BENOIS DE LA DANSE* in Moskau gewann. Sein Lebenslauf ist überaus umfangreich und beinhaltet Erfahrungen als erster Tänzer in den renommiertesten Ballettensembles der ganzen Welt. Unter anderem: ABT (New York,) National Ballet of Canada, Dutch National Ballet (Niederlande), Teatro Colón (Buenos Aires), Teatro Municipal do Rio de Janeiro, New York City Ballet, The Huston Ballet. Er war der Partner von Alessandra Ferri und begleitete sie auf ihrer Abschiedstournee, die im Sommer 2008 in Japan und Italien stattfand. Marcelo Gomes ist in Manaus geboren und in Rio de Janeiro aufgewachsen, und er verzaubert das Publikum bis heute (2014) mit seinem ungeheuren Talent.** Weitere Informationen finden Sie auf der Webseite des ABT: http://www.abt.org/dancers/detail.asp?Dancer_ID=26

[32] Die Informationen entstammen der Webseite: http://benois.theatre.ru/english/history/ - November 2013

Neben dem ***BENOIS DE LA DANSE*** ist Thiago auch zwei Mal als Vertreter Deutschlands beim **Eurovision Dance Contest** aufgetreten. Wie beim Song Contest findet auch hier in jedem europäischen Land ein Vorentscheidungswettbewerb statt, dessen jeweilige Sieger dann an der Endausscheidung teilnehmen. Die Veranstaltung wird von den öffentlichen Sendern aller beteiligten Länder sowie in den USA und Japan im Fernsehen übertragen. In beiden Fällen erzielte er sowohl auf nationaler Ebene in Deutschland als auch auf der internationalen, europäischen Ebene den **1. Platz.**[33]
Mit der Spielzeit 2014/ 2015 ist er zum ***NDT - Nederlands Dans Theater*** in Den Haag in den Niederlanden gewechselt, das unter der künstlerischen Leitung von **Paul Lightfoot** steht. Seine erste Arbeit: ***"Dornröschen"*** vom schwedischen Choreografen **Mats Ek**.
Eine grandiose Karriere!

"Poliphonia"

Choreografie Christopher Wheeldon mit Helene Bouchet

(Hamburg Ballett - Foto: © Courtesie Hamburg Ballett)

[33] Die Informationen entstammen der Webseite :
http://www.seminario.dancebrasil.art.br/seminariohistoria.html - besucht im Januar 2014

Hamburger Staatsoper
Helene Bouchet & Thiago Bordin 03.12.2010
"Chopin Dances"

("Dances at a Gathering" & "The Concert")

(©Gert Weigelt)

Denis Piza

<u>2006 für das Corps de Ballet der Staatsoper Hannover unter Vertrag genommen</u>
<u>Seit 2009 Solotänzer</u>

Denis ist ein ganz besonderer Fall mit einem überaus bemerkenswerten Talent, nicht nur auf dem Gebiet des Tanzens, aber hauptsächlich dort. So unglaublich es auch erscheinen mag: Er hat erst mit 18 Jahren mit dem Ballett begonnen, in einem Alter also, in dem viele Tänzer schon in professionellen Ensembles beschäftigt sind und sich einige bereits als Solisten hervorgetan haben. Im Jahr 2002 nahm er seinen Ballettunterricht auf und ging 2004 mit einem Stipendium an die ***Akademie der Musikhochschule München***.

*"Ich bin über **Camilla Pupa** und **Ivy Amista**[34]nach Deutschland gekommen. Ivy hat eine DVD mit verschiedenen meiner Variationen in die Münchener Schule mitgebracht. Die Direktorin fand Gefallen daran und bot mir ein Stipendium der **Heinz-Bosl Stiftung** an - was ich mir insgeheim immer gewünscht hatte. Tatsächlich habe ich viel Glück gehabt. Ich bin um das Seminário Internacional de Dança in Brasília herumgekommen, was mein nächster Schritt gewesen wäre, um ein Stipendium fürs Ausland zu ergattern."*

Auch wenn ihm seine Familie sehr zur Seite gestanden hat, erinnert er sich daran, dass es am Anfang besonders seiner Mutter ein wenig peinlich war, vor anderen Menschen zuzugeben, dass ihr Sohn - ein Mann von 18 Jahren - sein Ballettstudium an einer Akademie aufgenommen hatte. Seine Eltern seien verschiedene Male scharf dafür kritisiert worden, dass sie ihn bei der Verwirklichung seines Traums unterstützten, so erzählt er. Einige fragten immer wieder: *„Und was wird aus dem Studium?"*

Als er mit dem Ballett begann, setzte sein Vater ihm eine Frist von einem Jahr, um auf diesem Gebiet etwas Erbauliches zu erreichen.

Andernfalls sollte er wieder aufhören und sich an einer Universität einschreiben, da er nur die Sekundarschule abgeschlossen hatte.

*"Er wusste, dass das Ballett in Brasilien leider nicht viel Zukunft hat... und da ich nie irgendetwas zu Ende gebracht habe, was ich angefangen hatte, ist er sicher davon ausgegangen, dass sich die Sache mit dem Ballett bald ‚erledigt' haben würde, wie ein Strohfeuer. Bis zu dem Tag, an dem er mich zum ersten Mal tanzen sah... von da an war ihm klar, dass es nicht nur ein vorübergehendes ‚Fieber' war, sondern eine **Gabe**, die mich auf die Bühne brachte."*

Denis erinnert sich noch gut an die Schwierigkeiten, die er am Anfang überwinden musste. Es war nicht nur damit getan, dass viele Menschen aus dem Tanzbereich nicht an ihn glaubten und ihm immer wieder sagten, dass er

---

[34]***Ivy Amista***: Brasilianerin, Solotänzerin des Bayerischen Staatsballetts München, Gewinnerin des ***Konstanze Vernon-Preises*** (2014) der Heinz-Bosl-Stiftung in der Kategorie „beste Tänzerin".

in diesem Alter niemals ein Stipendium bekommen würde, weil es dafür schon viel zu spät sei. Nein, andere zweifelten gar an seinem Potential selbst.
Es ist heute schwer zu sagen, ob der Auslöser eher Dickköpfigkeit oder einfach die schlichte Liebe zum Tanz war, aber Tatsache ist, dass sich Denis Hals über Kopf in dieses Projekt stürzte.
"Ich hatte zusammen mit den Kindern Ballettstunden, damit ich die Grundlagen lernen konnte, denn ich hatte nicht die blasseste Ahnung von alldem, ich hatte niemals zuvor Ballett gemacht. Es gab Tage, an denen ich morgens um 6:30 Uhr mit meinen Übungen begann und dann den ganzen Tag in der Ballettschule blieb, bis ich abends um 23 Uhr wieder nach Hause zurückkehrte. Natürlich war das extrem ermüdend, aber es war auch sehr erfreulich, die Veränderungen und die positiven Ergebnisse dieser Anstrengungen zu erleben, denn ich habe immer mit großer Liebe und Hingabe getanzt. Mein Vater wurde zu meinem größten Fan. Nachdem er mich ein paar Mal hatte tanzen sehen, gestand er mir, dass es ihm nie gelungen war, sich mich bei einer Schreibtischtätigkeit vorzustellen. In schwierigen Momenten hat er mich immer angespornt, wenn ich Entscheidungen treffen oder mir überlegen musste, welchem Weg ich folgen wollte, um meinen Traum zu erfüllen. Viele von denen, die uns kritisiert haben, haben irgendwann angefangen, uns zu unterstützen. Ich glaube, sie mussten alle erst erkennen, dass ich mich wirklich für diese Sache entschieden hatte."

Es ist Denis wichtig, die Dankbarkeit anzusprechen, die er für die Menschen - Freunde und Verwandte - empfindet, die ihn dabei unterstützt haben, immer weiterzumachen und seine Ziele nicht aufzugeben, auch wenn sich alles gegen ihn und seinen Weg verschworen zu haben schien.
Wir Tänzer können fast alle sehr emotionale Geschichten über unseren Weg zum Tanz erzählen. Ich frage mich oftmals, ob nicht einer der Gründe, vielleicht sogar der Hauptgrund, für all diese Dramen die fehlende Chance ist, unter der wir in Brasilien leiden und die uns im Hinblick auf unsere Familien buchstäblich in schwierige und unermesslich dramatische Situationen hineinstößt.
Die Entscheidung, ins Ausland zu gehen, ist eng mit dem Erreichen eines Ziels verbunden, dessen Verwirklichung in Brasilien nur sehr wenigen gelingt.
Denis' Geschichte musste dieselbe Richtung nehmen. Er hatte die Chance, nach Europa zu kommen - genauer gesagt nach Deutschland - und die Berichte anderer Tänzer, die diesen Weg schon vor ihm gegangen und erfolgreich gewesen waren, wirkten sehr motivierend auf ihn. Aber gleichzeitig geschah etwas, dass sein Leben sehr verändert hat:

„Als ich die Nachricht bekam, dass ich das Stipendium erhalten würde, erfuhren wir auch, dass mein Vater Krebs in einem weit fortgeschrittenen Stadium hat. Ich dachte daran, alles aufzugeben, um meiner Familie zu helfen, denn mein Vater konnte nicht mehr arbeiten und die Lage zu Hause war schwierig. Aber er ließ das nicht zu. Er sagte, ich hätte so hart gekämpft, um zu bekommen, was ich mir wünschte, und er würde es mir nie verzeihen, wenn ich ‚seinetwegen' darauf verzichtete, nur wegen der Krankheit."

Denis erzählt, wie alles weiterging, und man kann sich all den Schmerz und die emotionalen Schwierigkeiten leicht vorstellen, die er in diesem Moment durchlitt. Ich gebe diesen Absatz ungekürzt wieder:
"Ich werde all die Freunde und Verwandten niemals vergessen, die massiv dazu beigetragen haben, dass ich dorthin gelangen konnte, wo ich heute bin. Da wir kein Geld hatten und die Situation zu Hause angespannt war - mein Vater war in einer Reha-Klinik und meine Mutter verbrachte den ganzen Tag bei ihm, sie kam immer erst in der Nacht wieder zurück - haben mir die Verwandten (Onkel, Tanten, Cousins, Cousinen, etc.) geholfen, das Flugticket zu finanzieren und ein bisschen Geld zusammenzukratzen, damit ich in Deutschland überleben konnte. Ich habe einen Cousin, der sich bei der deutschen Botschaft für mich verbürgte, indem er nachwies, dass er mit seinem Arbeitslohn für meinen Unterhalt in Deutschland aufkommen konnte. In der Situation, in der sich mein Vater befand, wäre ihm das unmöglich gewesen, und das hätte ein Hindernis für mein Studentenvisum sein können. Wie könnte ich all das vergessen, was sie für mich getan haben?
Emotional gesehen war es wirklich nicht leicht, meinem Traum zu folgen, wo es meinem Vater so schlecht ging. Meine Familie war erschüttert und litt furchtbar... und ich ebenfalls."

Neben den Problemen, die die Eingewöhnungsphase in der neuen Umgebung mit sich brachte - wie die Sprache, das Klima, die Kultur, die banalsten Gewohnheiten, die mit einem Mal anders waren - spürte Denis auf seinem Gewissen auch die Last der Entscheidung, die er getroffen hatte: nach Europa zu kommen und seine Familie zurückzulassen. Auf die Frage, ob es etwas gebe, das ihm bei seiner Laufbahn hier in Deutschland Sorge bereitet oder ihm Kummer beschert habe, antwortete er melancholisch:
„Unglücklicherweise ist der Preis, den wir zahlen, um das zu machen, was wir lieben, oftmals sehr hoch. Ich kann mich über mein Leben als Tänzer nicht beschweren, aber um dorthin zu kommen, wo ich bin, musste ich meine Familie

verlassen, und es macht mich traurig, dass ich nicht beides beieinander haben kann.“

Er schüttet sein Herz aus und erläutert, dass es sehr komplex sei, zu erklären, *was* der Tanz für ihn bedeutet - was es bedeutet, auf der Bühne zu stehen. Er gibt zu: *„Beim Tanzen erlebe ich manchmal Situationen, die ich im ‚wahren Leben‘ niemals erfahren würde, ganz einfach durch die Rollen, die ich darstellen muss.“* Seine größte Freude in diesem Beruf sei es, auf emotionaler Ebene mit dem Publikum interagieren zu können und Schönheit und Frieden zu vermitteln, sodass es den Menschen *„in diesen zwei Stündchen“* gelingt, ihre Probleme zu vergessen.
Ich hatte schon unzählige Male das Vergnügen, als Partnerin von Denis Piza vor der schönen Aufgabe zu stehen, in einem Stück an seiner Seite zu tanzen - insbesondere beim Ballett *“Gefährliche Liebschaften”* von Jörg Mannes. Es ist sehr erfreulich, mit jemandem zu arbeiten, der so viel Liebe und Respekt für die Charaktere und die Choreografie vermittelt, die er interpretiert. Aber ich kann auch nicht umhin, hier zu erwähnen, wie herrlich es ist, ihn als Zuschauer zu bewundern. Denis gehört ganz zweifellos zu jenen Tänzern, die einen unvergesslichen Einfluss auf die Menschen im Publikum ausüben können, ohne auch nur einen einzigen Muskel zu bewegen. Er ist sich dessen sehr bewusst und setzt diese angeborene Qualität in der bestmöglichen Form ein:
„Der Tanz kann die Menschen - Zuschauer wie Tänzer - auf sehr unterschiedliche Weise beeinflussen: Er kann sie ins Reich der Phantasie entführen oder sie dazu anregen, über ihr eigenes Leben nachzudenken. Es bereitet mir viel Freude, wenn ich sehe, wie ich meine Zuschauer mit meiner Arbeit, mit den Bewegungen meines Körpers, mit meiner Darstellung sensibilisiere und Spuren in ihrer Seele hinterlasse... es ist sehr wichtig, dass ein Tänzer über große Ausdruckskraft verfügt. Dass er technisch gut ist. Dass er ein Künstler ist. Dass er ein Licht in sich trägt. Dieses ‚Licht‘ ist notwendig, damit man ihm glaubt, was er darstellt und tanzt. So kann der Zuschauer gemeinsam mit dem Künstler die Rolle erleben, die dieser darstellt.“
Und genau dieses Erlebnis haben wir, wenn wir ihm bei der Darstellung seiner Rollen zusehen.
Ich fragte ihn, ob es in Bezug auf Choreografen etwas gebe, das er sehr bewundert und das er für wichtig hält. Er antwortete:
“Ein guter Choreograf kann das Werkzeug, das er in seinen Händen hält, wertschätzen: den Tänzer. Er weiß, wie er ihn am besten einsetzen kann - und mit dem größten Respekt. Übrigens: Dieser Respekt muss von beiden Seiten kommen.“ Und er fügt hinzu: *„Ein guter Choreograf hat viele Qualitäten, die*

über eine gute Choreografie hinausgehen: Er muss an das glauben, was er choreografiert, er muss eine Ahnung davon haben, was er mit seinen Bewegungen ausdrücken möchte, und er muss in der Lage sein, dies dem Tänzer mitzuteilen, denn bei der Weitergabe an das Publikum ist der Tänzer sein Mittler. Er muss Geduld haben. Manchmal laufen die Dinge nicht so, wie es geplant war, schließlich hat er es mit menschlichen Körpern und deren Grenzen zu tun. Aber auch dann wird er sein Bestes geben, damit die Tänzer an ihn glauben."

Im Hinblick auf den Umgang mit seinem Körper antwortet Denis ganz offen: *Ich rauche nicht und trinke nur sehr wenig. Ich versuche stets, mich sehr gut zu ernähren, denn ich muss auf mein Arbeitsgerät achten. Eine gute Ernährung ist grundlegend für eine gute Regeneration. Ich kann nicht behaupten, dass ich Diäten mache, aber ich achte darauf, dass ich nicht allzu viel Frittiertes esse oder Erfrischungsgetränke oder Alkohol zu mir nehme."* Und lachend sagt er: *„Aber hin und wieder mal ein schöner Hamburger mit Pommes und ein Erfrischungsgetränk, das hat auch noch keinem geschadet...!"*

Ich fragte ihn, ob es eine bedeutende Lektion gegeben habe, die er im Laufe seiner Karriere durch den Tanz gelernt hat und die ihm in seinem täglichen Leben von großem Nutzen ist. Dazu sagt er:

„Ja! Der Tanz hat mich gelehrt, dass man die Ziele, die man sich gesetzt hat, mit Hingabe und harter Arbeit erreichen kann, selbst wenn sie unerreichbar scheinen. Ich bin heute da, wo ich bin, weil ich viel gearbeitet habe, weil ich geglaubt habe, dass ich es schaffe, und weil ich mich sehr darum bemüht habe. Ich habe gelernt, geduldig zu sein, und ich weiß mittlerweile, dass es manchmal am Besten ist, einfach abzuwarten, wenn es so aussieht, als ob es keine Lösung gäbe."

Und schämst du dich heute immer noch, zuzugeben, dass du Tänzer bist?

"In Deutschland schäme ich mich nicht, zu sagen, dass ich Tänzer bin. Und in Anbetracht meiner beruflichen Situation, die ja sehr gut ist, schäme ich mich auch in Brasilien nicht mehr. Die Kultur ist in Deutschland eine andere und die Menschen empfinden eine große Wertschätzung für die Kunst. Es ist nicht Falsches daran, Tänzer zu sein. Ich mache mir nicht mehr so viele Gedanken über das Urteil anderer. Ich kenne das Leben, das ich führe, und ich weiß, was es heißt, Tänzer zu sein. In Deutschland ist es zum Beispiel eine bezahlte Arbeit wie jede andere auch. In Brasilien ist es leider etwas komplizierter; die Leute schätzen das Ballett nicht so sehr und räumen ihm nicht den Stellenwert ein, den es verdient. Die Brasilianer halten andere Länder immer für bedeutender als ihr eigenes. Die Tatsache, dass ich in Deutschland tanze, macht mich in

ihren Augen etwas ‚wichtiger'. Würde ich in Brasilien tanzen, wäre die Bewunderung nicht ganz so groß. Letztendlich ist genau das der Grund, weshalb wir unser Land verlassen, oder? Wir nehmen das Beste, was wir haben, und bringen es ins Ausland. Das ist wirklich ausgesprochen schade."
Ein trauriger Moment?
"Als mein Vater schließlich starb, war ich mitten in meinen Abschlussprüfungen an der Schule in München. Ich konnte nicht nach Brasilien fliegen und mich verabschieden."
Ein bewegender Moment?
"Die Liebe und Zuneigung, die ich in diesem schwierigen Moment von meinen Freunden und Kollegen erfahren habe, denn das hat mir gezeigt, wie sehr sie mich mögen, und es hat mir die Kraft gegeben, weiterzumachen und nicht den Mut zu verlieren."
Ein unvergesslicher Moment?
„Der Abschied von meinem Vater, bevor ich zum Flughafen gefahren bin. Er lag in dem Krankenbett, das er zu Hause stehen hatte, und konnte mich leider nicht begleiten. Ich werde seine Traurigkeit nie vergessen. Ich habe ihn nicht mehr wiedergesehen..."
Im Jahr 2006, direkt nach dem Abschluss seines Tanzstudiums in München, stieß Denis zum Ensemble der Staatsoper Hannover. Wir waren gerade aus Linz (Österreich) zurückgekehrt und Jörg Mannes hatte die Stelle als Ballettdirektor und Choreograf in Hannover übernommen.
Seine ersten zwei Jahre bestanden aus schwerer Arbeit und einem gewaltigen Lernprozess. Bei vielen bedeutenden Rollen wurde er als Zweitbesetzung benannt und musste sie dadurch in ihrer Gänze lernen, tanzte jedoch weiterhin Gruppenchoreografien und hatte nur sehr sporadisch die Möglichkeit, als Solist aufzutreten.
So sammelte er viele Erfahrungen auf der Bühne und mit der Umsetzung von choreografischem Material, auch bei der Arbeit mit diversen Gastchoreografen. Das Warten lehrte ihn Geduld, aber es entfachte in ihm auch den Wunsch zu wachsen.
Als er 2007 in dem Stück ***"Duende"*** des Gastchoreografen **Nacho Duatto** als Zweitbesetzung auftrat, erkannte Jörg Mannes auf der Stelle, was in ihm steckte, und erklärte noch am selben Abend, wie sehr ihn die überraschende Leistung von Denis bewegt habe. Denis hat es immer gut verstanden, Gelegenheiten beim Schopf zu packen; er war stets wachsam und hat seine Chancen genutzt. In der Spielzeit 2008/2009 fiel bei der Premiere des Stücks ***„Steptext"*** von **William Forsythe** ein Tänzer wegen einer schweren Verletzung aus. Denis war die Zweitbesetzung, und er tanzte nicht nur die

Premiere, sondern übernahm die Rolle während der gesamten Spielzeit mit beiden Besetzungen. Und er war brillant!
Von da an folgte ein großes Ballett auf das nächste. Er erhielt immer mehr Rollen mit hoher technischer Verantwortung und darstellerischem Gehalt, nur war er diesmal die Erstbesetzung. Sein Talent erblühte vor unseren Augen mit jedem Tag mehr. Und das Publikum belohnte ihn mit Applaus und Bravorufen.
In der Spielzeit 2009/2010, als Jörg Mannes für das Hannoversche Ballett das Stück *„Gefährliche Liebschaften"* neu choreografierte, hatte Denis schließlich die Chance, zu zeigen, dass seine Hingabe und Disziplin ihn bereit für Großes gemacht hatten. Wieder musste er Seitenblicke und ungläubige Kommentare über sich ergehen lassen, denn mit nur 25 Jahren sollte er die Rolle des *Vicomte de Valmond* übernehmen - eines reifen und erfahrenen Charakters - während verschiedene andere Tänzer des Ensembles - die älter waren und über mehr Erfahrung verfügten - der Meinung waren, dass sie dieser Aufgabe mit größerer Wahrhaftigkeit nachkommen könnten.
Heute betrachtet Denis diese Spielzeit als seine größte berufliche Herausforderung. Niemals zuvor hatte er für ein Stück einen so starken Fokus entwickeln müssen. Es hat ihn technisch wie emotional an seine Grenzen und darüber hinaus gebracht.

Im Jahr 2010 wurde Denis Piza als bester Darsteller des Balletts *„Gefährliche Liebschaften"* für den ***Deutschen Theaterpreis Der Faust*** nominiert, einen Preis, der als *"Oscar des deutschen Theaters"* gilt. Es war die erste Nominierung für diesen Preis in der Geschichte des Balletts der Staatsoper Hannover.
Heute ist Denis 1. Solist und weiß mit absoluter Sicherheit, dass sein Vater, wo immer er jetzt auch sein mag, sehr stolz auf den Weg ist, den er zurückgelegt hat.

Wenn du dich noch einmal neu entscheiden könntest, würdest du wieder Tänzer werden?
„Wenn ich mich noch einmal neu entscheiden könnte... würde ich alles ganz genauso machen. Ich liebe mein Leben. Ich würde vielleicht versuchen, ein paar Fehler auf dem Weg zu korrigieren, aber ich würde alles noch einmal machen. Es bedeutet für mich die größte Verwirklichung, da zu sein, wo ich bin. Erreicht zu haben, was ich erreicht habe. Gott sei Dank bin ich sehr glücklich! Auch wenn mir meine Familie sehr fehlt, besonders meine Geschwister."

Im Jahr 2010, einen Tag nach der Gala zur Verleihung des Faust-Theaterpreises, erhielt Denis die furchtbare Nachricht, dass seine Mutter in Brasilien verstorben war. Wieder einmal wurde deutlich, welches Verhängnis es für ihn ist, dass der berufliche Erfolg mit einer so großen Entfernung zu denjenigen einhergeht, die er am meisten liebt und die ihm seinen Triumph ermöglicht haben.

"Gefährliche Liebschaften"- Cássia Lopes & Denis Piza

Choreografie Joerg Mannes ***(©Joerg Mannes)***

"Inferno" - Hannover - 03.05.2013
Choreografie Joerg Mannes ↓

(©Joerg Mannes)

"Ein Stück Zeit"
Hannover 2010
Choreografie Joerg Mannes
←

(©Joerg Mannes)

Catherine Franco

2001 von Jörg Mannes als Gast am Stadttheater Bremerhaven eingestellt
2002 Ensembletänzerin im gleichen Theater
2004 Solotänzerin am Landestheater Linz
seit 2006 (bis heute) Solotänzerin an der Staatsoper Hannover

Catherine Franco, heute (2014) 32 Jahre alt, ist in der Hauptstadt von São Paulo zur Welt gekommen und begann im Alter von 7 Jahren bei **Paula Firetti** mit dem Tanzen. Sie hat die Sekundarschule abgeschlossen und darüber hinaus ein Diplom an der **E.M.B.S.P.** (**E**scola **M**unicipal de **B**ailados de **S**ão **P**aulo, Städtische Tanzschule São Paulo) gemacht. Dabei wurde ihr und ihrer Familie, die sie, wie sie selbst sagt, *„immer unterstützt und für meine Erfolge gezittert hat"*, sehr bald klar, dass Catherine Brasilien würde verlassen müssen, wenn sie sich in diesem Berufsfeld verwirklichen wollte.

Sie erinnert sich an ihre ersten Schritte in Richtung Ausland: *„Ich bin über das* ***Seminário Internacional de Dança de Brasília*** *(seit Jahren organisiert von* ***Gisele Santoro****) nach Deutschland gekommen. Ich hatte zwei Stipendien erhalten: Eines für die* ***Ballettschule der Wiener Staatsoper*** *und eines für die* ***Akademie des Tanzes Mannheim****, die von der renommierten Tänzerin* ***Birgit Keil*** *geleitet wurde. Frau Keil bot mir an, einen Abschluss zu machen, der einem Hochschuldiplom in dieser Sparte entsprechen würde, während ich gleichzeitig Erfahrungen auf der Bühne und bei der Arbeit mit verschiedenen Choreografen sammeln könnte, was mich sehr reizte. Es ist dann auch tatsächlich so gekommen."*

So arbeitete sie im Zuge ihrer Ausbildung mit vielen Choreografen zusammen, und in ihrem letzten Jahr bekam sie die Gelegenheit, eine Choreografie von Jörg Mannes zu interpretieren, der von Birgit Keil eingeladen worden war, um ein Duett zu choreografieren, in dem Catherine Franco und Thiago Bordin die Hauptdarsteller sein sollten. Es war ein glückliches Zusammentreffen: Jörg Mannes engagierte sie sofort als Gasttänzerin für Bremerhaven.
Ich erinnere mich genau an meine erste Begegnung mit Catherine. Jörg Mannes war bereits seit einem Jahr der künstlerische Leiter und Choreograf des Stadttheaters Bremerhaven, wo ich als Solistin arbeitete, und wir waren mit der Produktion des *„Glöckners von Notre-Dame"* befasst. Für das Corps de Ballet wurden einige Gasttänzer engagiert - denn das Bremerhavener Ensemble war sehr klein - und darunter war auch Catherine Franco, die die Tanzschule verlassen hatte. Ich weiß noch, dass sie mir auf der Stelle sympathisch war. Ein liebreizendes Mädchen mit einem wunderbaren Charakter, einer sehr gepflegten Technik, einem hübschen Äußeren und… sehr… aber wirklich sehr jung. Auch Jörg Mannes erkannte ihre Qualitäten. Nur 6 Monate später erhielt sie einen Vertrag als fest angestellte Tänzerin in Bremerhaven und begann, herausragende Rollen zu übernehmen. Ihr Stern ging auf.

Aber um diesen Punkt zu erreichen, musste Catherine bei ihrer Ankunft in Deutschland eine schwere Prüfung bestehen: die Prüfung fürs Leben, die Frage, ob sie den Erfolg wirklich wollte! Die Entfernung von ihrer Familie, insbesondere von ihren Schwestern, zu denen sie immer ein enges Verhältnis gehabt hatte, machten ihre ersten Monate in Deutschland zu einer sehr schmerzhaften Zeit für ihre Seele. Sie brauchte viel Willenskraft, um sie zu ertragen. Heute lachen wir oftmals über ihre Erzählungen, wenn sie sich an die Kümmernisse erinnert, die sie damals durchlebte. Und wenn ich sage, dass wir „oftmals lachen", meine ich damit nicht, dass wir ihrem Leben keine Bedeutung beimessen – nein, ich beziehe mich vielmehr auf die wunderbar gute Laune, mit der Catherine ihre Probleme und Schwierigkeiten betrachtet. *„Mein Start hier in Deutschland war sehr schwierig, beinahe traurig: meine Familie so weit weg, die Sprache, die Kälte. Es war alles so anders. Aber meine Familie hat mich auch aus der Ferne immer unterstützt und mich in meiner Entscheidung bestärkt. Und mir wurde klar, dass ich in der Schule und mit der Ausbildung, die ich machte, glücklich war."*

Auch als sie bereits den festen Vertrag hatte und ihre berufliche Entwicklung augenfällig wurde, blieb Catherine in Bremerhaven sehr allein. Das nasse und kalte Klima, so dunkel und traurig, machte das Gefühl der Einsamkeit nur noch stärker.
Zwar hat ihr sanftes Wesen ihr immer wieder gute Freunde fürs Leben beschert, aber der Kummer war stark, und so widmete sie sich intensiv ihrer Arbeit, um die Traurigkeit zu besiegen.

Im Juli 2004, nur zwei Jahre nachdem sie für das Corps de Ballet engagiert worden war, folgte sie Jörg Mannes nach Österreich und übernahm dort die Position einer Solistin in dem Ensemble. Und mit **Samuel Azevedo**, der damals zu ihrem Ehemann wurde, schwand auch das Gefühl der Einsamkeit, das die Entfernung von ihrer Familie in ihr ausgelöst hatte. Er füllte die gewaltige Leere in ihrem Herzen, selbstlos und voll Verständnis für die Arbeit seiner Frau.

Linz bedeutete eine einzigartige und unvergleichliche Entwicklung für Catherines Laufbahn. Sie war immer noch sehr jung, kaum älter als 20 Jahre, und hatte nun die Möglichkeit, Rollen mit großem künstlerischem Gehalt und einer ungeheuren technischen Verantwortung zu interpretieren. Sehr bewegt erinnert sie sich an *„Romeo und Julia"*, eine der berührendsten Rollen ihrer

Karriere. Sie sagt: *„Ein guter Tänzer vereint meiner Meinung nach künstlerische, technische und ästhetische Qualitäten, die bei der Umsetzung einer Arbeit zu einer einzigartigen Funktion verschmelzen. Und ein guter Choreograf versteht es, Wege zu finden, um dem Tänzer dies zu ermöglichen. Bei ‚Romeo und Julia' habe ich mich frei gefühlt, mich ganz aufrichtig auszudrücken, auch wenn ich dafür hart arbeiten musste. Ich hege sehr zärtliche Gefühle für dieses Stück."*

Als wir im Jahr 2006 zusammen mit Jörg Mannes nach Deutschland zurückkehrten (an die Staatsoper Hannover), begann Catherine, hauptsächlich die liebreizenden und charismatischen Rollen zu übernehmen, während ich die etwas reiferen erhielt, in beiden Fällen jedoch mit großem dramatischem Potential. Eine perfekte Symbiose. Sehr bald schon wurde sie zur Hauptsolistin befördert und tanzte als solche die *„Cinderella", „Julia", „Clara"* (im „Nussknacker"), *„Puk"* (im „Sommernachtstraum"), *„Cécile de Volange"* („Gefährliche Liebschaften"), *„Giulia Farnese"* ('Inferno') und *"Madame Bovary"* sowie Hauptrollen in abstrakten Balletten oder Produktionen von Jörg Mannes und anderen Gastchoreografen.

An dieser Stelle möchte ich eine kurze Erklärung einflechten: Die liebreizenden und charismatischen Rollen dürfen nicht für „leicht" gehalten werden. Es gibt zahlreiche Darsteller, die sie unterschätzen. Ich persönlich habe eine Heidenangst vor ihnen. Die reizenden Rollen sind ebenso schwer darzustellen wie die tragischen. Beide Arten bedürfen besonderer Talente; man muss sie gut umzusetzen verstehen, damit sie nicht schmalzig und aufgesetzt wirken.

Sie kommentiert: *„Eine der großen Lektionen, die ich in all diesen Jahren gelernt habe, ist, dass man hart arbeiten muss, mit Hingabe und großer Liebe zu dem, was man tut... und das gilt im Grunde für alles im Leben. Das ist auch einer der Pläne, die ich für meine Zukunft hege: Stets glücklich zu sein, unabhängig davon, ‚wo' ich etwas mache und ‚was' ich mache."*

Und auch im Angesicht von Situationen wie der folgenden verliert sie nicht die gute Laune:

„Ich sage mit Stolz von mir, dass ich Tänzerin bin, auch wenn mich in Brasilien immer noch häufig Leute fragen, wann ich denn mal anfangen möchte, ‚wirklich zu arbeiten'... als ob das, was ich jeden Tag acht Stunden lang bis zur Erschöpfung mache, ***nur*** *ein Vergnügen wäre."*

Catherine macht kein Geheimnis aus ihrem Erfolgsrezept. Neben der vielen Arbeit herrscht auch die stählerne Disziplin des Alltags:
"Ich rauche nicht und trinke ganz selten einmal ein Glas Wein. Ich ernähre mich gut, auch wenn ich dank meines guten Stoffwechsels keine Diäten machen muss. Aber ich bin der Meinung, dass das Aussehen in unserem Beruf von grundlegender Bedeutung ist, und wenn jemand Probleme mit dem Gewicht hat, sollte er sich professionelle Hilfe suchen, um seinen Körper gut in Form zu halten, ohne dabei den Respekt vor seinem Arbeitsgerät zu verlieren. Ich habe meinem Körper nie mehr abverlangt, als er in dem jeweiligen Moment zu geben bereit war. Und selbst so habe ich drei Operationen am Meniskus über mich ergehen lassen müssen. Wir müssen in unserem Beruf sehr vorsichtig sein. Nur nicht überanstrengen."

Und dann waren es mit einem Mal nicht mehr nur die reizenden und charismatischen Rollen, die ihre Stärke ausmachten, nein, auch ihre darstellerische Reife wurde auf die Probe gestellt. In dem Ballett *„Sissi"* vertraute Jörg Mannes ihr 2012 die Rolle der ***Romy Schneider*** an. Eine überaus interessante Persönlichkeit, aber auch ein dramatischer und intensiver Charakter, voller Wandlungen und emotionaler Instabilität. Ein Portrait der großen Schauspielerin und ein Volltreffer, Catherine für seine Darstellung zu wählen.

Ihre Hingabe und ihr Einsatz bei der Entwicklung dieser Rolle waren bewegend. Sie las alles über die Schauspielerin, sah sich ihre Filme an, besuchte die Orte, an denen sie gelebt hatte, ging zu Ausstellungen über ihr Leben... Catherine studierte die Körpersprache von Romy, ihre Mimik, sie lernte, wie sie zu gehen, zu stehen, Arme und Kopf wie sie zu bewegen. Es war eine intensive Studie dieser Persönlichkeit und ihrer markantesten Züge; sie lebte die Zeiten des Kummers und der Traurigkeit nach, die diese Frau durchlitten hatte, aber auch ihre Freuden und ihre Erfolge.
Die Bemühungen trugen Früchte. Catherine feierte einen unbeschreiblichen lokalen Erfolg und wurde darüber hinaus aufgrund ihrer Leistung als beste Darstellerin der Spielzeit für den ***Deutschen Theaterpreis Der Faust*** nominiert - es war die zweite Nominierung in der Geschichte des Balletts der Staatsoper Hannover.

Auf die Frage, was ihr bis heute größter Erfolg als Tänzerin gewesen sei, antwortet sie ohne die Spur eines Zweifels: *„Die Nominierung für den Faust-*

Preis. Sie hat mich mit so viel Dankbarkeit und Rührung erfüllt, denn die ***Nominierung*** *kommt (im Gegensatz zum* ***Preis*** *selbst) nicht von einer aus ein paar ausgesuchten Leuten bestehenden Jury, sondern ergibt sich aus einer allgemeinen Abstimmung unter verschiedenen Ballettdirektoren in Deutschland."*

Ein trauriger Moment?
"Sie kommen immer wieder, wenn ich mich von meiner Familie verabschiede..."

Ein bewegender Moment?
"All die Male, wenn ich auf der Bühne stehe."

Ein unvergesslicher Moment?
"Die Verleihung des ***Faust-Preises****."*

Die Ehrlichkeit in ihrer Darstellung und die Liebe zu dem, was sie tut, sind offenkundig. Aber ich bat sie, den Versuch einer Definition dessen zu wagen, was der Tanz für sie bedeutet. Und sie sagte:
"Der Tanz ist für mich sehr viel mehr als meine Arbeit, er ist zu meiner Lebensart geworden. Ich weiß sicher, dass ich für den Rest meines Lebens von mir sagen werde, dass ich Tänzerin bin. Auch wenn ich vielleicht eines Tages aufhören muss zu tanzen... denn ich bin glücklich damit und werde nichts an meinem Leben ändern. Ich muss mir keinen anderen Beruf suchen, denn nicht ich habe ihn gewählt – der Tanz hat mich gewählt."

Uns, als Publikum und als Kollegen, bleibt nur der Wunsch, dass Catherine Franco noch viele, viele Jahre lang die Bühnen zum Strahlen bringen wird, auf die sie ihren Fuß setzt.

Samuel Azevedo
Ohne den Erfolg von Catherine oder die Bedeutung ihres Berufs jemals in Zweifel zu ziehen, ist Samuel in all diesen auf großem Respekt und tiefer Liebe gründenden Jahren des Zusammenlebens ihre größte Stütze gewesen - in denen auch er unter der Entfernung zu seiner eigenen Familie und den durch die Auswanderung bedingten kulturellen Unterschieden gelitten und sich letztlich vollkommen an dieses System angepasst hat, um seiner Frau bei ihrer

beruflichen Entwicklung eine unschätzbare Hilfe zu sein. Ich betrachte diese Verbindung mit dem allergrößten Respekt.
Sobald er in Linz eintraf, erlernte Samuel in Rekordzeit den Beruf des „Korrepetitors für das Ballett" - eine Tätigkeit, die für die Proben und die choreografischen Prozesse von ungeheurer Bedeutung ist, denn er muss alle Stellen der Ballette (Choreografien) notieren und in der Musik minutengenau den Zeitpunkt kennen, an dem sie stattfinden. Dafür hat er in einem Wahnsinnstempo die spezifische Nomenklatur des Tanzens gelernt. In den zehn Jahren, die er nun in Europa lebt, hat er darüber hinaus neben seiner täglichen Arbeit beim Ensemble auch noch zwei berufliche Fortbildungen absolviert. Nachdem er seine Trainerlizenz erhalten hatte, hat er vor kurzem ein Fitnessprogramm entwickelt, das speziell auf Tänzer zugeschnitten ist, die abnehmen und die Herz-Kreislauf-Funktion, die Mobilität und Dehnung, die Kondition der Muskeln, die Kraft und die physische Konstitution verbessern möchten. Ich selbst habe mit diesem für das Ballett so praktischen und hilfreichen Training exzellente Ergebnisse erzielt. Seine Übungen haben es mir ermöglicht, alle Performances (Auftritte) unseres Balletts in der Spielzeit 2014 wahrzunehmen, und zwar trotz meiner kürzlich erfolgten Operation am linken Knie, die auch eine Verletzung des vorderen Kreuzbands mit einbezog.

Abschließend möchte ich noch einmal ganz deutlich sagen, dass es nicht nur die Tänzerin ist, die ich so sehr liebe und achte und die ich ehren möchte, sondern auch die wunderbare Seele, die Catherine Franco auszeichnet. Als ich am Ende des Kapitels ***„Im tiefen Tal"*** von den großartigen Menschen sprach, die mir in den dunkelsten Momenten meines Lebens in Linz durch ihre Liebe und Fürsorge Halt gegeben haben, meinte ich damit ohne jeden Zweifel diese beiden Engel, Catherine Franco und Samuel Azevedo, die mir unzählige Male mit sanften, zärtlichen Worten, festen Umarmungen und fröhlichem Lachen, mit unvergesslichen Spaziergängen und entspannten Unterhaltungen zu Hilfe gekommen sind und es mir so zumindest für ein paar Augenblicke gestattet haben, die unendlichen Schmerzen zu vergessen, die die Entfernung zu meinen Kindern in mir auslöste. Ich werde ihnen für alle Ewigkeit dankbar dafür sein!

Vor kurzem hat es übrigens eine einschneidende Veränderung im Leben dieser beiden wundervollen Menschen gegeben: Nun dürfen sie selbst erfahren, welch wunderbares und zugleich tragisches Gefühl die Mutter- und Vaterliebe ist, denn im November 2015 hat die kleine Maria Olivia das Licht der Welt erblickt und sich unversehens ihren Platz in ihren Herzen und ihrem Leben erobert.

←
"SISSI"
Catherine (als Romy Schneider)
Hannover 17. 11.2012

Choreografie Joerg Mannes

(©Samuel Azevedo)

"Wahlverwandtschaften" ↓

Hannover 07.02.2014

Choreografie →
Joerg Mannes

Catherine & Denis

(©Samuel Azevedo)

←
"Goldberg Variationen"
Catherine & Denis
Hannover - 16.05.2008
Choreografie Joerg Mannes

(©Joerg Mannes)

"Inferno"
Catherine & Denis
Hannover 03.05.2013
Choreografie Joerg Mannes
↓ ***(©Joerg Mannes)***

Isis de Albuquerque

2003 wurde sie erstmals in Braunschweig unter Vertrag genommen (Staatstheater Braunschweig), in der Folge dann in Dortmund (Stadttheater Dortmund), Kiel (Theater Kiel)
2010 als Solistin in Leipzig (Oper Leipzig)

"Mein Name ist Isis Calil de Albuquerque, ich bin 29 Jahre alt. Seit 11 Jahren bin ich professionelle Tänzerin in Deutschland. Im August 2010 habe ich meine Tätigkeit an der Oper Leipzig aufgenommen, wo ich als Solistin arbeite."

Wenn Isis sich vorstellt, geschieht das auf eine so ehrliche, freundliche, eindeutige und ernsthafte Weise, dass es unmöglich ist, nicht auf der Stelle Sympathie für diesen liebenswerten Menschen zu empfinden. Ebenso spannend ist es, sie zu beobachten, wenn sie tanzt, wenn sie arbeitet und wenn sie eine Choreografie lernt oder lehrt. Es gibt einem die Chance, das Licht zu sehen, mit dem sie durch dieses Leben geht.

Ich habe sie im Jahr 2008 kennen gelernt, noch in Kiel, bei einer Gala, die vom Kieler Theater auf die Beine gestellt worden war und bei dem Catherine Franco und ich - zusammen mit zwei Tänzern des Hannoverschen Ensembles - ein Stück aus dem Ballett ***"Stabat Mater"*** (Choreografie von Jörg Mannes) tanzen sollten. Es war eine sehr schlichte Begegnung, wie Isis nun einmal ist: schlicht, eindeutig und denkwürdig sympathisch.

Obwohl wir keine tiefe Freundschaft zueinander aufgebaut haben, war alles sehr, sehr einfach, als wir uns im Jahr 2014 in Hannover wiedersahen. Einfach im Sinne eines schnellen Zugangs zum anderen, ohne Zwischentöne. Genau so sind auch ihre Bewegungen, ist ihr Tanz: präzise, direkt, ohne Umwege.

Was mich an Isis am meisten beeindruckt: ihr Charakter, ihre Ehrlichkeit.

Wir studierten in Hannover das Stück ***„Chaplin"*** (von Mario Schröder) ein, und Isis kam, um uns einen Teil der Choreografie beizubringen, denn sie tanzt seit beinahe 10 Jahren für diesen Choreografen (seit 2004 - Kiel) und ist eine ausgezeichnete Vertreterin seines choreografischen Stils.

Wir waren alle so beeindruckt von der Klarheit, Objektivität und Präzision, die sie im Entstehungsprozess bewies, dass sie nach der Premiere in Hannover zusammen mit dem offiziellen Choreografieassistenten vom gesamten Ensemble geehrt wurde.

Damals erfuhr ich auch mehr über ihre Laufbahn und lud sie ein, an der Entstehung dieses Buches mitzuwirken, was sie auf der Stelle annahm.

Im Alter von 6 Jahren begann Isis mit dem klassischen Ballettunterricht, und zwar im Studio Contemporâneo das Artes, heute *Studio de dança Luciana Junqueira*, in Ribeirão Preto (SP).

Ihre Leidenschaft für den Tanz zeigte sich schon sehr früh, und bald verbrachte sie all ihre Nachmittage in der Akademie und nahm Stunden im klassischen Ballett, in Jazz, modernem Tanz und Stepptanz. Mit ungefähr 12 Jahren war sie sich sicher, dass es das war, was sie in ihrem Leben machen wollte: Sie wollte professionelle Tänzerin werden. Was anfangs ein Hobby gewesen war, wurde nun eine ernsthafte Arbeit: *„Ich hatte einen Traum und scheute keine Mühen, um ihn zu verwirklichen. Sobald die Schule mittags aus war, aß ich etwas und machte mich dann auf den Weg zur Akademie, jeden Tag. Dort blieb ich bis 9, 10 Uhr abends. In probenintensiven Zeiten ging ich auch an den Wochenenden. Mit unserer kleinen Gruppe fuhr ich zu Wettbewerben und Kursen. Wir gewannen verschiedene Preise auf Festivals im ganzen Land."*

Dank des Lobs, das sie bei diesen Auftritten erhielt - und das war nicht selten - fühlte sie sich immer stärker angespornt: *„... dieses Detail ließ mich daran glauben, dass der Traum möglich war. Ich träumte davon, vom Tanz zu leben, die Welt zu erobern, eine neue Kultur kennenzulernen und die Welt mit anderen Augen zu sehen. Ich hatte hochfliegende Träume. Ich erinnere mich an all die Tage, an denen ich aus dem Fenster des Raumes sah, in dem ich Ballettunterricht hatte, und betete: Lieber Gott, ich möchte Tänzerin werden, bitte hilf mir, diesen Traum zu verwirklichen!"*

Sie erinnert sich, dass sie in der regulären Schule immer gute Noten gehabt hat. Mehr als einmal erhielten ihre Eltern am Ende des Schuljahres einen Brief, in dem man ihr gratulierte, weil sie Klassenbeste gewesen war. Vielleicht haben sie sich deshalb eine andere Zukunft für ihre Tochter vorgestellt, mit einem Studium an einer guten Universität und einem erfolgreichen Beruf, was man in Brasilien in keiner Weise mit dem Tanz verbindet.
„Ich habe noch das zweite Jahr der Mittelschule absolviert und bin dann zum dritten nicht mehr angetreten. Ich glaube, es war ein Schock, als ich mich im Alter von 16 Jahren mit meinen Eltern zusammensetzte und ihnen sagte, dass ich alles hinwerfen und nach Deutschland gehen wollte, um dort vorzutanzen und mich auf das Wagnis eines Berufslebens in Europa einzulassen. Auch wenn nur noch ein Jahr bis zum Schulabschluss fehlte, spürte ich, dass der rechte Moment gekommen war und ich gehen musste."

Es bewegt mich, sie Worte sagen zu hören, die denen so ähnlich sind, die ich selbst wähle, um meine Erfolge zu beschreiben: *„Irgendwie hat sich das Universum zu meinen Gunsten verschworen, und sie (meine Eltern) haben ihren Glauben in mich gesetzt. Sie haben Ja gesagt. Es erschien mir wie ein Wunder! So habe ich mit 17 Jahren alles zurückgelassen, was ich kannte, und mich auf den Weg gemacht, auf der Suche nach einer ungewissen Zukunft."*

Die Schwierigkeiten der abrupten Ankunft haben sich ihr ins Gedächtnis gebrannt. Heute kann man nicht mehr sagen, dass die anfänglichen Probleme Spuren in ihrer Seele hinterlassen haben, aber ja, sie sind hängen geblieben… Auch wenn sie sich daran erinnert, viel Unterstützung von Seiten ihrer Familie, ihrer Freunde und ihres Freundes erfahren zu haben - der damals bereits Tänzer in Deutschland war - hat sich die Zeit der Anpassung als Ausländerin und der Suche nach Arbeit tief in ihre Erinnerungen gegraben:
„Es ist für ein brasilianisches Mädchen, das die Sonne und den Trost der Familie gewöhnt ist, nicht leicht, allein in ein so weit entferntes und so fremdes Land zu ziehen - ohne die Sprache zu sprechen, ohne die kulturellen Unterschiede wirklich zu verstehen, ohne Freunde. Es war eine lange und schwierige Phase der Anpassung. Da waren so viele Unterschiede: die Kultur, das Klima, die Ernährung, die Einsamkeit. Und daneben natürlich die Schwierigkeit, eine Arbeit zu finden, wenn man im Lebenslauf nichts zu bieten hat als eine abgebrochene Schulbildung auf einer brasilianischen Privatschule, die hier kein Mensch kennt, und ein paar Kurse und Auszeichnungen im Tanzbereich, die hier nichts wert sind…"

Es war ein sehr schwieriges Jahr voller Enttäuschungen. In den ersten zwei Wochen begleitete sie ihr Vater und half ihr bei der Reise und der Unterkunft fern von zu Hause. Auch ihre Mutter und ihre Schwester machten ihr Mut, obwohl es ihrer Mutter sehr wehtat, dass die Tochter ausgezogen war, und sie sie sehr vermisste. Sie war immer an ihrer „Seite": *„Auch wenn sie nicht da war, war sie präsent, auf diese Weise, wie Mütter das nun einmal sind. Meine Freunde und die übrigen Verwandten haben immer den Kontakt zu mir gehalten, und das hat mir in den einsamen Stunden sehr geholfen."*
Und schließlich, nach einem Jahr, wurde Isis vom Staatstheater Braunschweig unter Vertrag genommen. Direkt danach ging sie ans Stadttheater Dortmund, ans Theater Kiel und an die Oper Leipzig, wo sie bis heute ist.
Sie erinnert sich noch, dass sie sich in ihren ersten Jahren in Deutschland nur schwer hat vorstellen können, längere Zeit in diesem Land zu leben. Beruflich konnte sie sich verwirklichen und war sehr glücklich, aber die kulturellen Unterschiede waren nach wie vor gewaltig, und es dauerte lange, bis sie sich wirklich „zu Hause" fühlte. Im Laufe der Zeit wurde alles besser und einfacher: *„Ich habe die Sprache gelernt, Freunde gefunden, bin beruflich gewachsen und habe mich an die gewaltigen Unterschiede zwischen diesen beiden Ländern gewöhnt. Manchmal überrascht es mich selbst, wenn ich darüber nachdenke, dass ich seit 12 Jahren hier bin, jetzt mit einem deutschen Pass in der Hand und einer Persönlichkeit, die tief von dieser Kultur*

beeinflusst worden ist. Letztendlich habe ich Brasilien als Mädchen verlassen und bin hier zur Frau geworden."

Als ich sie fragte, ob sie sich für ihren Beruf schäme, blickte sie mich zuerst einmal merkwürdig an, antwortete dann aber mit der Objektivität und dem Humor, die typisch für sie sind:
„Ich schäme mich nicht für meinen Beruf. Ganz offensichtlich klingt es besser, wenn ich sage, dass ich Tänzerin in Deutschland bin, als wenn ich es in Brasilien wäre. Unser Land fördert die Kultur leider nicht, und noch viel weniger den Tanz, und ein Großteil der Bevölkerung weiß nicht sehr viel über das Thema. Deshalb bekommt man in Brasilien oftmals einen Blick aus dem Augenwinkel zugeworfen, wenn man erwähnt, dass man Tänzerin ist - so in der Art: ‚Die Arme, das ist ja kein Beruf.' Aber wenn man hinzufügt, dass man Tänzerin ‚in Deutschland' ist - oh, da wird der Blick schon anders! Brasilianer schätzen im Allgemeinen alles höher, wenn es aus dem Ausland kommt. Hier in Deutschland wird die Kunst mit anderen Augen betrachtet. Die Menschen haben eher die Gewohnheit, ins Theater zu gehen und ihre Kinder mitzunehmen; sie schätzen die Kunst, sei es nun der Tanz, die Musik, die Oper oder das Theater. Tänzerin zu sein ist hier nicht gleichbedeutend damit, verrückt zu sein und ohne Geld und Sicherheit zu leben. Hier ist man ein bewunderter Künstler und arbeitet mit aller notwendigen sozialen Absicherung. Die Ironie ist, dass ich nun gerade aus Brasilien stamme - also genau daher, wo ich nicht für das geschätzt werde, was ich tue - und hier Erfolg habe."

Ich hakte nach… Ich wollte mehr über ihr Leben als Tänzerin wissen, und ich wollte wissen, was ihr im Bereich des Tanzens den größten Kummer bereitet hat:
„Mein größter Kummer als Tänzerin ist - abgesehen davon, dass ich viele Jahre lang weit entfernt von meiner Familie und so vielen Menschen verbringe, die ich liebe - die Sorge und das Ringen darum, den Körper und den Geist gesund und stabil zu halten. Manchmal fällt das leicht und geschieht ganz natürlich… Manchmal hingegen ist es eine Qual. Tänzer zu sein erfordert Tag für Tag eine enorme mentale und körperliche Anstrengung. Schmerzen, Verletzungen und Müdigkeit sind nur allzu häufig. Und müde und unter Schmerzen zu arbeiten ist sehr frustrierend, wenn auch sehr üblich. Hin und wieder benötigt man eine gewaltige, schier unnormale Kraft, um weiterzumachen, nicht aufzugeben und nicht durchzudrehen."

Du bist also auch der Meinung, dass das Ballett “wehtut”? Hast du viele Schmerzen, wenn du tanzt?

“Ich habe körperliche Schmerzen, ja. Wie ich schon sagte, es ist ganz normal, hier ein Zipperlein zu haben und ein anderes dort. Es gibt keinen Tänzer, bei dem das nicht so wäre. So ein Körperteil ist schnell zu sehr belastet, und dann beschwert sich sofort ein Muskel, ein Gelenk, eine Sehne oder ein Band. Ganz abgesehen von den Schmerzen, die durch schlicht verspannte Muskeln hervorgerufen werden. Aber das ist das geringste Problem, es gehört zum Beruf. Viel schwieriger ist der Umgang mit ernsthaften Problemen, wie dem Bandscheibenvorfall im Lendenbereich, der vor 4 Jahren bei mir festgestellt wurde. Ich habe mit den Rückenschmerzen gelebt, bis ich auf eine Reihe von Übungen gestoßen bin, die meine Muskeln gestärkt und mir geholfen haben, die Beschwerden zu lindern. Ich mache diese Übungen mit beinahe religiöser Hingabe, auf der Jagd nach einem schmerzfreien Leben, und es funktioniert. Auch ernsthafte Verletzungen hatte ich, zumindest eine. Ich habe mir auf der Bühne das Knie verstaucht und es kam zu einer erheblichen Schädigung des Knorpels. Ich bin nicht operiert worden, denn in meinem Fall gab es nichts, was man hätte tun können, aber ich bin 3 Monate an Krücken gegangen, konnte 6 Monate nicht arbeiten und habe mehr oder weniger ein Jahr gebraucht, bis ich wieder alles machen konnte. Mit dem Knie habe ich heute keine großen Probleme mehr, aber natürlich ist es nie mehr so geworden wie vorher. Ich muss sehr bewusst arbeiten und messen, wie viel Druck es auszuhalten hat, um sicherzustellen, dass das nicht noch einmal passiert.“

An dieser Stelle wollte ich von ihr wissen, was der Tanz für sie bedeutet. Warum ist es so wichtig, hier zu sein und fern von Familie und Heimatland all diese Qualen durchzustehen? Schmerzen zu haben, müde zu sein, Frust zu erleben, sich zu verletzen… aufzupassen, dass man nicht durchdreht… Ihre Antwort war bewegend.

“Der Tanz ist für mich beinahe alles. Seit ich aufrecht stehen gelernt habe, beginnt mein Körper ganz von selbst, sich zu bewegen, wenn ich Musik höre. Ich erinnere mich an die Feste in meiner Kindheit - da habe ich so viel getanzt, dass es meine Familie vollkommen erstaunt hat. Vermutlich hat mich meine Mutter deshalb beim Ballett angemeldet. Ich tanze zu Hause, im Bad, allein, zu zweit. Musik und Tanz begleiten mich, wohin ich auch gehe. In meinem Beruf bringt mich der Tanz vom Himmel in die Hölle. Tanzen und gleichzeitig darstellen zu dürfen ist ein Privileg. Der Tanz ist nicht nur mein Beruf. Er ist meine körperliche und geistige Gesundheit, meine Disziplin, mein Zorn und meine Freude. Und neben all dem ist er ein Traum, vielleicht der größte

meines Lebens. Ein ferner und beständiger Traum, erkämpft mit aller Kraft, die ich zum Kämpfen in mir habe. Der Tanz ist meine Verbindung zum Himmel, zu Gott, zum Universum. Wenn ich auf der Bühne stehe, spüre ich, dass meine Seele nicht an diese Welt gebunden ist, sie steigt auf in höchste Höhen, in die Unendlichkeit."

Und würdest du sagen, dass du glücklich bist? Dass du glücklich bist, auch wenn deine Verwirklichung direkt mit einem bestimmten Grad an Qual verbunden ist… mit Schmerzen?
"Ich bin sehr glücklich. Ich halte mich für einen Glückspilz, einen positiven Menschen, der mit dem Leben gut steht. Schließlich bin ich gesund, ich habe meinen Traum verwirklicht, ich verdiene Geld mit etwas, das ich auch aus purer Freude und ohne Bezahlung machen würde, ich habe eine unglaubliche Familie und wunderbare Freunde und ich habe die Gelegenheit gehabt, aus aller Nähe eine ganz andere Welt kennen zu lernen als die, in der ich geboren wurde. Wenn ich mich noch einmal entscheiden dürfte, würde ich mit Sicherheit wieder den Tanz wählen. Es gibt keinen schöneren Beruf auf der Welt, und für mich keinen, der ‚leichter' wäre."

Natürlich wollte ich wissen, wie sie sich ernährt, wie sie ihren Körper pflegt, ob es eine spezielle Diät gibt. Ich finde es sehr interessant, die unterschiedlichen Gewohnheiten der Tänzer zu analysieren und zu vergleichen. Letztendlich wird ganz klar, dass diejenigen, die auf ihre Gesundheit achten und sie erhalten, eindeutig im Vorteil sind: indem sie eine längere Zeitspanne gewährt bekommen, in der sie ihrem Körper einen derart hohen Einsatz abverlangen können.
"Ich habe mich immer sehr gut ernährt. Ich war eines dieser Kinder, von denen alle Eltern träumen, die die Mahlzeiten mögen und nicht nur Schweinereien, und die alles essen, was auf den Tisch kommt. Es gab nichts, was ich nicht gemocht hätte, ob Obst, Gemüse, Fleisch oder Meeresfrüchte.
Um das Gewicht habe ich mir nie viele Sorgen gemacht. Ich war von Natur aus sehr dünn und in der Pubertät habe ich mich für hässlich gehalten. Aber im Laufe der Jahre hat sich der Stoffwechsel natürlich verändert, und langsam tritt dieses Problem dann doch auf. Seit ein paar Jahren achte ich auf meine Ernährung. Nicht besonders streng, aber ich habe begonnen, mich für das Thema zu interessieren und mir Gedanken darüber zu machen, was ich mir in den Mund stecke. Leider müssen wir in unserem Beruf auch mal ein paar Kilo abnehmen, bevor wir auf die Bühne gehen - je nach Stück oder Kostüm."

Und mit einem leisen Seufzer fährt sie fort: *„... und ja, ich rauche und trinke. Es tut mir leid, wenn ich da jemanden enttäusche, aber nicht alle Tänzer sind so gesund, wie man sich das vorstellt. Ich brauche diese kleinen Fluchten, um meinen Geist klar zu halten. Hin und wieder muss ich ausbrechen und eine Zigarre rauchen oder mich betrinken, um mich mit der Welt verbunden zu fühlen."*

Natürlich ist sich Isis vollkommen darüber im Klaren, dass sie mit ihrem Arbeitsgerät pfleglich umgehen muss. Wie sie selbst sagt, hat sie das Bedürfnis, sich „menschlich" zu fühlen. „Hin und wieder" auszubrechen führt nicht zum körperlichen Verfall. Ganz im Gegenteil: Für sie mindert es den Stress, baut die Spannung ab und erleichtert die Seele.

Und sie ist sehr bescheiden, wie viele der großen Namen, mit denen ich dieses Interview geführt habe. Sie spricht nicht gern über sich selbst, wenn es um ihren beruflichen Erfolg geht. Aber ich beharre darauf. Ich möchte ganz genau wissen, was einen Tänzer dazu bringt, all die oben genannten Stolpersteine zu überwinden und dennoch weiter diesem Beruf nachzugehen. Bekommt man für all diese Unstimmigkeiten etwas zurück, zumindest emotional? Sag mir, was war dein größter Triumph?

*"Ich finde es schwierig zu sagen, was mein größter Erfolg als Tänzerin war. Es gab so viele Momente voller Glück. Am Anfang waren es die Preise auf den Wettbewerben in Brasilien, danach der erste professionelle Vertrag in Deutschland, gefolgt von den anderen. Ich habe immer Glück gehabt, wenn das das richtige Wort dafür ist. Vom Beginn meiner Karriere an bin ich in allen Ensembles, in denen ich gearbeitet habe, wertgeschätzt worden. Ich habe immer Solos getanzt, Hauptrollen, und ich habe die Choreografen und Direktoren irgendwie inspiriert. Sie haben mit mir arbeiten wollen und sie haben die Arbeit mit mir gemocht. Wenn ich ein Ballett nennen sollte, das mich geprägt hat, würde ich ‚Cinderella' von **Meryl Tankard** und 'Das Nibelungenlied' von **Mario Schröder** nehmen. Das waren die Stücke, in denen ‚Isis verschwunden' und in mir eine andere Person entstanden ist, ein wunderbares Gefühl. Abgesehen vom Tanz hatte ich die Möglichkeit einer so intensiven Darstellung, dass ich mich in jemand anderen verwandelt habe. Ich bin sehr dankbar dafür, dieses Privileg gehabt zu haben.*

Aber der Erfolg liegt auch darin, zu wissen, dass es so viele Menschen gibt, die meine Arbeit achten und schätzen. Vom Tanzkritiker, der ein Lob ausspricht, bis hin zum Laienpublikum, das auf der Straße stehen bleibt und darüber sprechen möchte, wie viel ihm deine Kunst bedeutet, oder das auch nur ein Foto haben möchte, ein Autogramm oder eines deiner Ballettschläppchen."

Gibt es eine besondere Lektion, die so viele Jahre des Kampfes dich gelehrt haben?
"Ich glaube, dass die wichtigste Lektion, die es zu lernen gilt, die Ausdauer ist. Aber ich habe so vieles gelernt... Ich habe gelernt zu träumen, Disziplin zu haben, Sensibilität... und niemals aufzugeben. Ich habe gelernt, mit Menschen aller Arten zu kommunizieren, aus aller Herren Länder und mit der unterschiedlichsten Bildung. Ich habe gelernt zu arbeiten, und ich habe keine Angst vor der Zukunft."

Apropos Zukunft, hast du Pläne für dein *„Leben nach dem Tanz"?*
„Ich habe viele Pläne für die Zukunft. So viele, dass sie nicht alle in die gleiche Richtung gehen. Ich glaube, dass ich zuerst mit dem Tanzen aufhören muss und dann ein paar Monate Ruhe brauche, um mir darüber klar zu werden, welchem Weg ich folgen möchte. Ich möchte nach Brasilien zurückkehren. Beruflich möchte ich mit dem Tanz verbunden bleiben, denn das ist meine Leidenschaft, aber ich möchte auch etwas Neues machen. Und ich stelle mir vor, dass es möglich sein müsste, all das, was ich machen will, aufeinander abzustimmen, mit ein paar Stunden in der Woche, die dem Tanz gewidmet sind. So kann ich mit ihm in Verbindung bleiben und gleichzeitig etwas anderes tun. Wieder zur Schule gehen und den Abschluss nachholen hat Priorität... und gibt mir die Möglichkeit, etwas Neues zu beginnen... wieder zu lernen! In letzter Zeit habe ich viel darüber nachgedacht, zu studieren. Mir gefallen einige Sachen aus den Humanbereichen, wie Recht oder Psychologie. Eine andere Option wäre es, mit meiner Familie zu arbeiten. Es ist noch schwierig, sich zu entscheiden, aber ich bin mir sicher, dass ich zur rechten Zeit schon klar sehen werde.
Als Frau möchte ich eine große Familie gründen. Ich möchte Mutter sein, Frau, Hausfrau, und so viele Kinder wie möglich haben."

Erinnerst du dich an einige besondere Abschnitte deines Wegs hier in Deutschland? Etwas wie: ein trauriger Moment, ein bewegender Moment, ein unvergesslicher Moment?
„Ein trauriger Moment: Jedes Jahr, wenn ich meine Familie in Brasilien zurücklassen muss, wenn ich ihren und meinen Schmerz fühle und trotzdem weitergehe. Ein bewegender Moment: Jedes Mal, wenn ich die Bühne betrete und spüre, wie sich meine Seele erhebt. Ein unvergesslicher Moment: Eine Tournee in Brasilien, wo meine ganze Familie die Chance hatte, meine Arbeit aus der Nähe zu betrachten. Sie beim Verbeugen im Parkett zu sehen, winkend, glücklich und stolz, das war sehr bewegend."

Isis, mit so vielen Jahren Erfahrung auf diesem Gebiet und deinem noch relativ jungen Alter, was wäre der Rat oder die Botschaft, die du nachfolgenden Generationen mitgeben wollen würdest?
„Ich würde den kommenden Generationen das Folgende sagen wollen: Lasst euren Träumen freien Lauf, aber haltet die Augen offen. Strebt nach euren Träumen und gebt nicht auf, bis ihr sie erreicht habt. Und wenn ihr sie erreicht: Wünscht euch noch mehr, bleibt niemals stehen. Aber vergesst nicht, zu sehen, was ihr bisher erreicht habt, und dankbar dafür zu sein. Seid optimistisch, schätzt euch selbst und andere. Seid zuverlässig und tut euren Nächsten Gutes. Seid unbeschwert, frei und habt keine Angst davor, Risiken einzugehen. Ihr seid am Leben und nur der Himmel ist die Grenze."

Isis de Albuquerque: Es lohnt sich, sie kennen zu lernen, ob als Tänzerin oder als Mensch!
Hab Dank, meine Liebe!

← "Cinderella" Oper Leipzig - 05.11.2011
Choreografie Meryl Tankard

(©Claudia Bernhard)

"Mörder-Balladen"
Oper Leipzig
09.03.2012

Choreografie Mario Schroeder
(©Claudia Bernhard)
←

→

"Pax Questuosa"
Isis de Albuquerque (Vorne)
Oper Leipzig - 16.11.2013
Choreografie Uwe Scholz

(©Ida Zenna)

Als ich begann, meine erfolgreichen Kollegen zu interviewen, hatte ich mir vorgestellt, dass es für meine Leser sehr interessant und illustrativ sein würde, verschiedene Informationen zu den Entscheidungen zu bekommen, die diese Menschen getroffen haben, und zu den Wegen, die sie gegangen sind: als Beispiel für die Urgewalt, mit der die künstlerische Gabe - genauer gesagt die Gabe des Tanzens - uns packt.
Aber als sich dieses Kapitel dem Ende näherte, wurde mir bewusst, dass etwas fehlte... es gab noch eine andere Perspektive, die vorgestellt werden sollte. Und so bat ich ***Wesley D'Alessandro****, einen sehr guten Freund und Kollegen, seine Erfahrungen und seinen Werdegang mit uns zu teilen, um ein noch breiteres Spektrum für die Illustrierung dieses Kapitels zu gewinnen.*

Wesley D'Alessandro

Gasttänzer in der Tanzkompanie Cisne Negro Cia. de Dança (1997 bis 1999) und am Hessischen Staatstheater Wiesbaden (2007 und 2008)
Gründer, Direktor, Choreograf und Tänzer der Kompanie "CAOS! Cia de Arte" (Brasilien, von 2000 bis 2005)
Gastchoreograf an der Staatsoper Hannover, am Hessischen Staatstheater Wiesbaden, am Theaterhaus Hildesheim, am Schauspielhaus Hannover und für Iyabo Kaczmarek Freie Theaterproduktionen (2006 bis 2013), choreografiert Arbeiten für Tanz, Theater, Oper und Performances.

Wesley nahm den Tanzunterricht in einem für einen brasilianischen Jungen relativ frühen Alter auf, nämlich mit 16 Jahren. Im Alter von 25 Jahren begann er dann seine Hochschulausbildung in zeitgenössischem Tanz und Choreografie, die er 2003 mit dem Bachelor in Tanz und Bewegung der Universität Anhembi Morumbi (São Paulo/SP) abschloss. *„Eine Ausbildung, die meiner Meinung nach grundlegend für meine Laufbahn als Tänzer und Choreograf war"*, wie er heute sagt.

Wesley gehört zu den wenigen erfolgreichen Choreografen, die nicht von Anfang an den Plan gehegt haben, auf der Suche nach „besseren Arbeitsbedingungen" ins Ausland zu gehen, dann jedoch unvermeidlicherweise darauf gestoßen wurde und seine Pläne änderte. Da er in Brasilien sehr bekannt war und auch bereits verschiedene Preise als Choreograf gewonnen hatte, kam er nach Deutschland, ohne große Intentionen zu hegen, hier zu bleiben. Das Klima, die Sprache und die Entfernung von der Familie (es sind immer die gleichen Hindernisse…) hielten ihn davon ab, Pläne für Deutschland zu schmieden…
„Aber kurz nach meiner Ankunft, im Jahr 2006, ergab sich eine optimale Gelegenheit, als Choreograf zu arbeiten, die mich dazu bewog, länger zu bleiben. In Brasilien hatte ich schon eine ganze Zeit auf dem gleichen Gebiet gearbeitet, und zwar durchaus mit einer gewissen Regelmäßigkeit und Erfolg. Aber hier in Deutschland waren die Stellenangebote sehr viel gerechter und häufiger, ***anders als in Brasilien****. In Verbindung mit der Achtung und dem Ernst, den die Deutschen im Arbeitsleben und im Alltag zeigen, hat mich das dazu gebracht, meine Pläne zu ändern und endgültig hier leben und arbeiten zu wollen."*

Wie es in Brasilien - besonders bei Jungen - meistens geschieht, hat auch Wesley von Seiten seiner Familie und seiner Freunde negativen Druck erfahren, als er seine Zuneigung zum Ballett bekundete.
"Ich habe mit dem Tanzunterricht begonnen, ohne dass meine Eltern davon wussten, denn damals gab es wesentlich mehr Vorurteile und wesentlich weniger Informationen in Bezug auf diesen Beruf, als es heute der Fall ist. Die Sorge meiner Familie drehte sich nicht nur darum, dass ich ‚als Mann Interesse am Ballett' hatte, sondern insbesondere um meine berufliche Zukunft, denn die Arbeitsbedingungen im künstlerischen Bereich waren in Brasilien niemals besonders vorteilhaft (und sind es bis heute nicht). Mittlerweile sehen

sie die Sache ganz anders... Auch wenn sie Sehnsucht haben, weil sie in Brasilien leben und ich so weit entfernt bin, habe ich doch ihre volle Unterstützung. Vor allem auch deshalb, weil sie über die Absicherung und die sozialen Hilfen Bescheid wissen, auf die ich als Tänzer und Choreograf in Deutschland ein Anrecht habe."

Weil ich sehr wohl weiß, wie schwierig es ist, sich in Brasilien in dieser Sparte der Kunst zu entwickeln, fragte ich ihn, ob er sich schäme, zuzugeben, dass er Tänzer ist (in Brasilien, aber auch in Deutschland).
„Ich habe mich niemals dafür geschämt, dass ich Tänzer oder Choreograf bin, nicht in Brasilien und noch viel weniger in Deutschland. Obwohl die Reaktion der Leute auf diese Aussage in den beiden Ländern schon sehr unterschiedlich ausfällt... Wenn ich zum Beispiel in Brasilien nach meinem Beruf gefragt werde und antworte, dass ich Tänzer bin, folgt beinahe unvermeidlich die Nachfrage: ‚Ja, aber was arbeitest du?' Als ob das Tanzen nur ein ‚Hobby' wäre. Hier in Deutschland ist die Reaktion eine völlig andere. Auf meine Antwort hin sind die meisten Menschen sehr interessiert daran, mehr über meine Arbeit und die Schwierigkeiten meines Berufs zu erfahren."

Was bedeutet der Tanz für dich?
„Der Tanz ist für mich eine Möglichkeit, meine Persönlichkeit und meine Individualität auszudrücken. Er ist meine ganz persönliche Art der Interaktion mit der Welt, die mich umgibt, und ich als Künstler kann dazu beitragen, dass sie beständig neu konstruiert und neu gedeutet wird. Ich betrachte den Tanz als ein wahres Wandlungsinstrument, nicht nur für mich, den Künstler, sondern für jeden, der die Möglichkeit hat, eine Verbindung zu ihm herzustellen."

Was hältst du bei einem Tänzer für wichtig? Und bei einem Choreografen?
„Zu erwähnen, dass ein Tänzer Hingabe, Entschlossenheit und Talent mitbringen muss, halte ich für überflüssig, weil es ganz offensichtlich ist. Es sind wichtige Qualitäten für diese Arbeit, ***aber ich glaube, dass sie für jeden unerlässlich sind, der gut in seinem Beruf ist, ganz gleichgültig, auf welchem Gebiet er arbeitet.*** *Als Künstler finde ich, dass ein Tänzer über einen hohen Grad an* ***emotionaler Intelligenz***[35] *verfügen muss, und außerdem über eine eigene Persönlichkeit, frei von traditionellen ästhetischen Konventionen. Das gleiche gilt meiner Meinung nach für einen guten Choreografen. Ich bin der Ansicht, dass das choreografische Schaffen in einem direkten Dialog mit der*

---

[35] Siehe ***FINALE***: ***"Tanz: Wirkungsvolle Intelligenz für Körper und Seele"***

heutigen Zeit stehen muss, sei es in Bezug auf die gewählten Themen oder hinsichtlich der Beziehung zum Publikum. Natürlich habe ich nichts dagegen, das klassische oder moderne Repertoire zu zeigen. Ganz im Gegenteil. Ich bin voll und ganz dafür, wenn es mit der nötigen Genauigkeit und Befähigung geschieht. Wie sollten wir diese Werke sonst bewahren und sie zukünftigen Generationen zugänglich machen? Für die bildende Kunst gibt es Museen. Die Musik hat Partituren, das Theater den Text. Der Tanz ist seinem Wesen nach eine vergängliche Kunst. Sie besteht, wenn ein Tänzer mit dem Publikum eine Bewegung teilt, die in genau diesem Moment nicht mehr nur eine motorische Tätigkeit ist, sondern zur Kunst wird. Diese ‚kinästhetische Aura' geht nach der Vorführung vollkommen verloren, und es ist unmöglich, sie beispielsweise durch das Aufnehmen auf Video zu bewahren. Es ist eine Kunstform, die grundsätzlich nur in dem Moment wirken kann, in dem man ihr beiwohnt, und deshalb ist es so bedeutsam, sie durch das Einstudieren alter Werke zu erhalten. Gleichzeitig muss das Schaffen im Bereich des Tanzens, wie bei anderen künstlerischen Ausdrucksformen auch, dynamisch sein und über die Veränderungen unserer Zeit nachsinnen. Es bedarf des Raumes und der Investition für und in beide Dinge (was im Normalfall nicht gleichermaßen geschieht). Der Choreograf muss als Mittelpunkt des künstlerischen Schaffens mit seiner gegenwärtigen Welt verbunden und vor allem professionell darauf vorbereitet sein, diese neue Realität zu verstehen. Aus diesem Grund ist die formale Ausbildung in diesem Beruf so wichtig, und sie darf meiner Meinung nach nicht nur in der Praxis erfolgen, sondern muss durch ein spezifisches Studium gestützt werden. Natürlich hat es große Choreografen gegeben, wie beispielsweise **Nijinsky** *oder* ***Balanchine***, *die niemals auf einer ‚Choreografenschule' gewesen sind oder Choreografie an einer Tanzfakultät studiert haben - auch deshalb, weil diese Art der Ausbildung noch recht neu ist und damals gar nicht existiert hat. Heute jedoch ist sie eine reale Möglichkeit, und meiner persönlichen Erfahrung nach ist sie auch eine grundlegende Notwendigkeit für die Ausbildung eines wirklich kompetenten Choreografen. So wie es bei einem Tänzer notwendig ist, dass er professionell für den Tanz ausgebildet wird, ob nun klassisch oder zeitgenössisch, muss auch der Choreograf die spezifischen Methoden und Techniken seines Bereichs lernen. Nicht nur in der Praxis, sondern auch theoretisch, denn ein optimaler Tänzer zu sein garantiert niemandem die Fähigkeit, auch ein guter Choreograf zu sein - auch dann nicht, wenn man für große Choreografen getanzt hat. Es ist schließlich auch nicht jeder gute Musiker gleichzeitig ein guter Komponist. Der Choreograf muss darauf vorbereitet werden, die Rolle der Choreografie im Verlauf der Geschichte zu verstehen und zu reflektieren, damit er in der*

Lage ist, auch seine eigene Rolle zu verstehen - als Schaffender, und nicht nur als jemand, der die Schritte aus dem vorgegebenen Vokabular des klassischen und des modernen Tanzes schlichtweg reproduziert oder neu strukturiert."

Was ist dein größter Kummer oder deine größte Sorge als Tänzer?
"In Bezug auf meine eigene Person habe ich keine spezifischen Sorgen, aber ich bin immer von einer gewissen Unruhe erfüllt, wenn es um die Wertschätzung der Arbeit geht, die von Tänzern geleistet wird, insbesondere mit Blick auf die unangemessene Bezahlung, die man ihnen bietet. Ich weiß, dass die Situation in Deutschland um ein Vielfaches besser ist als in Brasilien (wo die niedrigen Gehälter, die fehlende Formalität und mangelnde schriftliche Vereinbarungen in Bezug auf Arbeitsverhältnisse sehr verbreitet und für die einzelnen Tänzer überaus kraftraubend sind). Zumindest verpflichten sich die Unternehmen und/ oder Kompanien hier ihren Tänzern gegenüber und gehen ein ernsthaftes und solides Arbeitsverhältnis mit ihnen ein, wie es auch in jedem anderen Beruf der Fall ist. Ich bin allerdings der Meinung, dass man diese Behandlung noch mehr differenzieren und den Tänzern bessere Bedingungen zuerkennen müsste, denn für sie ist ihr eigener Körper ihr Hauptarbeitsgerät, das Tag für Tag durch die häufige Nutzung ‚verschlissen' wird. Ich vertrete die Ansicht, dass dieser Beruf als gesundheitsschädlich betrachtet werden sollte, nicht aufgrund des Umfelds, in dem er ausgeübt wird, sondern wegen der intensiven körperlichen und geistigen Tätigkeit, die er einfordert, und dass er dementsprechend gerechter entlohnt werden müsste. Ich finde, dass ein Tänzer eine angemessene und gerechte Bezahlung erhalten sollte, die für ihn eine Entschädigung dafür ist, dass er der Kunst ganz unvermeidlicherweise die Gesundheit seines eigenen Körpers opfert."

Hast du dich schon einmal ernsthaft verletzt oder musstest operiert werden?
„Glücklicherweise nicht. Ich glaube aber, dass das daran liegt, dass mehrheitlich klassische Tänzer Opfer von Verletzungen werden, und diese Art von Tanz habe ich ja nur eine kurze Zeit gemacht. Professionelle Tänzer, die die Möglichkeit haben, modernere und zeitgenössische Techniken zu lernen und/oder mit ihnen zu arbeiten, die eher dem ästhetischen Ergebnis als der Motorik den Vorrang einräumen, verletzen sich tendenziell seltener. Meiner Meinung nach ist der Grund dafür der differenziertere Blick auf die unterschiedlichen Körper der Tänzer. Wir werden als fruchtbare Quellen für den choreografischen Schaffensprozess betrachtet, und nicht nur als Arbeitswerkzeuge. An der Tanzfakultät hatte ich als Tänzer das Glück, die

verschiedensten und modernsten Techniken und Konzepte kennenzulernen und auszuprobieren, was mir einen bewussteren Blick auf meine eigenen körperlichen und anatomischen Grenzen ermöglicht hat. Ich halte das für fundamental, wenn man Verletzungen vorbeugen will, die sich aus dem dauerhaften Einsatz bestimmter Körperstrukturen ergeben, oder wenn man sich nach einer solchen Verletzung im Heilungsprozess befindet."

Wie ich bereits erwähnt habe, ist Wesley schon in Brasilien auf verschiedenen Wettbewerben und Tanzfestivals immer wieder für seine diversen Choreografiearbeiten ausgezeichnet worden. Dieser Erfolg dauert bis heute an, auch auf deutschem Boden. Seit er sich dafür entschieden hat, endgültig in Deutschland zu bleiben, hat Wesley viele äußerst ausdrucksstarke choreografische Arbeiten umgesetzt, obwohl er - oder vielleicht auch gerade weil er - nach wie vor freiberuflich auf diesem Gebiet tätig ist. Neben diversen Choreografien für das Theater und die Oper sind es vor allem seine für halb-private Initiativen angefertigten Werke - einschließlich halb-privat subventionierter Gastarbeiten - die ihm den größten Erfolg bescheren. Wahrscheinlich, weil er sich in diesen Situationen frei genug fühlt, sich so auszudrücken, wie es ihm am besten gefällt, und nur seiner künstlerischen Intuition zu folgen.

Bei einer solchen Anerkennung auf seinem beruflichen Gebiet möchte ich gerne wissen, ob es eine wichtige Lektion gibt, die er im Laufe seiner Karriere gelernt hat und auf die er auch in seinem Privatleben zurückgreift, um seine Ziele zu erreichen. Er antwortet mit einem weiteren Juwel, das in diesen Zeiten voller Diskussionen über kulturelle Integration und Rassismus von unschätzbarem Wert ist:

„Es handelt sich nicht im eigentlichen Sinne um eine Lektion, sondern um eine persönliche Erkenntnis. Ich habe verstanden, dass das Tanzen oder der Kontakt mit dem Tanz - genauso wie mit jeder anderen Kunstform - uns die Chance gibt, unseren Blick auf das Leben als Ganzes zu erweitern. Wir lernen, entschlossener zu sein und die Bereitschaft zu entwickeln, uns möglichen Widrigkeiten zu stellen. Mir hat der Tanz geholfen, beständig meine emotionale Intelligenz zu üben. Das hat mich zu einem sensibleren, flexibleren und toleranteren Menschen gemacht, was meine Meinungen und meine Gewohnheiten betrifft."

Ist diese Erkenntnis die grundlegende Erfahrung aus deinen Jahren als Tänzer, die du mit dir nehmen wirst?

"Ich glaube schon, ja. Die größte Erfahrung aus meinen Jahren als Tänzer, in der ich mich immer noch übe, ist das, was ich an interessanten Dingen über mich selbst lerne. Wir alle tanzen, seit wir klein waren. Wir reagieren mechanisch auf den Rhythmus und die Musik. Und in genau diesen Momenten fangen wir an, etwas über das physische und expressive Potential unseres eigenen Körpers zu lernen - ein grundlegender Prozess der Selbsterkenntnis, der sich auf den Rest unseres Lebens erstreckt[36]*. Das macht den Tanz zu etwas, das es mir - als Choreograf, als Tänzer oder als Zuschauer - Tag für Tag mehr ermöglicht, mich selbst kennenzulernen, und ich glaube, dass ich mit seiner Hilfe daran gearbeitet habe und daran arbeite, ein besserer Mensch zu werden und die Welt, die mich umgibt, mit größerer Achtsamkeit zu betrachten."*

Wesley bezeichnet sich selbst als einen glücklichen Menschen, der, hätte er noch einmal die Wahl, sehr wahrscheinlich denselben Weg erneut gehen und wieder Tänzer und Choreograf werden würde. Zumindest würde er einen Beruf wählen, der mit den Künsten zu tun hat, wie beispielsweise das Kino oder die Architektur. Bereiche, die in enger Verbindung mit dem Schaffen von Bildern, Formen, Licht, Glanz, Gefühlen stehen... Und so frage ich ihn nach einem Ratschlag, von dem Anwärter unseres Fachs profitieren könnten. Am Anfang zaudert er ein wenig, aus Bescheidenheit und Vorsicht mit dem, was er sagt. Aber da ich insistiere, erläutert er schlichtweg das, was er in seinem Alltag umsetzt, und wird dadurch selbst zum größten Beispiel für seine Worte:
„Als Choreograf würde ich denjenigen, die diesen Beruf anstreben, mitgeben, dass es sich lohnt, etwas zu lernen, und zwar nicht nur am Anfang der Karriere, sondern solange man seinen Beruf ausübt. Der künstlerische Schaffensprozess ist ein niemals endendes Lernen. Ich würde ihnen außerdem raten, dass sie sich so viele künstlerische Präsentationen der unterschiedlichsten Arten ansehen sollten, wie ihnen möglich ist (Tanz, Theater, Kino, bildende Künste, etc.), damit sie sie nicht als Modelle begreifen, die befolgt oder nachgemacht werden müssen, sondern als Anhaltspunkte für den Aufbau eines persönlichen Repertoires, das breit gefächert, dynamisch und vor allem niemals abgeschlossen sein sollte."

Bei dem Wettbewerb "***Das Beste Deutsche Tanzsolo***" erhielt Wesley im Jahr 2009 auf dem *Euro-Scene Festival* (in Leipzig) nach einer Wahl des Publikums für seine eigene Choreografie und Darstellung des Stücks ***'...should have a chair'*** den Preis für das beste Solo.

---

[36] Siehe ***FINALE***: ***"Tanz: Wirkungsvolle Intelligenz für Körper und Seele"***

Erst kürzlich (2013) bekam er darüber hinaus für ***'Hannover Central Station'*** den Kulturpreis ***»pro visio«*** der ***Stiftung Kulturregion Hannover.*** Bei ***'Hannover Central Station'*** handelt es sich um ein von **Iyabo Kaczmarek** produziertes, von **Sascha Schmidt** geleitetes und von **Wesley D'Alessandro** choreografiertes Theaterstück.

←Wesley D'Alessandro (©Beth Porto)

"...should have a chair"
→

Wesley D'Alessandro
Leipzig 2009

(©Rolf Arnold)

-FINALE-

Der große Pas De Deux
Tanz: Wirkungsvolle Intelligenz für Körper und Seele

Es gibt diejenigen, die glauben, dass ein schöner Körperbau mit langen, geraden Beinen und gestreckten Füßen sowie der Fähigkeit zur *„Hypermobilität"* aus einem Tänzer einen „ausgezeichneten" Künstler macht. Meine Kollegen und ich teilen allerdings die Überzeugung, dass man nur dann ein ausgezeichneter Tänzer sein kann, wenn man seine **Intelligenz** einsetzt. Man kann *ziemlich gut* sein, oder auch *gut.* Aber *ausgezeichnet*, das sind nur die Wenigsten. Ich werde versuchen, zu definieren, was für mich ein ausgezeichneter Tänzer ist.
Also:
Ich stimme ohne Zögern zu, dass es für einen Choreografen zumindest interessant ist, zahlreiche Posen erschaffen, neue Figuren ausprobieren und die Konventionen des Balletts zu neuen Grenzen treiben zu können, indem er ein Instrument einsetzt, das so voller körperlicher Möglichkeiten steckt - oder besser gesagt, indem er eine Choreografie für einen solchen Organismus mit *„Hypermobilität"* entwirft. Und es ist immer eine schöne Erfahrung, sich in den Zuschauerraum zu setzen und dem *Spiel der Bewegungen* zuzusehen, das ein so beweglicher, elastischer, „hypermobiler" Körper bieten kann.

Aber was beim Ballett oftmals - und fälschlicherweise - für eine *Gabe* oder ein *Talent* gehalten wird, kann auch einfach nur eine *angeborene körperliche Fähigkeit* sein. Genau das ist bei der Hypermobilität der Gelenke der Fall. Wie die Physiotherapeutin **Neuseli Marino Lamari**[37], Professorin und Fachärztin für Hypermobilitätan der medizinischen Fakultät von São José do Rio Preto (Famerp - Brasilien), erläutert, sind diese Merkmale für denjenigen, der sie hat, **eine Reihe von *Anomalien***, die man heute zusammengenommen eben als Hypermobilität der Gelenke bezeichnet und die sich zu einem **schweren Leiden auswachsen können**, wenn die physische Arbeit diese „Elastizität" des Körpers noch verstärkt, statt ihn zu stabilisieren und die periphere Muskulatur zu festigen. Bei einem hypermobilen Körper sollte darauf hingearbeitet werden, diese Fähigkeit **abzubauen**, und nicht, sie zu **verstärken**. In erster Linie ist eine intensive Aufbauarbeit zur Stärkung der Muskeln erforderlich, bei der die extreme Biegsamkeit nicht ausgeschöpft wird und die für eine hervorragende Stabilisierung der Muskulatur sorgt, damit den Bändern und

---

[37] Die Informationen zur *Hypermobilität* entstammen den Webseiten: http://fisioterapia.com/noticias/imprimir/325 und neuselilamari.com

Sehnen - oder besser: den so genannten Weichgeweben - keine größeren Schäden zugefügt werden.

Das Ballett kann dabei helfen, einen hypermobilen Körper in seiner Haltung zu stabilisieren, sodass er erblüht und in seiner Gänze eingesetzt werden kann, ohne physisch Schaden zu nehmen - wenn es **auf verantwortungsvolle Weise und von Experten gelehrt wird, die sich mit den Techniken des Tanzens gut auskennen** - ob klassisch, modern, zeitgenössisch oder anderes - **und die auf die besonderen Anforderungen achten, die in diesen Fällen für den Tanzunterricht gelten.** Leider ist sich nicht jeder, der auf diesem Gebiet professionell tätig ist, der Verantwortung bewusst, die der Tanzunterricht gegenüber Menschen mit diesen *natürlichen Fähigkeiten* hat, und noch seltener finden sich Tanzlehrer bereit, ihre Schüler über die Risiken aufzuklären, die mit ihren körperlichen Möglichkeiten einhergehen. So ignorieren sie oftmals nicht nur die *Gefahr*, die eine unkontrollierte Hypermobilität der Gelenke bergen kann, sondern spornen die Tänzer darüber hinaus noch an, diese zu verstärken, als ob ihnen die zukünftigen *Leiden* gleichgültig wären, die aus dem unangemessenen Einsatz des Körpers entstehen.

Aber kehren wir wieder zu den Qualitäten zurück, die einen *ausgezeichneten Tänzer* ausmachen. Neben dem Körperbau gibt es im Tanz einen Aspekt, der von den *angeborenen körperlichen Möglichkeiten* vollkommen unabhängig ist und direkt mit der sehr individuellen Fähigkeit zusammenhängt, Choreografien zu verstehen. Dieser Aspekt ist auf gerader Linie mit dem verknüpft, was ich *„körperliche Intelligenz"* nennen möchte. Es handelt sich nicht nur um einen überragenden ***erlernten technischen Wert***, sondern auch um die ***Fähigkeit, sich Dinge einzuprägen*** und ***das Eingeprägte einzusetzen***. Dies alles zusammen will ich *Talent* nennen.
Um diese Aussage zu verdeutlichen, muss ich ein bisschen näher erläutern, was ich unter dem Einsatz von „Intelligenz" beim Tanzen verstehe. *„Körperliche Intelligenz"* ist eine **kognitive** Qualität - das heißt, sie kann erlernt werden. Sie ist ein überaus sublimer und spezieller ***koordinierter*** und ***dynamischer*** Wert, der aus einer sehr effizient eingesetzten Disziplin herrührt und die Informationen umsetzt, die man im Laufe der Jahre durch Erfahrungen mit dem Tanz gewonnen hat - ob sie nun durch das *Kopieren* oder durch das *Erschaffen* von „Posen" entstanden sind, die bei einer künstlerischen und technischen Arbeit eine positive Wirkung gehabt haben. In anderen Worten: Es handelt sich um eine *intellektuelle Fähigkeit, technische Informationen aufzunehmen* und *Kritiken nutzbringend umzusetzen*. Diese Qualität findet sich

eher - oder häufiger - bei Tänzern mit einer geringen oder beinahe nicht vorhandenen Hypermobilität, denen die Notwendigkeit bewusst ist, eine effektive Strategie entwickeln zu müssen, damit sie ihrer Rolle in diesem Bereich der Kunst gerecht werden und Erfolg haben können.

Ich möchte hier hinzufügen, dass ich zwar den Ausdruck *„körperliche Intelligenz"* verwende - weil sie sich in den Posen widerspiegelt, die der Körper annehmen kann, und weil sie direkt mit dem Einsatz des Körpers zusammenhängt - dass sich die Intelligenz aber natürlich auch auf *„emotionaler"* Ebene zeigt und mit der Fähigkeit des Künstlers einher geht, *„Gefühle umzusetzen und neu zu erarbeiten"*, die er selbst oder jemand anders erlebt hat. Es ist die *„Fähigkeit, eine Personifizierung zu entwickeln"* - einem Charakter Leben einzuhauchen - und eine bestimmte Emotion heraufzubeschwören, die im Zuge der Darstellung zu etwas Greifbarem und ästhetisch Bedeutsamem wird.

Ein **ausgezeichneter Tänzer** ist jemand, der **„intelligent tanzt"**. Und ausgezeichneter Tanz ist meiner Meinung nach gänzlich unabhängig von den körperlichen Voraussetzungen, mit denen ein Mensch geboren wurde. Ausschlaggebend ist der Einsatz der **technischen und künstlerischen Fähigkeiten**, die auf effiziente Weise **erworben und umgesetzt** werden.

Tanz + Interaktion = Integration?

Wenn ich mir ansehe, mit welchem Erfolg sich so viele Nationalitäten und verschiedene Kulturen in die Arbeit in einem Ballettensemble integrieren - allein in Hannover besteht unsere Truppe aus über **15 Nationen**, die jeden Tag ohne wirklich signifikante Konflikte mehr als 8 Stunden gemeinsam auf 100 m^2 verbringen - und nach dem Grund für diese gelungene Zusammenarbeit suche, komme ich zum selben Schluss wie viele andere, die auf meinem Gebiet arbeiten: Es muss an dem **gemeinsamen Ziel** und der **gesteigerten Hirntätigkeit** liegen, **die mit dem Tanz einhergeht**, dass wir in der Lage sind, so positiv zu interagieren und ohne Kriege miteinander zu leben.

Vor kurzem[38] habe ich eine sehr interessante Theorie des Anthropologen **Alain Bertho** gelesen, einem Anthropologieprofessor an der Universität Paris VIII, in der er die aktuelle, von Wut, Angst, Aufständen, Ausweglosigkeit und in

[38] Im Januar 2015, als ich einige Teile dieses Buches für die Veröffentlichung in deutscher Sprache umgeschrieben habe.

Terroranschlägen mündender Radikalisierung geprägte Situation mit der Tatsache in Verbindung bringt, dass wir in unserer Jugend tagtäglich mit einer *„Welt voll politischem, moralischem, wirtschaftlichem und klimatischem Chaos“* konfrontiert werden, ohne Pläne, die für eine Besserung sorgen könnten, und ohne konkrete Ziele für eine Veränderung. Dieser Umstand ist letztendlich für unser ganzes aus dem Kurs gelaufenes Sozialverhalten verantwortlich… Es gibt kein gemeinsames Ziel, also zerfällt die Welt.[39]

Das Gefühl, für ein gemeinsames Ziel zu “kämpfen” oder es zumindest “anzustreben” und „daran zu arbeiten“, ist die Hauptquelle für die Freude und Einheit in der Kunst. Und im Tanz erreicht sie ihren Höhepunkt. In kaum einer anderen Gemeinschaft ist die Einigkeit in Bezug auf einen gemeinsamen Nenner so stark, wie es bei einem Tanzensemble der Fall ist, wo jeder Einzelne in den verschiedenen Stadien des Schaffensprozesses eine ungeheure Verantwortung und Entschiedenheit zeigen muss. Im Vordergrund steht der *individuelle Impuls*, der mit dem Erfolg bei der Umsetzung einer Arbeit verbunden ist - wobei der Erfolg wiederum aus der künstlerischen und der technischen Seite besteht und diese Letztere für sich genommen vom Ausführenden schon eine ungeheure Konzentration bei seiner Tätigkeit erfordert. In zweiter Linie kommt der *kollektive Impuls*, der alle zusammen in Richtung einer gemeinsamen und für die Gruppe erfolgreichen Umsetzung der Arbeit leitet - auch hier gibt es wieder die künstlerische und die technische Seite. Und schließlich, im Hintergrund und dennoch beinahe der größte Impulsgeber für eine erfolgreiche Integration: *klare und unverletzliche Grundregeln*, die den Einzelnen, die sie umsetzen und respektieren, *Sicherheit* vermitteln, die aber auch den kulturellen Unterschieden innerhalb der Gruppe *Grenzen setzen*. Anders gesagt: Es spielt keine Rolle, mit wem ich interagiere oder ob ich mit dem System, in dessen Rahmen ich agiere, einverstanden bin oder nicht, denn es gibt Regeln, und wenn diese Regeln nicht respektiert werden, können bestimmte Tätigkeiten nicht ausgeführt werden - und schon gar nicht mit Erfolg.

Es ist wichtig, zu betonen, dass wir uns innerhalb dieses Systems durchaus unsere Individualität und unseren eigenen Charakter bewahren. Und diese Unterschiede sind essentiell für die Vielfalt und Kreativität. Infolgedessen genießen wir durchaus Ausdrucksfreiheit, Handlungsfreiheit und

[39] http://cartamaior.com.br/?/Editoria/Internacional/-Sejamos-claros-um-mundo-acabou-nao-ha-como-voltar-atras-/6/35299#.VpOFK6gTyYY.mailto – besucht im Januar 2015

Gedankenfreiheit. Doch was wir uns nicht erlauben dürfen, ist Zügellosigkeit innerhalb der Gruppe, zu der wir gehören.

Was uns auszeichnet, ist harte, intensive, verantwortungsvolle Arbeit, bis hin zur vollkommenen Erschöpfung. Angetrieben vom Impuls eines *garantierten Erfolgs* - zwar nicht unbedingt in Bezug auf die Akzeptanz durch das Publikum oder die Kritiker, denn ein auf diese Weise definierter Erfolg hängt stark von anderen Faktoren ab, denen die Kunst unterworfen ist, aber im Sinne einer *garantiert erfolgreichen Integration* und *Interaktion innerhalb einer Gruppe.*

Wie ließe sich das einer Gesellschaft nahebringen? Den Jugendlichen die so verzweifelt und verloren sind, ohne zu wissen, was ihre Berufung wäre, ihre Idee? Jugendlichen, die jeden Tag mit dieser *„Welt voller politischem, moralischem, wirtschaftlichem und klimatischem Chaos"* konfrontiert sind, die **Alain Bertho** beschreibt?
Er sagt es selbst: *„Man spricht nicht mehr von der Zukunft, sondern von Risikomanagement und Wahrscheinlichkeit. Der Alltag wird von Politikern verwaltet, die das Risiko und die Angst manipulativ für die Zwecke ihrer Regierung einsetzen, sei es nun ein Sicherheitsrisiko oder das Währungsrisiko (die Schulden), und die ständig von der Klimaerwärmung sprechen, aber völlig unfähig sind, der angekündigten Katastrophe zuvorzukommen."*
Wäre es möglich, dass der direkte Kontakt mit irgendeiner Form eines „persönlichen oder kollektiven" Erfolgs ein Fünkchen Hoffnung im Geist eines Jugendlichen entfachen und einen Impuls für seine zukünftigen Entscheidungen geben könnte?
Was ich damit sagen möchte ist Folgendes: Wenn es uns gelingt, Kindern und Jugendlichen dieses Erfolgserlebnis zu vermitteln, wie wir es beim Tanzen erleben, könnten wir dadurch die Erkenntnis schaffen, dass Worte wie Hoffnung, Einsatz, Disziplin und Erfolg eine größere Bedeutung haben… und könnte das unser Beitrag zur Zukunft unseres Planeten sein?

Ich möchte mich nicht in phantastischen Argumenten verlieren oder in künstlerischen Gewässern unterwegs sein, die als nicht umsetzbar betrachtet werden…! Und ich möchte auch den Familien, den Schulen, den Kommunikationsmitteln nicht die Verpflichtung für den Punkt abnehmen, mit dem sie ihren Teil zu diesem System beitragen sollten - der ethischen Erziehung. Ich betrachte den Tanz nicht als Glaubensbekenntnis oder Religion, er kann die moralischen Werte der Menschen nicht ersetzen. Aber ich versuche - um Objektivität bemüht - über die Umsetzung dieser Kunst in unserer

Gesellschaft nachzudenken, und zwar allein vom soziokulturellen Standpunkt aus, und herauszufinden, welchen Beitrag sie zur Integration und Inklusion leisten könnte - für Menschen unterschiedlicher Kulturen, aber auch für Menschen mit besonderen körperlichen oder geistigen Bedürfnissen. Und natürlich auch für die verschiedenen Altersklassen, für unterschiedliche Generationen und Menschen mit unterschiedlichen Glaubensbekenntnissen.
Das ist der große Vorteil, den der Tanz bietet (und die Kunst im Allgemeinen): Sie hat eine eigene Sprache! Und diese Sprache eint.

Es ist an der Zeit, uns der Möglichkeiten bewusst zu werden, die in dem System "Tanz" stecken! Und es ist durchaus möglich, diese noch stärker für ein *Handlungsmodell* innerhalb des Sozialsystems zu nutzen. Oder sie für das einzusetzen, was **Alain Bertho** als „Medizin" für die Welt bezeichnet: *„ (...) das Kommen einer anderen Radikalität, einer Radikalität der kollektiven Hoffnung, die in der Lage ist, die Rekrutierungsquellen für neue Gotteskrieger auszutrocknen. Wir müssen der Zukunft wieder einen Sinn und Möglichkeiten geben (...)"*.
Und das wäre…

...ein guter Grund zum Tanzen...

Es ist genau die vorhin erwähnte *"körperliche und emotionale Intelligenz"*, bei der physische Koordination mit dem Verstand, dem Gefühl, der Vorstellungskraft, dem Abstraktionsvermögen und der Kreativität vereint wird, die dafür sorgt, dass der Tanzunterricht heutzutage in dem Bereich (oder dem Umfeld), in dem er stattfindet, einen sehr bedeutenden *sozialen* Status gewonnen hat. In anderen Worten: Der Tanz hat eine FUNDAMENTALE Bedeutung bei der Gestaltung der menschlichen und persönlichen Beziehungen gewonnen - **wenn er korrekt umgesetzt wird, nämlich als eine reale Form der intensiven nonverbalen Kommunikation**. Und ich beziehe mich hierbei nicht auf den Tanzunterricht im Rahmen der *bildenden Künste*, sondern auf einen neuen Ansatz aus dem Bereich der *zwischenmenschlichen* Beziehungen. Zum Beispiel: Als außerschulische Aktivität für Kinder und Jugendliche in Grund- und Mittelschulen oder zur Integration von Erwachsenen und älteren Menschen, indem die körperliche Bewegung mit den Beziehungen innerhalb der Gruppe verknüpft wird.
Meiner Meinung nach ist der Tanz aus zwei grundlegenden Blickwinkeln heraus von essentieller Bedeutung: aus *erzieherischer* Sicht, weil er persönliche Disziplin einfordert - von jedem einzelnen sich selbst gegenüber,

aber im Rahmen der Organisation, zu der man gehört, auch vom Kollektiv - und aus *hinterfragender* Sicht, weil er dazu anregt, seine persönlichen Haltungen zu reflektieren - die *körperlichen* und die *situationsabhängigen*. Und er geht weit über die einfache Art der Freizeitgestaltung und des Vergnügens hinaus, für die er normalerweise gehalten wird. Für diese Zielsetzung - das reine Vergnügen - ist jede Art der körperlichen Freizeitbetätigung ausreichend. Das grundlegend Besondere am Tanz ist jedoch, dass es dabei während der Ausübung der körperlichen Tätigkeit dauerhaft und wirkungsvoll zur Entwicklung eines kognitiven (intellektuellen) Prozesses kommt, der eine bestimmte *Einheit miteinander verbundener organischer Funktionen* aktiviert, stimuliert und festigt.
Vergessen wir für einen Moment einmal ganz bewusst die kurzfristigen Vorteile, die diese körperliche Tätigkeit einem sehr wahrscheinlich bescheren wird (Gewichtsverlust, Muskelaufbau, körperliches Wohlbefinden) und konzentrieren wir uns ganz speziell auf den ***Tanz*** als *vorgegebene Ausführungsform*, oder anders gesagt: eine Technik, eine Regel, einen Stil, wie es beispielsweise das **klassische Ballett** bietet. Was wir dort sehen und was ich hervorheben möchte, ist ein sehr strikter und *unflexibler* Ansatz, der die disziplinarischen Formen des Tanzunterrichts genau vorgibt. Das ist das, was ich *vorgegebene Ausführungsform* genannt habe. Wenn man diese Regeln mit Eifer und Entschlossenheit befolgt, entfalten sie eine direkte und positive Wirkung auf das intellektuelle Verhalten von Kindern, Jugendlichen und Erwachsenen (einschließlich älterer Menschen) - und das ist eine einzigartige Voraussetzung, um kognitive Entwicklungsziele zu erreichen.
Im Rahmen all dieser Vorgaben - der koordinierten, technisch versierten Bewegung, angepasst an die Musik, den Rhythmus und die Geschwindigkeit - kann man ein **höheres Ziel** erreichen: die Entwicklung der „körperlichen Intelligenz", die im Verbund mit der Freude an einer körperlichen Tätigkeit wächst, die von großer kritischer Urteilskraft gekennzeichnet ist. Ohne die durch das Machotum geprägten, nicht mehr zeitgemäßen Vorurteile und Überzeugungen - die leider häufig mit dem Tanz in Verbindung gebracht werden - aber **doch** voll *ethischer Werte*, die für ein erfolgreiches, organisiertes und diszipliniertes Erwachsenenleben unverzichtbar sind.

Ich möchte diese *Behauptung* mit Studien und Reportagen untermauern, die leicht zugänglich und gut verständlich sind, denn ich möchte deutlich machen, wie bedeutsam der Tanz im Alltag ist. Aus diesem Grund führe ich hier einige Überlegungen und Zitate an, aus denen sich wissenschaftliche Erkenntnisse über die körperlichen und geistigen Errungenschaften entnehmen lassen, die mit der Ausübung dieser Tätigkeit einhergehen.

Es gibt unzählige Studien zu den einzigartigen Vorteilen, die der Tanz einem Menschen einbringen kann. Immer wieder stößt man auf Reportagen und Abhandlungen, in denen es darum geht, wie positiv sich das Tanzen von klassischem Ballett auf das tägliche Training von Rugbyspielern (England), American Football-Spielern (USA) oder Skiläufern (Schweiz und Norwegen) auswirkt, weil es die motorische Koordination trainiert und das Verletzungsrisiko senkt und weil man seine Bewegungen und Sprünge, die Geschwindigkeit und die Dynamik besser kontrollieren und bewusster ausführen kann.
Im Juni 2011 hat ***SPORTV REPORTER***[40] in Deutschland, England und Brasilien eine Reportage über die Nützlichkeit des klassischen Balletts bei der Ausübung verschiedener Sportarten veröffentlicht, in der sogar der ehemalige Boxweltmeister im Schwergewicht, **Evander Holyfield**, der mit 48 Jahren immer noch perfekt in Form ist, berichtet, was es war, das seine Laufbahn ausschlaggebend beeinflusst hat, als er noch im Ring stand. Er erläutert, dass das *klassische Ballett* zu seiner schärfsten und geheimsten Waffe wurde, weil es seinen Bewegungen im Angesicht seiner Gegner eine größere Flexibilität und Schnelligkeit verliehen hat.
In der Sparte der Tennisspieler gesteht die Brasilianerin **Maria Esther Bueno**, bekannt als *„tanzende Tennisspielerin“*, dass sie die Techniken des klassischen Balletts benutzt hat, um ihre Kraft, die Koordination, das Gleichgewicht, die Eleganz und die Stabilität zu verbessern, was ihr in den 50er und 60er Jahren neunzehn GrandSlam-Titel einbrachte.
Ein Zitat: *"Auch einer der größten Tennisspieler der 80er Jahre, der Tscheche **Ivan Lendl**, hat sich den Tanz als Teil seines Trainings zunutze gemacht, um seine Agilität und die Leichtigkeit seiner Fußbewegungen zu steigern. Die Bewegungen der derzeitigen Nummer 3 der Weltrangliste, **Roger Federer**, wurden von der amerikanischen Zeitung New York Times sogar schon mit denen des Russen **Mikhail Baryshnikov** verglichen, einem der größten Tänzer aller Zeiten.“** *(Übersetzung basierend auf dem genannten Originaltext)

In der Leichtathletik hatte sich der Trainer **Antônio Carlos Gomes** für **Jadel Gregório** (Dreispringer und Goldmedaillengewinner bei den

[40] Die der Übersetzung zugrunde liegenden Informationen entstammen der Webseite: sportv.globo.com/site/programas/sportv-reporter/noticia/2011/06/influencia-do-bale-na-preparacao-fisica-de-atletas.html

panamerikanischen Spielen in Rio de Janeiro) das Ziel gesetzt, den Sprüngen des Athleten die Leichtigkeit und die kontrollierten Bewegungen des Balletts zu verleihen. Er wollte *„Flügel für den Löwen": „-Auf dem Boden ein Löwe. Jenseits des Bodens ein Tänzer."* * *(Übersetzung basierend auf dem genannten Originaltext)

Beim Basketball sorgte **SPORTV REPORTER** *"für eine Begegnung zwischen Spielern der Basketballmannschaft von Joinville und Mitgliedern der Ballettschule des Bolshoi - in Brasilien existiert die einzige außerhalb Russlands befindliche Niederlassung dieser russischen Schule - um die Sprünge der beiden Gruppen zu vergleichen. Bei einer Analyse der Sprünge der Athleten und der Tänzer stellte man fest, dass die Tänzer trotz ihrer geringeren Körpergröße höher springen konnten als die Athleten. Vollkommen verblüfft beschlossen die Basketballspieler, an einer Ballettstunde teilzunehmen und den Techniken einen Platz in ihrem Training einzuräumen. , - Das Ballett wird in Joinville in die Vorbereitung des Basketballspiels aufgenommen. Daran besteht nicht der geringste Zweifel' - bestätigt der Coach der Mannschaft,* ***Alberto Bial****."**
*(Übersetzung basierend auf dem genannten Originaltext)

Aber der Tanz hat einen umfangreicheren "Lebenslauf", als die Sportwelt zeigen kann. Im Kapitel ***"Der Glaube an eine höhere Macht: Mein eigenes Potential"*** habe ich **Eric Gautier** erwähnt. Ich bin der Überzeugung, dass dieser illustre Tänzer, Choreograf und Direktor nicht nur etwas sehr Gutes macht, indem er mit seinen Tanzveranstaltungen die Alzheimer-Forschung unterstützt, sondern dass er ironischerweise auch aufzeigt, was unter Umständen eine Lösung für das Problem sein könnte: der ***Tanz*** selbst.
In der deutschen Zeitschrift ***"FOCUS - online"***[41] vom 17. Dezember 2008 ist eine große Reportage von **Kathrin Burger** zum Thema Tanz erschienen, die folgenden Titel trägt: ***"Tanzen macht schlau"***. Ich möchte hier einige Ausschnitte daraus zitieren, die ich zur besseren Wiedererkennung kursiv gesetzt habe. Was mir bedeutsam erschien, habe ich durch Fettdruck hervorgehoben.
Schon im Untertitel des Artikels heißt es: *„Hirnforscher haben Tänzern in den Kopf geschaut und festgestellt: Sie trainieren wichtige Fähigkeiten und senken ihr Demenzrisiko."*

---

[41] http://www.focus.de/wissen/bild-der-wissenschaft/tid-12876/hirnforschung-tanzen-macht-schlau_aid_356073.html

In dieser Reportage werden neben diversen positiven Argumenten für den Tanz auch die Erkenntnisse des englischen Psychologen **Konstantinos Petrides** angeführt, der im Jahr 2006 das Verhalten einiger Schüler einer Ballettschule untersucht hat und zu folgendem Schluss kam: *„Emotionalität, Selbstmotivation und soziale Fähigkeiten waren bei ihnen umso ausgeprägter, je besser sie ihre Ballettschritte beherrschten."* Parallel zu diesen Beobachtungen hat eine vor kurzem von **Laura-Ann Petitto** durchgeführte kanadische Studie das Folgende ergeben: *„Erwachsene Tänzer schnitten in Aufmerksamkeitstests besser ab als Tanzmuffel: Sie konnten sich besser konzentrieren und ließen sich nicht so leicht ablenken."*
Und die interessanteste Tatsache:
„Selbst im höheren Alter lohnt sich der Besuch im Tanzstudio: Eine Langzeitstudie mit Senioren am Albert Einstein College of Medicine in New York ergab schon 2003, dass regelmäßiges Tanzen ***die Wahrscheinlichkeit, an Demenz zu erkranken, um 76% senkt****. Damit beugt die rhythmische Bewegung dem Verlust von Synapsenverbindungen deutlich besser vor als Lesen (35 Prozent) und Kreuzworträtseln (47 Prozent)."* Und die Reportage erklärt weiterhin:
Sport verändert das Demenzrisiko dagegen kaum. Die US-Forscher erklären das so: Das Erlernen von Tänzen verlangt ein ***Nachdenken über Schritte, Drehungen und Körperhaltung****.* ***Tänzer müssen also viele Entscheidungen treffen*** *- und das lässt neue Nervenverästelungen im Gehirn sprießen. ‚Gut ist auch, wenn man wechselnde Tanzpartner hat, auf die man sich immer wieder neu einstellen muss', meint der Psychologe* ***Siegfried Lehrl****. Und einfache rhythmische Tänze wie Foxtrott oder Polka seien für jeden erlernbar."* Auch diese simplen Tänze sind bereits ausreichend, um einen positiven Einfluss auszuüben.
Es gibt eine Hirnregion, die die Bezeichnung „Precuneus" trägt. Angesiedelt ist sie im **Scheitellappen**, und sie *„ist wichtig für Orientierung und Raumsinn. Sensoren in Muskeln und Gelenken übermitteln Informationen dorthin. Deshalb sprechen die Wissenschaftler auch vom Bewegungssinn. Mit seiner Hilfe nimmt der Mensch Bewegungen und Gelenkpositionen wahr. Der Precuneus ist eine Art* ***kinästhetische Landkarte****, die es dem Menschen erlaubt, seinen Körper im Raum zu navigieren."* Bei einem so speziellen Tanz wie dem in der Studie untersuchten Tango mit seinen Improvisationen, dem intensiven Rhythmus der Musik und den komplexen choreografischen Kombinationen wird dieses besondere Hirnareal ganz massiv aktiviert, wie der Hirnforscher **Steven Brown** von der Simon Fraser University in Burnaby, Kanada, erklärt. Und er fährt fort: *„Beim Tanzen ist diese Raumwahrnehmung*

offenbar besonders ausgeprägt. Wie die Wissenschaftler schon länger wissen, ist das kinästhetische Sinnessystem stark mit anderen Hirnfunktionen wie ***Gedächtnis, Sprache, Lernen*** *und* ***Emotionen*** *verknüpft.* ***‚Bewegung*** *beschleunigt das Gehirn zu maximaler Leistung', deutet* ***Siegfried Lehrl,*** *Psychologe an der Universität Erlangen und Experte für Gehirnjogging, die neuen Befunde."* Ganz besonders greift diese Beschleunigung bei geordneten Bewegungen, wie es beim Tanzen der Fall ist.

Bei verschiedenen gemeinsamen pädagogischen Projekten des *Balletts der Staatsoper Hannover* und der *IGS-Linden* (Integrierte Gesamtschule in Hannover), die von der Kulturstiftung des Bundes mit dem Namen *TANZFONDS*[42] unterstützt und finanziert wurden und an denen ich von 2012 bis 2014 aus nächster Nähe beteiligt war, haben wir eine unentbehrliche interaktive Rolle im Lehrplan dieser Schule übernommen und auf außergewöhnliche Weise zum Wohlbefinden der Jugendlichen und Kinder beigetragen, die bei den Projekten mitgemacht haben. Besonders augenfällig war dies im Vergleich zu anderen Schülern desselben Jahrgangs, die nicht an diesen Aktivitäten teilgenommen hatten. Wir haben keine Tänzer erschaffen und auch nicht danach gestrebt, sie in Künstler zu verwandeln. Die Zielsetzung dieses Projekts, das den Tanzunterricht in die Schulen brachte, bestand darin, dem grundlegenden Bedarf am erneuten Erlernen der Körpersprache in unserer modernen Zeit zu begegnen, in der das soziale Leben zum größten Teil über Tasten und Bildschirme von Handys und Computern verläuft.

Ich glaube, dass der Esprit und die Unbefangenheit, die sich im Zuge dieser Arbeit bei allen Teilnehmern einstellten - und damit meine ich nicht nur die Schüler, sondern auch den Lehrkörper, der notwendigerweise ebenfalls an den diversen Programmen zur körperlichen Bewegung beteiligt war - für jeden einzelnen und die gesamte Schultruppe außergewöhnlich einprägsam waren. Für die Einzelpersonen wie für das Kollektiv. Damit verbunden erlebten sie eine Erfahrung, die für sie mit dem Wohlgefühl von Erfolg, Sieg, Ambition, Kollegialität, Funktionalität, Kooperation und Anteilnahme einher ging, mit

[42] ***„Tanzfonds Partner Fonds für Partnerschaften zwischen Tanzinstitutionen und Schulen.*** *TANZFONDS PARTNER förderte im Zeitraum 2011-2014 deutschlandweit zwölf mehrjährige Partnerschaften zwischen Tanzinstitutionen und allgemeinbildenden Schulen. Die Kunstform Tanz war für Schülerinnen und Schüler im Rahmen des realen Theaterbetriebs erlebbar und erfahrbar - und zwar auf höchstem künstlerischem Niveau.[...]" - Die* Informationen entstammen aus der Website: http://www.diehl-ritter.de/de/tanzfonds - Januar 2016

Musikalität, Koordination, Disziplin - es ist extrem wichtig, hier die Disziplin zu erwähnen - Gehorsam (wenn er in einem vorgegebenen Kontext stattfindet, um gemeinsam ein produktives Ziel zu erreichen), Entschlossenheit, kritischer Urteilsfähigkeit und gegenseitigem Respekt. Aspekte, die in den verschiedensten beruflichen Bereichen gebraucht werden, die man sich nur vorstellen kann, und die für die einzelnen Menschen sehr wahrscheinlich zum Erfolg führen werden.
All das ist der Tanz, wenn man ihn aus erzieherischer Sicht betrachtet: Diese unvergleichliche und elementare Form, Informationen und Gefühle auszutauschen; eine Fähigkeit zum gegenseitigen Verstehen, die dauerhafte und fruchtbare soziale Beziehungen innerhalb der Gesellschaft schaffen kann.
Und es besteht die dringende Notwendigkeit, diese Art der körperlichen Kommunikation wieder zu erlernen.

Ich möchte noch einmal auf die Erkenntnisse der aktuellen Studien zurückgreifen, die im ***Focus*** dargelegt worden sind:
*"**Steven Brown**, von der Simon Fraser University in Burnaby, Kanada, und **Michael Martinez** von der University of Texas in San Antonio untersuchten erstmals, welche Gehirnregionen beim Tanzen aktiv sind. Dazu legten sie nacheinander mehrere Amateur-Tänzer in den Kernspintomographen und befestigten eine Platte so am Fußende, dass die Füße der Tänzer darüber gleiten und einfache Tangoschritte ausführen konnten. [...] Im ersten Durchgang sollten die Probanden zur Musik Tangoschritte auf der Platte machen, im zweiten Durchgang willkürlich ihre Beine bewegen. [...] In beiden Durchgängen waren die motorischen Gehirnregionen der Probanden aktiv."*
Und es zeigte sich auch Folgendes: Je bekannter ein Rhythmus war, desto stärker war die Aktivität des Gehirns.
„Man stellte fest, dass beim Tanzen mit Musik der sogenannte Kleinhirnwurm aktiver ist, als wenn die musikalische Untermalung fehlt. ‚Diese Hirnregion fungiert als eine Art neuronaler Taktgeber und ist mit den auditorischen, visuellen und somatosensorischen Systemen im Gehirn verbunden', erklärt Brown. Auch das aus evolutionsbiologischer Sicht sehr alte vestibuläre System in Innenohr und Kleinhirn, das den Gleichgewichtssinn steuert, ist notwendig für die Verbindung von Bewegung und Rhythmus. Das unterstützt die gängige These, dass Tanzen und Musizieren in der Menschheitsgeschichte zur gleichen Zeit entstanden sind. Zum Tanzen braucht der Mensch ähnlich komplexe sensomotorische Fähigkeiten wie zum Erlernen eines Musikinstruments.
- Tanzen schult das räumliche Denken.

Dass Tanzen das Gehirn verändert, haben inzwischen verschiedene Studien belegt. So fand ***Elizabeth Spelke*** *von der Harvard University heraus, dass jahrelanges Tanzen bei Schulkindern räumliches Denken fördert. Tanzbegeisterte Kinder schnitten in Geometrie-Tests besser ab als Kinder, die nur kurzzeitig oder nie getanzt hatten. ‚Beim Tanzen werden Gehirnregionen aktiviert, die auch zu geometrischem Denken befähigen', schließt* ***Spelke.*** *"*

Aber diese Studien haben in all den langen Jahren der Erforschung noch etwas viel Besseres zum Vorschein gebracht.
Sie sind zu dem Schluss gekommen, dass der Tanz auf die Entwicklung des Menschen einen erheblich größeren Einfluss gehabt hat als die Musik: **Er trainiert die Fähigkeit zur Nachahmung.** Die Forscher haben herausgefunden, dass bei jemanden, der die Bewegungen einmal erlernt und ausgeführt hat, die simple Vorstellung von einem Walzer im Gehirn dieselben Regionen stimuliert, wie wenn derjenige ihn tatsächlich tanzen würde.
„Beim Tanzen nur zuzuschauen genügt **(bei jemandem, der es schon einmal selbst ausprobiert hat)**, *um die entsprechenden Hirnregionen zu aktivieren - und zwar umso stärker, je bekannter der Tanz ist* **(aus eigener Erfahrung)**.
‚Wir schließen daraus, dass Tanzen früher eine Form der ***Kommunikation*** *war', erklärt* ***Steven Brown*** *- und liefert Belege: Bei allen untersuchten Bewegungsabläufen war bei den Tangotänzern eine Region in der rechten Gehirnhälfte aktiv, die der Broca-Region in der linken Hemisphäre als sogenanntes Homolog entspricht. Die Broca-Region ist als Sprachzentrum bekannt, und sie ist auch wichtig für die Verarbeitung von Gesten.* ***Marco Iacoboni****, Wissenschaftler an der University of California, hatte bereits 2003 die Funktion dieser beiden Gehirnregionen untersucht, indem er sie bei Versuchspersonen vorübergehend blockierte. Wurde das Broca-Homolog ausgeschaltet, konnten die Probanden vorgegebene Fingerbewegungen nicht mehr so gut nachahmen.* ***Iacoboni*** *schloss daraus, dass diese Gehirnregion wichtig ist für die Imitation, für das Lernen von anderen - und damit letztlich für das* ***Weitergeben von Kultur****."*

In Zeiten wirtschaftlicher Krisen werden immer zuerst wir Künstler - und besonders wir Tänzer - als *„überflüssig"* betrachtet, als *„Luxusartikel"*, in die man nur investieren kann, wenn das Geld im Überfluss vorhanden ist.
Gestatten Sie mir eine dringend notwendige Richtigstellung dieses Gedankens: Wir sind essentiell. Wir sind ganz ohne Skrupel unverzichtbar, und zwar aus verschiedenen Gründen. Zuerst einmal als Handwerker, die für die *soziokulturelle Weitergabe* verantwortlich sind. Aber auch aus *psychologischer*

Sicht: Wir bauen wieder auf und geben zurück, was im Unterbewusstsein des Zuschauers verloren gegangen ist, was vergessen oder was daraus gelöscht wurde. Wir formulieren nicht nur seine Ideen und Reflexionen neu - oder erweitern sie - sondern auch seinen greifbaren Alltag, und zwar durch Bilder und komplexe Raster, mit Hilfe einer Visualisierung und einem tiefen Verständnis, das der Tanz mit aller Beständigkeit bietet. *Wir betrachten* die Phänomene des menschlichen Verhaltens *noch einmal neu*: Indem wir durch Bewegungen und mimische Darstellung dem menschlichen Grundbedürfnis Rechnung tragen, kritische Situationen noch einmal zu erleben, um sie zu bereinigen und zu korrigieren. Wir *sensibilisieren* durch Schönheit und *erschrecken* durch Entblößung, und beides im Rahmen desselben plastischen Konzepts. Das ist absolut unvergleichlich, denn hier ist ein *kognitives und rationales Unterscheidungsvermögen* gefragt, das beim Zuschauer eine *intellektuelle Reaktion auslöst.* Es aktiviert seine Urteilskraft, sein Abstraktionsvermögen, sein nonverbales Denken, und es unterstreicht mit aller Deutlichkeit seine Fähigkeit zur Reflexion und Empathie. Gerade die *Empathie* - diese unvergleichliche Fähigkeit, sich **in den Nächsten hineinzuversetzen** und seinen emotionalen Zustand zu verstehen - ist die hauptsächliche Kommunikationsform des Tanzes, sowohl für den Darsteller, der analysiert und fokussiert, um mit Aufrichtigkeit reproduzieren zu können, als auch für den Zuschauer, der in erster Linie bei der Betrachtung mit großer Empathie reagiert…

Infolge all dieser Gründe - und vielleicht darüber hinaus - ist der Tanz auch das beste, angenehmste, effektivste und schnellste Mittel zur Integration und Verbrüderung von Menschen, denn die korrekte Beherrschung unserer nonverbalen Kommunikationsfähigkeiten kann innerhalb von Sekunden einen wirksamen Dialog und eine dauerhafte Verbindung zu unserem Gesprächspartner aufbauen und eine Wechselbeziehung zwischen Menschen schaffen, die ohne ethnische oder rassistische Vorurteile auskommt - in einem Akt des reinen, klaren und objektiven Verstehens.

Lassen Sie mich eine Reflexion vorschlagen, für die es höchste Zeit ist, auch in Momenten der Krise:

Ja, der Tanz ist ein „Luxusartikel“, aber ausgehend von der Bedeutung, die er in unserem Sozialsystem einnimmt. Nicht nur in Zeiten des Überflusses, sondern auch - und vielleicht ganz besonders - jetzt, wo der Überfluss nicht ganz so groß ist und wo der Tanz uns hilft, menschlich zu bleiben.

Er sollte gepflegt und bewahrt werden, mit Achtung, Eifer und Würde, gerade weil es sich dabei um ein vorrangiges und unentbehrliches Bedürfnis einer

Gesellschaft handelt, die sich inmitten einer gewaltigen technologischen Entwicklung befindet, bei der die ***verbale und schriftliche Kommunikation*** nicht ausreichen, um widerstandsfähige und dauerhafte ***emotionale Bindungen*** innerhalb der menschlichen Gemeinschaft zu knüpfen.

Die Arbeit mit dem Tanz, mit jungen Schülern der bereits erwähnten Schule, die auch eine *bewusste* und *analysierte* mimische Ausdrucksfähigkeit beinhaltete, brachte unter anderem einen sehr wichtigen Aspekt für das Alltagsverhalten der Kinder zutage: Wir haben ihnen eine andere Form der **persönlichen Beziehung** gezeigt, die vielen von ihnen bis dahin unbekannt war. Einer der markantesten Punkte in diesem Arbeitsprozess war der deutliche Rückgang der körperlichen und verbalen Aggressionen unter den Schülern, zu dem es im Laufe des Projekts kam. Eines Projekts, bei dem die Bedeutung der Körpersignale unterstrichen wurde, die jeder von ihnen innerhalb seines sozialen Netzes aussandte. Der immer bewusstere Einsatz der *nonverbalen Kommunikation*, der im Verlauf des Tanzunterrichts stattfand, zeigte sich deutlich in der klaren Einstellung, zu der die Schüler während des Arbeitsprozesses kamen, nämlich der individuellen Entscheidung für eine konstruktive Form der persönlichen Beziehung, die auch eine andere Herangehensweise bei der Klärung von kollektiven und persönlichen Konflikten nach sich zog.[43]

Aus diesem Grund behaupte ich, dass der Tanz uns beim Knüpfen und Pflegen emotionaler oder intellektueller Beziehungen im familiären sowie im sozialen Umfeld die Möglichkeit gibt, in unserem banalsten Alltag Informationen zu erhalten, die notwendig sind, um unsere Kommunikation und unsere physischen, moralischen und intellektuellen Haltungen zu verfeinern und auf klare und bewusste Weise Emotionen zu erzeugen und Gefühle zu übermitteln. Der Tanz bietet uns eine einzigartige Qualität bei der Propagierung dieser Kommunikationsform… einschließlich der Entscheidung „gegen Gewalt“, wenn wir einen bestimmten körperlichen Ausdruck wählen…

---

[43] Zu Beginn unseres Projekts (2012) mit den Schülern der **IGS - Linden** wurden auch wir zur Zielscheibe für Witze und vulgäre Äußerungen im Klassenzimmer. 2014 - 3 Jahre und 3 Projekte später - kann ich mit großem Stolz und mit Befriedigung von einer überaus wertvollen Annäherung dieser Jugendlichen an die Kunst berichten. Sie melden sich in den verschiedenen Bereichen des Theaters zu Schulpraktika an und besuchen regelmäßig unsere Ballettvorführungen, als Gruppe oder allein. Der direkte Kontakt mit den Künstlern hat ihren Horizont erweitert und ihren Sinn für die Wertschätzung künstlerischer Leistung verfeinert. Sie haben gelernt, die Kunst zu *verstehen*.

...denn der Tanz ist eine wirkungsvolle Intelligenz, für den Körper ebenso wie für die Seele...

"Granny" - Cássia Lopes - Hannover 2014 (©Lilit Hakobyan)

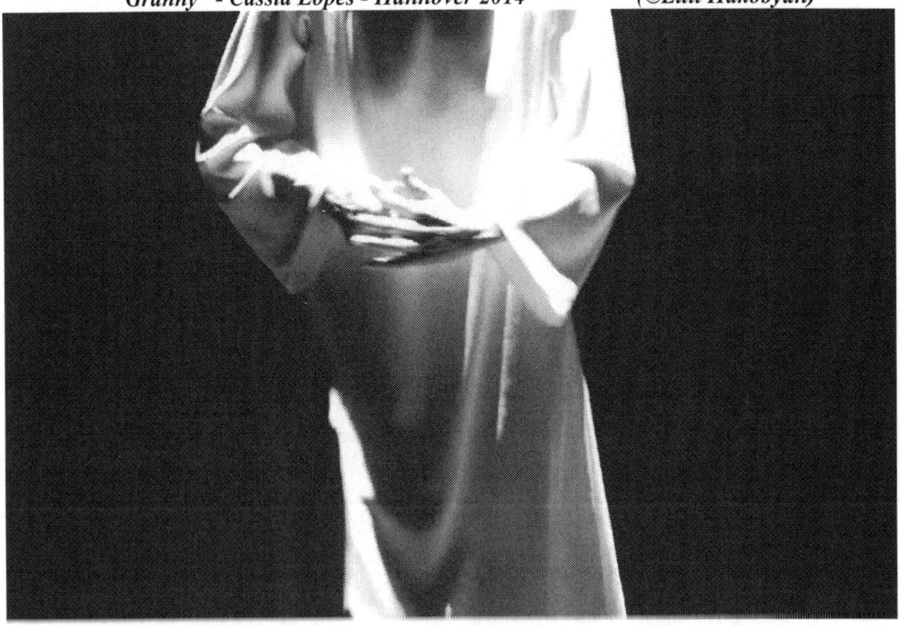

CODA

oder

'Schlussakkord'

Ich muss gestehen, dass ich im Laufe der vielen Jahre, in denen ich nun nach den sozialen Maßgaben Europas - oder besser Deutschlands - lebe, gelernt habe, mit aller Klarheit deren Funktionalität zu achten und zu schätzen. Aus diesem Grund habe ich beschlossen, einen gesonderten Teil zu verfassen, der mit den biografischen Erzählungen nichts zu tun hat: DIESEN EPILOG. Ich möchte hier einige Dinge erwähnen, einige Merkmale, die ich für ein gelungenes Funktionieren der mit der Kunst verbundenen Sparten für außerordentlich relevant halte. Mir ist wohl bewusst, dass es sich bei diesem Abschnitt nicht um eine leichte, spannende und vergnügliche Lektüre handeln wird. Dennoch widme ich mich dem Thema ganz gezielt, und zwar aus zwei essentiellen Gründen:

Ballett der Staatsoper Hannover - 2010 (©Joerg Mannes)

- ***Weil ich den gewaltigen Umfang herausstreichen möchte, den ich meine, wenn ich von der „Bedeutung" des Tanzes innerhalb eines Organismus spreche, und***
- ***weil ich der Meinung bin, dass zu einem „Gespräch über die Kunst" auch das Verständnis seiner politisch-sozialen Erscheinung innerhalb eines Systems gehört - und weil wir die Bereitschaft brauchen, diese zu diskutieren.***

Die ernste Seite der Unterhaltung

Als ich dieses Buch im April 2015 in Brasilien veröffentlichte, schrieb ich das vorliegende Kapitel in der Absicht, zu informieren und das deutsche System als ein Beispiel für Funktionalität anzuführen, insbesondere im Hinblick auf die Künste und ihre soziale Struktur.

Daraufhin schlug mir ein Kollege aus Deutschland vor, das Buch ebenfalls für das deutsche Publikum herauszubringen, denn auch hierzulande müssen wir sehr genau auf unsere politische, soziale und kulturelle Situation achten, damit eben dieses System uns erhalten bleibt.

Und somit möchte ich hier aus einem sehr persönlichen Blickwinkel heraus, frei von jedweder politischen Positionierung und in einem Versuch, didaktisch und informativ zu sein, die Bedeutung beschreiben, die die Kunst innerhalb dieser Gesellschaft einnimmt.

Schlicht weg

Zuerst einmal möchte ich auf einen äußerst wichtigen Punkt eingehen, der in diesem Buch bereits erwähnt worden ist: die **Schließung deutscher Tanzkompanien**.[44]

Auch wenn ich eindeutig **gegen** jede Schließung oder Absage von künstlerischen Aktivitäten eingestellt bin, die von einer finanziellen - und damit automatisch nachteilig auf die Kunst wirkenden - Krise ausgelöst wird, habe ich hier in Deutschland gerade in diesen Fällen in unserem Bereich eine sehr interessante Entwicklung bemerkt, die deutlich zeigt, wie **grundlegend wichtig die Kunst im deutschen Alltag ist**. Was ich persönlich beobachten konnte, ist Folgendes: In vielen Städten, in denen es zu einer Schließung des Theaters (oder der Sparte „Ballett“) gekommen ist, gab es einen bemerkenswerten Anstieg der Nachfrage nach entsprechenden Angeboten in den benachbarten Regionen und Städten. Dieser Anstieg der Nachfrage ist meiner Meinung nach ein deutliches Indiz dafür, welch hohe Wellen diese Art der kulturellen Aktivität in der Gemeinschaft schlägt, wenn sie auf einmal nicht mehr vorhanden ist. Das deutsche Publikum hat ein tiefes Bedürfnis danach, die Kultur als Form der „Unterhaltung“ zu bewahren. Ja, ich wage sogar zu behaupten, dass die Kultur fast schon ein Aspekt ist, der sich auf den Status eines Ortes auswirkt: Je größer und besser sein Theater, desto größer und höher ist auch der soziokulturelle Status in der Region[45].

---

[44] Siehe das Kapitel: ***THEATER: Ein rentables „funktionales Netz“? / Vielfalt der Angebote*** und ***„Persönlichkeiten: Ricardo Fernando“***

[45] Ein Beispiel dafür: Das *Ministerium für Justiz, Kultur und Europa des Landes Schleswig-*

Und natürlich liegt es nicht nur mir - als *Kunstvertretender* - am Herzen, das *Phänomen dieses soziokulturellen Status,* den die Kunst für die Gesellschaft mit sich bringt, öffentlich zu machen und das Interesse darauf zu lenken. Im Juni 2010 veröffentlichten ***Oliver Falck, Michael Fritsch und Stephan Heblich***[46] über die **IZA** (Forschungsinstitut zur Zukunft der Arbeit in Bonn) ein sogenanntes Diskussionspapier mit dem Titel: ***"****The Phantom of the Opera: Cultural Amenities, Human Capital, and Regional Economic Growth*"[47]. Bereits der Untertitel dieser Forschung sagt uns sehr viel über das immense Zusammenspiel der kulturellen und wirtschaftlichen Zentren und lädt uns augenblicklich zum Nachdenken ein:

„Leere Haushaltskassen verleiten die politischen Verantwortlichen schnell dazu, am Kulturetat zu sparen. Das könnte sich als kontraproduktiv erweisen, denn kulturelle Angebote steigern das regionale Wirtschaftswachstum. In einer aktuellen Studie leiten wir aus historischen Ereignissen ab, in wieweit kulturelle Angebote Städte und Regionen interessanter für hochqualifizierte Arbeitskräfte machen und damit auch zu einem höheren Wirtschaftswachstum in der Region führen."[48]

In Momenten wirtschaftlicher Krisen geht die soziale Tendenz nun aber grundsätzlich in Richtung einer *Gewichtung des Wesens und der Unverzichtbarkeit* von Arbeiten. Auch die Theaterberufe werden im Rahmen dieser *Bewertung* durchaus manchmal in Frage gestellt.

Holstein veröffentlichte am 26. Februar 2013 ein
„Konzept zur Sicherung der öffentlichen Theater und des Theaterstandortes Schleswig",
Daraus entnommen, wie folgt, Seite 81:
„[...]9.Zusammenfassung
Bedeutung der Theater
•Theater sind systemrelevant und damit unverzichtbar(Norbert Lammert).
•Theater sind als historisches Erbe erhaltenswert.
•Theater sind öffentliche Denk-und Erlebnisräume, Orte der Bildung und des Kunstgenusses, gesellschaftlicher Treffpunkt und unverzichtbarer Bestandteil des urbanen Lebens.
*•Theater bieten Identifikation der Bürger*innen mit ihrer Stadt[...] und Region[...]"*
[http://www.miz.org/dokumente/2013_konzept_theaterstandort_schlewig.pdf]

[46]*„**Oliver Falck** ist wissenschaftlicher Mitarbeiter im Bereich Humankapital und Innovation am ifo Institut. **Michael Fritsch** ist Professor für Unternehmensentwicklung, Innovation und wirtschaftlichen Wandel an der Friedrich-Schiller-Universität Jena. **Stephan Heblich** ist Lecturer an der Universität Stirling."*–Die Informationen entstammen der Website: http://www.theater-neu-ulm.de/cmsroot/pdf/prunksucht.pdf - März 2016

[47]IZA Diskussionspapier 5065, Download unter: http://ftp.iza.org/dp5065.pdf

[48] Siehe: http://www.theater-neu-ulm.de/cmsroot/pdf/prunksucht.pdf

In einer Krisensituation ist jedes *kreative Konzept* willkommen, das zu einer „Besserung" oder zu einer „Überwindung" der Krise führen kann, und so wird ein solches Konzept als unverzichtbares Werkzeug eingesetzt, um zu garantieren, dass die Dienstleistungen - selbst die zeitweilig als weniger essentiell deklarierten - weiterhin bestehen bleiben, für Arbeitsplätze sorgen und die Wirtschaft in Schwung halten. Ich werde dieses Vorgehen - das *Entwickeln von Konzepten/Strategien* - aus meiner persönlichen Sicht anhand einiger in diesem Buch vorgestellter Persönlichkeiten einmal illustrieren.

Auf der Suche nach Lösungen

Ricardo Fernando (siehe ***INTERMEZZO - "Persönlichkeiten"***), der zwei Tanzensembles[49] in Deutschland *"gerettet"* hat, hat in genau dieser Krisensituation - der drohenden Schließung seiner **Tanzkompanien** - beispielsweise direkt das Publikum um Hilfe gebeten. Die Bitte ging nicht nur an kleine Privatunternehmen, sondern vor allem an die Gesellschaft selbst. Er hat sie mobilisiert, und die Menschen haben auf der Stelle reagiert. Es wurde der Verein *„Ballettfreunde e.V."* gegründet, der ihm bei der *Entwicklung von Konzepten/Strategien* zur Erhaltung des Ensembles **geholfen** hat.

Obwohl die finanziellen Mittel der öffentlichen Hand in diesen Fall niemals ganz versiegt waren - da sowohl das Hagener als auch das Bremerhavener Theater **Regiebetriebe** sind und die städtische Verwaltung ihren Aufgaben auch weiterhin ohne Abstriche nachkommen musste - haben die daraus entstandenen privaten *Aktionen* entscheidend zur *Aufwertung der Sparte* beigetragen. Denn selbst wenn sie dem Anschein nach nur *minimale Maßnahmen* waren, ist es mit ihrer Hilfe gelungen, **das öffentliche Interesse am Ballett wieder anzuregen.** So konnte der Tanz in den oben genannten Fällen lebendig und aktiv bleiben.
Genau das war Ricardo Fernandos Absicht gewesen: Das Publikum zu mobilisieren, damit **es selbst** für die **Notwendigkeit** und die **Bedeutung des Balletts** in seinen Kernpunkten kämpfte, und zwar durch Tätigkeiten, die sich die *„Ballettfreunde"* selbst ausgedacht hatten, die jedoch unter der Aufsicht der Ballettdirektion standen. Die Aktivitäten dieser Vereine sollten so vielfältig wie möglich sein, *um das Interesse auch der Leute zu wecken, die sich nie zuvor eine Tanzvorführung angesehen hatten.* Die Tänzer sollten zu prägenden,

[49] In beiden Fällen handelte es sich um Stadttheater, Bremerhaven und Hagen.

bekannten, geschätzten und beinahe unverzichtbaren Figuren werden, zuerst einmal innerhalb des Theaters, aber auch in den Städten und Regionen, in denen sie auftraten. Deshalb waren und sind die Aktionen, die der Verein auf die Beine stellt[50], immer eine Art *"Sozialisierung"* mit dem Tanz: *Eine Annäherung des Balletts an das Publikum und an die lokalen Veranstaltungen, in die es eingebunden wird.* Durch diese Aktivitäten wurde großer Druck auf die staatliche Verwaltung ausgeübt und sie wurde gezwungen, ihre Idee zur Schließung der Ballettsparte zu *überdenken* und *andere strukturelle Maßnahmen* zu ergreifen.

Diese Möglichkeit war nur eine von vielen. Es war auch eine riskante Strategie, die leicht hätte schief gehen können! Schließlich haben diese Verbände in der Tat eine große Bedeutung in dem Umfeld, in dem sie tätig sind. Sie fungieren *meinungsbildend* und ihr Bestehen ist grundsätzlich auf ein Motiv oder eine Idee ausgerichtet, die sie verfolgen und gänzlich unterstützen. Wie die obigen Beispiele zeigen, sind sie zwar nicht an der Organisation und Strukturierung des Theaters beteiligt, haben jedoch mit Bezug zum Ballett eine große Wirkung auf dessen Netzwerk. Da Ricardo Fernando weder in Bremerhaven noch in Hagen bei seinem Versuch, das Ballett *„zu retten"*, etwas zu verlieren hatte, appellierte er sehr weise an das *historische Interesse*, das das deutsche Publikum für die Künste hegt (siehe das Kapitel ***„Kunst machen"***) und animierte es, für seine eigene kulturelle Tradition zu kämpfen!

Leider ist es in den letzten Jahren nicht allen Theatern in Deutschland gelungen, dieselbe politische Haltung zu wahren, weil das *Überdenken* oder *Umstrukturieren* der finanziellen Lage nicht so einfach ist. Und so mussten

---

[50] Hier folgen ein paar der Initiativen zur Unterstützung des Balletts, deren Kosten von den *Ballettfreunden Hagen* übernommen werden: häufigere präventive Termine bei Physiotherapeuten, der Bestand einer Apotheke mit Grundausstattung (ermöglicht durch Spenden von dem Verein angehörenden Ärzten und Pharmazeuten), die den Zugang zu bestimmten Medikamenten sichert, kostenlose Deutschstunden für ausländische Angehörige der Kompanie, Überwachung aller Ballettaufführungen mit aktuellen Informationen für alle Mitglieder, Treffen und Debatten mit Choreografen und Tänzern, die in die aktuellen Produktionen eingebunden sind, Stichproben und Besuche im Ballettstudio, Begleitung von Proben und Stunden, Organisation von Festen, an denen die Tänzer und die Mitglieder teilnehmen, sodass ein persönlicher Kontakt zwischen den Künstlern und dem Publikum hergestellt werden kann, die Begleitung von Tanzprojekten in den Hagener Schulen: die Schüler arbeiten unter der Anleitung von Tänzern des Ensembles, Verbesserung der physischen Kondition der Ensemblemitglieder, indem ihnen der kostenlose Besuch in Fitnessstudios ermöglicht wird, ein Beitrag zur Bildung eines Zusammenschlusses von Lehrern und Gastrednern, die dem Ballett Zusatzstunden geben, praktische Hilfe für neue Mitglieder des Ensembles, die sich erstmals in Hagen zurechtfinden müssen (Anmieten von Immobilien, Telefonverträge, Anmeldung von Wasser, Strom und Heizung, juristische Hilfe, Eröffnen eines Bankkontos und anderes), Öffentlichkeitsarbeit und die Erstellung einer Seite im Internet, uvm. Siehe: http://www.ballettfreunde-hagen.de/verein/

einige von ihnen letztendlich die **Schließung verschiedener Ensembles** bekannt geben.
Derartige Nachrichten erschüttern die Glaubwürdigkeit des Tänzerberufs (oder ganz allgemein des Künstlerberufs) ganz massiv und zwingen uns zu einer dringend notwendigen Reflexion des Themas.

Das weiter vorne erwähnte *Diskussionspapier* hat es beim Namen genannt:
"(...)die positiven externen Effekte von Kultur auf die wirtschaftliche Entwicklung von Regionen [wurden] *empirisch belegt. Kulturelle Einrichtungen können die Attraktivität einer Region für Hochqualifizierte wesentlich erhöhen. (...)* ***Den Unterschied macht der Anteil der Künstler an der Bevölkerung im erwerbsfähigen Alter aus.*** *(...)"*[51]

„Gefährliche Liebschaften" Staatsoper Hannover- 2010 - Choreografie Jörg Mannes Cassia Lopes & Denis Piza (©Jörg Mannes)

[51] Vgl. 48

Ballett der Staatsoper Hannover 2008 ***(©Joerg Mannes)***

Einfach anders

Als ein ganz anders geartetes Beispiel kann man in einem ähnlichen Kontext auch unsere *Staatsoper Hannover* betrachten. **In einem öffentlich getragenen** Theater mit der Dimensionen der **Niedersächsische Staatstheater Hannover GmbH**[52] erwirtschaften wir selbst um die **15 % der Kosten**. Darüber hinaus werden wir vom Land Niedersachsen gefördert, und vieles von dem, was in Hagen der Verein *Ballettfreunde e. V.* leisten muss, sehen wir uns in der Lage, als Theater selbst zu organisieren und zu finanzieren. Allerdings könnte sich die Gesellschaft auch hier jederzeit mobilisieren und eine ähnliche Initiative gründen, mit den gleichen Zielen wie in Hagen - da auch wir ein Mehrspartentheater mit Oper, Schauspiel, Tanz und Konzert sind. Solche Initiativen gibt es sogar bereits, nämlich für die **Oper** (*Gesellschaft der Freunde des Opernhauses Hannover e.V.*, *Stiftung Staatsoper Hannover*) und für das **Schauspiel** (*Gesellschaft der Freunde des hannoverschen Schauspielhauses e.V.*).

---

[52] Siehe: ***"Die Staatsoper Hannover"***

Immer wieder werden Partnerschaften im privaten Bereich gesucht[53], aber sie agieren unter anderen Voraussetzungen. Vergleicht man diese beiden Formen der Funktionalität, die private und die staatliche Förderung, in Bezug auf ihre **Basis**, ihre **Motive**, den **Umfang der Mitarbeit**, den **Leistungsschwerpunkt**, die **wirtschaftliche Relevanz** und die **Rechtsgrundlage**, so dürfen wir nicht vergessen, dass **öffentlich finanzierte Theater** einen **öffentlichen Auftrag** haben, während *„[...]stark vereinfacht[...]im verbandlichen Bereich [...] der **Interessenausgleich**, die repräsentative Besetzung von Gremien und die **Zufriedenheit der Mitglieder** eine große Rolle [spielen].* (...)“[54]

In Wirklichkeit ist es ein sehr komplexer Mechanismus, der hinter diesen beiden wirtschaftlichen Finanzierungsoptionen steckt. Dies gilt besonders dann, wenn sie miteinander und aneinander gekoppelt funktionieren sollen. Um eine gute parallele Zusammenarbeit zu erreichen, zielt man in der Praxis als Endprodukt auf eine „Pro-“ und „Contra“-Produktivität ab, denn wie **Christian Koch** (Dipl.-Kfm., Geschäftsführer socialnet GmbH, Unternehmensberater) erklärt:
*„(...)jede Abweichung hat ganz spezifische Konsequenzen, die bei der Gestaltung der Organisation zu beachten sind. (...)Beide Bereiche, **Verband und Betrieb**, haben einen hierarchischen Aufbau. Der Berührungspunkt bei Vorstand bzw. hauptamtlicher Geschäftsführung ist offensichtlich ein kritischer Punkt. Hier stoßen unterschiedliche Dynamiken und Logiken zusammen.“*[55]
Anders gesagt, könnte das unter Umständen bedeuten, dass sie ‚**gegeneinander arbeiten**‘, wenn die beiden Formen der Bewirtschaftung nicht von Vornherein aufeinander abgestimmt werden.

Da jedoch meine Kompetenzen bei weitem nicht ausreichen, um dieses System gründlich zu erläutern, widme ich mich wieder meinem Bereich - dem Tanz - und halte mich an eine Beschreibung unserer „Tanz -*Politik“*.

Auch hier hat sich deutlich gezeigt, dass die für das Ballett beste Strategie im Ausbau seiner *Bedeutsamkeit innerhalb der Gesellschaft* besteht, um es zugänglicher und weniger angreifbar zu machen.
Genau darauf bauen **Jörg Mannes** (Ballettdirektor und Chefchoreograf) und **Steven Markusfeld** (Betriebsdirektor des Balletts) seit mehreren Jahre beim

---

[53] Siehe bitte: http://www.staatstheater-hannover.de/oper/index.php?m=66&f=41_sponsoren

[54] Entstammt der Website: http://www.vereinsrecht.de/verein-oder-gmbh.php - im März 2016

[55] Vgl. 54

Ballett der Oper Hannover. Durch das Engagement dieser beiden Männer sind diverse Tanzprojekte und Aktivitäten für alle Altersgruppenentstanden: Ursprünglich für ältere Menschen (*"Die Spätbewegten",* nach einer Idee und Initiative von **Mathias Brühlmann** - ehemaliger Solotänzer, heutzutage Ballettassistent), danach für Kinder und Jugendliche. Diese Projekte, die so vielfältig wie möglich gestaltet werden, können sowohl theaterinterne Ideen[56] als auch Vorschläge des Bundes - sprich: Förderprogramme[57] - sein. In diesen Fällen - wenn es sich also um Förderprogramme handelt, müssen sie eine systematische Genehmigungsprozedur durchlaufen, mit deren Hilfe die besten auf Bundesebene vorgestellten Projekte ausgewählt werden, bevor sie ihre Zustimmung erhalten. Wenn das jedoch eintritt - wenn ein Projekt genehmigt und subventioniert wird - ist das ein deutliches Zeichen für die Kreativität und den Einsatz, den eine Direktion bei der Entwicklung neuer Ideen an den Tag legt, um das Ballett in den allgemeinen Kontext der Gesellschaft einzubinden und es in allen sozialen Schichten zu verankern.

Ein Beispiel für eine solche Genehmigung auf Bundesebene ist der *Tanzfonds*[58], ein nationales, von der Kulturstiftung des Bundes subventioniertes Projekt, das bei uns eine Laufzeit von drei Jahren hatte, von 2012 bis 2014, und in dessen Rahmen jedes Jahr eine Produktion auf die Beine gestellt wurde, an der professionelle Tänzer der Staatsoper Hannover und Schüler einer integrierten Gesamtschule beteiligt waren. Es fand eine Art öffentlicher Wettbewerb zwischen verschiedenen Theatern und Städten statt, um auszuwählen, welche

---

[56] *„Das Ballett der Staatsoper Hannover hat seit seinem Neustart 2006/07 eine Reihe spezieller Aktivitäten ins Leben gerufen. Dazu zählen Ballettfassungen ‚für Kids' unter Beteiligung von Kindern auf der Buhne, Schulbesuche und Workshops von Ensemblemitgliedern, Schul- und Universitätspraktika, Bühnenaufführungen in Partnerschaft mit einer integrierten Gesamtschule, Kooperationen mit der Hochschule-Hannover und dem Conservatoire de Rouen u. v. m. Der Kurs* ***‚Die Spätbewegten'*** *richtet sich an Menschen ab 45 Jahren und* ***‚Ballett.begeistert'*** *an der VHS-Hannover findet seit 2009 statt."*
Die Informationen entstammen der Website: http://danceinfo.de/ensembles/index.php?id=15

[57] Es ist auch wichtig, zu erwähnen, dass *das Ballett der Staatsoper Hannover* nicht die einzige Kompanie in Deutschland ist, die eine solche „Tanzpolitik" betreibt. Diese Politik der *Sozialisierung des Tanzes* - wie ich sie nenne - nahm vor einigen Jahren ihren Anfang, als das Kultusministerium erkannte, wie dringend notwendig eine Annährung des Publikums an das Thema „Tanz" - in Schulen oder bei anderen Veranstaltungen - war, gerade um Schließungen von Ensembles zu vermeiden. Daraufhin sind viele staatlich geförderte Projekte ins Leben gerufen worden. Siehe: https://www.google.de/search?q=Kulturministerium&ie=utf-8&oe=utf-8&gws_rd=cr&ei=bcvVVrr9G8Ok6ATA0oLICA#q=Kultusministerium+und+Tanzprojekte

[58] Siehe ***FINALE -„...ein guter Grund zum Tanzen..." - Fußnote***

von ihnen an dem Projekt teilnehmen würden und wie die für diesen Zweck zur Verfügung gestellte Summe aufgeteilt werden sollte. Dementsprechend wurde dann auch die Zuteilung der Finanzmittel vorgenommen. Unser Projekt in Hannover war eines der größten des ganzen Landes und erhielt die zweithöchste Subvention. Im ersten Jahr arbeiteten wir mit nur einer einzigen Klasse - 30 Jugendlichen - und im zweiten und dritten Jahr mit drei Klassen gleichzeitig - 100 Kindern und Jugendlichen - und brachten die folgenden Produktionen auf die Bühne: 2012 - *"Stress"*; 2013 - *"Herr der Fliegen"* und 2014 - *"Oliver Twist"*- alle unter der Leitung von **Mathias Brühlmann**. Die Produktion des Jahres 2013 wurde wegen ihrer Qualität, der Leistung und der Charakteristiken des Projekts für den ***Kinder- und Jugendförderpreis Tanz*** nominiert.

Darauf kommt es an

Doch kehren wir noch einmal zur Reichweite dieses soziokulturellen Systems zurück, denn wir dürfen auch den Einsatz und den guten Willen verschiedener Generalintendanten und Finanzverwalter in dem riesigen *Netz deutscher Theater* nicht unerwähnt lassen, die trotz der kostensenkenden Maßnahmen, die sie im Zuge ihrer Verwaltungsarbeit durchsetzen müssen, als Hauptziel immer die Begrenzung der Ausgaben für einige Produktionen oder die Senkung der Betriebskosten auf der Verwaltungsebene im Blick behalten, ohne zuzulassen, dass diese Einsparungen den Verzicht auf beteiligte Arbeitskräfte nach sich ziehen.[59]

Verfechter solcher Maßnahmen sind unter anderem unser Opernintendant **Dr. Michael Klügl** und der kaufmännische Geschäftsführer **Jürgen Braasch,** deren Ziel eine die Kunst unterstützende Haushaltsführung ist. Ihr großes Augenmerk liegt dabei auf den Menschen, die an diesem „*Theaternetzwerk*" beteiligt sind und den Einsparungen nicht zum Opfern fallen sollen.

Allerdings gibt es im Kultursystem einen Aspekt, der ganz klar und deutlich beim Namen genannt werden muss, und ich hebe ihn mit voller Absicht hervor: **Es ist kein rentables System, es bringt dem Staat keine Gewinne ein. Die Kultur wirft keine Erträge ab!** Ganz im Gegenteil: Sie **kostet**, sie zieht Ausgaben nach sich, und das ist in jedem Teil der Welt und zu allen Zeiten der Fall. Das, was man über den Verkauf von Eintrittskarten einspielen

[59] Wie es leider in verschiedenen brasilianischen Tanzkompanien geschieht, bei denen Entlassungen direkt mit fehlenden Mitteln für die Umsetzung von Aufführungen und die Finanzierung von Kostümen einhergehen. Traurig, aber wahr!

kann, reicht niemals, um die ungeheuren Kosten zu decken, die für die Realisierung einer Show anfallen. Unabhängig davon wie gut oder wie schlecht die Produktion am Ende sein wird, *„denn das Risiko des Scheiterns ist Gegenstand der öffentlichen Förderung, wir müssen Wagnisse eingehen können"*, wie **Hr. Jürgen Braasch** erklärt.

Kultur zieht **immer** Ausgaben nach sich. Das ist der heikelste Punkt, wenn man eine Debatte über die Durchführbarkeit von Investitionen im Bereich der Kultur und der Kunstförderung eröffnet. Aber die gute Nachricht ist, dass es eine sehr interessante Formel gibt, die diesen Faktor nahezu aufhebt: Die Schaffung von Arbeitsplätzen und von bezahlten Tätigkeiten innerhalb des *Kunstsystems* ist eine große soziokulturelle Investition, von der der Staat, aus meiner Sicht, sehr wohl profitiert. Am Ende dieses Kapitels möchte ich näher auf die Bandbreite dieser Beziehung eingehen, indem ich den *„Organismus" der* ***Staatsoper Hannover*** beschreibe.

Ballett der Staatsoper Hannover

Rouen - Frankreich 2012 "Gefährliche Liebschaften" (©Joerg Mannes)

IM NAMEN DER KUNST

"ANREIZE SCHAFFEN"

Deutschland gilt als größtes und wichtigstes *„Theaterland"* der Welt. Allein die Staats-, Stadt- und Landestheater stellen jedes Jahr über **5.000 Produktionen** auf die Beine, hinzu kommen die privat subventionierten Theater und die vielen Theatergruppen und Festivals, die es in verschiedenen deutschen Städten gibt. Finanziert wird all dies in erster Linie von den Ländern und Kommunen.

Im Jahr 2006 hat der Deutsche Bühnenverein einen Preis ins Leben gerufen, dessen Ziel es ist, die **Bedeutung** und die **Schaffenskraft der Theater im Land** hervorzuheben und zu betonen. Der ***"Deutsche Theaterpreis DER FAUST"*** - der *"Oscar"* des deutschen Theaters - wird vom *Deutschen Bühnenverein, den Ländern, der Kulturstiftung der Länder* und von der *Deutschen Akademie der darstellenden Künste* organisiert und verliehen, wobei die Verleihungszeremonie abwechselnd in verschiedenen Bundesländern stattfindet. [60]

"KUNST MACHEN"

In der Ausgabe vom 16. November 2013[61] veröffentlichte die ***"HAZ - Hannoversche Allgemeine Zeitung"*** ein Interview mit dem damaligen Direktor des Kunstvereins Hannover, **René Zechlin**, das die Überschrift *"Zeigen, wie spannend Kunst sein kann"* trug. René Zechlin hat Kunstgeschichte, BWL und Philosophie studiert, war Kurator des ***Frankfurter Kunstvereins*** und für das ***Ausstellungsprogramm der Lewis Glucksman Gallery*** in der irischen Stadt Cork verantwortlich. Von 2008 bis 2014 war er Direktor des ***Kunstvereins Hannover***. Im Alter von 39 Jahren war er darüber hinaus Präsident des ***Deutschen Kunstvereins*** und übernahm am 1. Mai 2014 die Leitung des ***Wilhelm-Hack-Museums Ludwigshafen***, die er aktuell – im Jahr 2016 – noch innehat. Im Folgenden möchte ich einige Ausschnitte aus dem Interview dieser Zeitung wiedergeben.

Zum Thema „Pädagogik in Museen" und der Frage, ob Kunst gelehrt werden sollte, sagte er mit Nachdruck: *„Klar ist doch: Das Konzept des ‚White Cube', der Kunst in neutraler Präsentation für sich selbst sprechen lässt, geht nicht mehr auf. Wir haben Kunstführungen in ganz unterschiedlichen Formaten etabliert, (...) bis hin zu ‚Kunsttauchkursen' für kleine Kinder. (...) [Es] geht*

---

[60] Die Informationen entstammen der Webseite: http://www.buehnenverein.de/de/netzwerke-und-projekte/der-faust.html - Oktober 2013 - mit einigen Textänderungen.

[61] Quelle: Ausgabe Nr. 268 - 16.Nov.2013 - Seite 6 - HAZ - Hannoversche Allgemeine Zeitung

immer darum, Kunst aus dem Kontext ihrer Entstehung verständlich zu machen, Brückenschläge zum Publikum zu schaffen, zu zeigen, wie spannend Kunst sein kann."

Der Journalist, **Daniel Alexander Schacht**, stellte ihm die Frage, wie der "Spagat" zwischen dem "Regionalen" und dem "Internationalen" gelänge, ohne dass der Eindruck von "Provinzialität" oder "Abgehobenheit" entstünde. Seine Antwort war genial:
"Wenn's gut geht, orientiert man sich an internationalen Standards und fördert zugleich regionale Künstler, die keineswegs provinziell sind(...). (...) Künstler kann man durch Ausstellungen, Stipendien und Preise fördern, aber auch durch solche Impulse."

Es gibt in Deutschland mehr als ***dreihundert*** Kunstvereine, die über das ganze Land verteilt sind. Einer der ältesten und traditionsreichsten[62] ist dabei der **„Kunstverein Hannover"**, 1832 gegründet und der *„Förderung der bildenden Künste"* verpflichtet. Im Moment hat er 1.200 Mitglieder, Tendenz steigend, und besteht strukturell aus einem ehrenamtlichen Vorstand und einem Beirat. Der bürgerschaftliche Einsatz seiner Mitglieder sowie das Engagement privater Sponsoren und freiwilliger Helfer bilden einen festen Anker für seine Bedeutung innerhalb der kulturellen Szene von Hannover und Niedersachsen.

Die **"Kestnergesellschaft"** - ein ebenfalls in Hannover beheimateter Kunstverein - hat derzeit mehr als 3.500 Mitglieder (auch hier ist die Tendenz steigend) und wurde 1916 gegründet. Ihr Hauptziel ist es, *„aktuelle, internationale Kunst nach Hannover zu bringen"*.

Beide Vereine sorgen in Hannover und im Umland für ausgleichende Impulse im Kunstbereich und machen aus unserer Arbeit an der Staatsoper Hannover eine unersetzliche Tätigkeit; sie sind eine starke Triebfeder für **neue Künstler** und eine Referenz an das **Kunstpublikum.** Ganz allgemein gelten Kunstvereine als zweitwichtigster Pfeiler bei der Förderung der Kunst in

---

[62] *„Zu den ältesten Kunstvereinen zählen:* ***Kunstverein Nürnberg*** *- Albrecht Dürer Gesellschaft (1792),* ***Kunstverein in Hamburg*** *(1817),* ***Badischer Kunstverein****, Karlsruhe (1818)"* -Die Daten zu den Vereinen entstammen der Webseite: http://www.kunstvereine.de/web/index.php?id=15 - Stand Februar 2016

Deutschland, gefangen im ständigen Kampf um ihr Überleben und ihre landesweite Weiterverbreitung.[63]

Auch hier zeigen sie sich wieder deutlich: die **private Initiative** und der **Wille des Publikums,** sich für die Förderung der Kunst einzusetzen.

"Chaplin"- die Mutter - Choreografie Mario Schroeder – Hannover 2014

Cássia Lopes - Fotointerpellation von © Joerg Mannes

[63] Die Daten zu den Vereinen entstammen der Webseite: http://kestnergesellschaft.de/#!/ueber-uns/wer-wir-sind undhttp://www.hannover.de/Kultur-Freizeit/Museen-Ausstellungen/Museumsf%C3%BChrer/Top-Museen/Kunstverein-Hannover - aktualisiert im Februar 2016

THEATER: Ein rentables "funktionales Netz "?

VIELFÄLTIGES ANGEBOT

Das Bild der Theater- und Orchesterlandschaft in Deutschland wird wesentlich durch die rund **140 öffentlich getragenen Theater** bestimmt, also durch Stadttheater, Staatstheater und Landesbühnen. Hinzu kommen rund **220 Privattheater**, etwa **130 Opern-, Sinfonie- und Kammerorchester** und ca. **70 Festspiele**, rund **150 Theater- und Spielstätten** ohne festes Ensemble und um die **100 Tournee- und Gastspielbühnen** ohne festes Haus. Nicht einmal mitgezählt sind hier all die freien Gruppen, bei denen vollkommen unbestimmbar ist, wie viele es eigentlich sind. Diese **Vielfalt ist ein charakteristisches Merkmal des deutschen Theaters und seines Orchestersystems.** Anstelle eines einzigen *„allmächtigen"* kulturellen Zentrums - wie es beispielsweise Paris für Frankreich ist - gibt es hier unendliche viele Optionen, die im Hinblick auf die Qualität nichts zu wünschen übrig lassen und so die Möglichkeit eröffnen, auf dem gesamten Gebiet der Bundesrepublik Deutschland *optimale Shows* und *exzellente Theateraufführungen* zu sehen.[64]

PUBLIKUM

Ungefähr **35 Millionen Zuschauer aller Altersklassen** besuchen jedes Jahr beinahe **105.000 Theatervorstellungen und 7.400 Konzerte.**
Das ist ein deutlicher Beweis dafür, dass die spontane Aufmerksamkeit, die das Publikum dem Theater und der Musik entgegen bringt, in Deutschland (nahezu) ungebrochen ist, und es zeigt das historische Interesse der Menschen, die ihre Theater und Konzertsäle als Orte der direkten Kommunikation nutzen, zum Sammeln von Erfahrungen und Wissen und um ihrer Liebe zur Kunst zu frönen. Diese kulturellen Stätten sind ein Teil des öffentlichen Diskurses und somit etwas, das für die städtische **Lebensqualität in Deutschland unverzichtbar** ist.[65]

---

[64] Die Zahlenangaben entstammen der Webseite des Deutschen Bühnenvereins, November 2013:http://www.buehnenverein.de/de/theater-und-orchester/theater-und-orchesterlandschaft.html

[65] Vgl. 64

DIE STAATSOPER HANNOVER

[66] Die zentrale Organisation eines Theaters ist in Deutschland immer gleich aufgebaut, ob es nun ein kleines, mittelgroßes oder großes Haus ist. Das, was wir *"Haus der Künste"* nennen, ist wie ein **lebendiger Organismus**; es funktioniert nach einem bestimmten System, einem in sich geschlossenen Kreis, der speziell entwickelt worden ist, um diese Art von Vorstellungen hierzulande zu ermöglichen, und der eine unglaubliche Vielzahl an Arbeitsplätzen auf den verschiedensten Gebieten schafft. Bei einem Theater oder Theaterkomplex wie dem *Staatstheater Hannover* nimmt dieses System die Ausmaße eines Großunternehmens an. Finanziell stützt es sich zu einem Großteil auf den Staat - er übernimmt beinahe 100% (was im Hause erwirtschaftet wird, deckt gerade mal 15% der gesamten Kosten). Ich verzichte darauf, hier eine vollständige Liste aller Angestellten dieses Hauses (mit Namen und Funktion) aufzuführen, allein schon der Wirtschaftlichkeit wegen: Das Buch würde auf der Stelle 20 Seiten länger werden. Deshalb beschränke ich mich auf eine Auflistung der ausgeübten Funktionen und die Angabe der Anzahl an Personen, die in der Spielzeit 2013/2014 hier beschäftigt waren, um zu zeigen, welch grandioser Mechanismus in diesem so komplexen System steckt, das wir *„THEATER"* nennen. Eines möchte ich dabei klarstellen: Dieses Modell ist ein historisches und beinhaltet eine enorme Organisation, Verwaltung, Strukturierung und vor allem **Aufsicht**. Allein schon deshalb gebührt ihm größter Respekt und höchste Achtung.

---

[66] ***Foto- Winterlandschaft aus dem Fenster des Ballettsaals Staatsoper Hannover – Januar 2014***

Aufgrund ihrer Rechtsform als **GmbH** ist der **Staatsoper** die folgende Struktur vorgegeben:

GESCHÄFTSFÜHRUNG:
Intendant und Verwaltungsdirektor (*kaufmännischer Geschäftsführer)*

DIE KÜNSTLERISCHE LEITUNG
Sie besteht aus dem Intendanten der Oper Hannover, der Generaldirektorin des Orchesters (oder Generalmusikdirektorin-GMD), dem künstlerischen Leiter des Balletts, der künstlerischen Betriebsdirektorin und Stellvertreterin des Intendanten, dem Chefdramaturgen und der Assistentin des Intendanten.

In direkter Verbindung mit dem Intendanten steht darüber hinaus die folgende Abteilung:
- Presse/Öffentlichkeitsarbeit:
Die Aufgabenbereiche umfassen die Werbung, Informationen zur Oper, Kommunikation und Öffentlichkeitsarbeit sowie Grafik und Sichtwerbung.

Sparten Theater

OPER:

MUSIKTHEATER

Künstlerische Abteilung:
-Künstlerisches Betriebsbüro
-Dramaturgie Oper
-Musik-Theaterpädagogik
-Spielleitung Oper
-Studienleitung Oper
-Repetitoren Oper
-Soufflage Musiktheater:
In den Bereich „Soufflage“ fallen die Mitarbeiter, die ihren Arbeitsplatz neben der Bühne haben und sich dort mit dem Text oder der Partitur des Stücks positionieren, um den Schauspielern oder Opernsängern zu helfen. Ihre Aufgabe ist es buchstäblich, den Akteuren auf der Bühne einzuflüstern - wenn sie während der Proben Textfehler machen oder im Laufe einer Vorstellung einen Hänger haben. Es gibt zwei Souffleusen in unserem Haus die für alle Sing- oder Sprechrollen in sämtlichen Stücken verantwortlich sind.

- Statisten:

Für diesen Bereich gibt es einen Leiter und eine Liste der Statisten (Laien), die der Oper zur Verfügung stehen. Ihre Verträge gelten speziell für bestimmte Produktionen, Statisten mit festen Verträgen gibt es nicht.
In den meisten Fällen handelt es sich um Studenten oder Angehörige ganz anderer Berufsgruppen, die sich für das Theaterleben interessieren und sich bereit erklären, unter professionellen Bedingungen in diversen Stücken auf der Bühne zu agieren, ohne jedoch eine Berufsausbildung auf diesem Gebiet zu haben. Einige von ihnen machen dies schon seit so vielen Jahren, dass sie mittlerweile auf ihre eigene Weise „berühmt" geworden sind und jeder sie kennt.

-Junge Oper:

Dieses Ensemble ist fast ausschließlich aus Gesangsstudenten und Berufsanfängern zusammengesetzt, die an verschiedenen Musikfakultäten ausgebildet worden sind. Da eine Partnerschaft zwischen der Musikfakultät Hannover und derjenigen in Seoul besteht, kommen viele Studenten und Stipendiaten für eine kurze Verpflichtung an die Oper Hannover, um Erfahrungen zu sammeln. Die Angestellten und die Gastsänger stellen zusammen neun Solisten, die an dem Projekt „Junge Oper" beteiligt sind. Ihre Produktionen werden in anderen Häusern des Staatstheaters Hannover aufgeführt, wie beispielsweise dem Ballhof, und bestehen im Prinzip aus kurzen Stücken, an denen Statisten, junge Opernsänger und junge Schauspieler mitwirken. Finanziert wird das Projekt allerdings vollständig von der Staatsoper.

Ensemble:

Ensemble Oper:

Unterteilt in Stimmen und Koloraturarten - so werden die verschiedenen Tonhöhen und Verzierungsfähigkeiten menschlicher Stimmen genannt - besteht das Ensemble aus insgesamt 38 Frauen- und Männerstimmen in der Kategorie „SOLISTEN".

Chor:

Das Ensemble besteht aus 58 Chorsängern

KONZERT

Künstlerische Abteilung:

-Orchesterbetriebsbüro

-Generalmusikdirektion(GMD)

-Orchesterdirektion/ Vorstand:

Das Orchester wählt einen Vorstand, der die Interessen des Orchesters gegenüber der Theaterleitung vertritt. Dieser Vorstand besteht aus einem Präsidenten, einem Stellvertreter und drei Assistenten.

-Orchesterinspektion

-Orchesterwarte:

Diese Mitarbeiter sind, unter anderem, für die Vorbereitung der Partituren, das Aufstellen der Stühle und die Positionierung des Orchesters verantwortlich.

-Repetitoren Orchester

-Dramaturgie Orchester

Ensemble:

Orchester

1. VIOLINE: zwei Konzertmeister, zwei stellvertretende Konzertmeister und sechzehn Violinisten.

2. VIOLINE: vierzehnViolinisten.

VIOLA: elf Violisten

VIOLONCELLO: elf Violoncellisten

KONTRABASS: acht Kontrabassisten

HARFE: zwei Harfenistinnen

FLÖTEN (DIVERSE): sieben Flötisten

OBOE: sechs Oboisten

KLARINETE: fünf Klarinettisten

FAGOTT: sechs Fagottisten

HÖRNER: neun Hornisten

TROMPETE: fünf Trompeter

POSAUNE: fünf Posaunisten

TUBA: ein Tubist (ein sehr seltenes Instrument)

PAUKEN UND SCHLAGZEUG: fünf Schlagzeuger

Da unser Orchester aus 116 Mitgliedern besteht, fällt es in die sogenannte **Vergütungsgruppe A**[67]. Die Orchesterstärke - die Anzahl der bei einem Konzert benötigten Musiker - ergibt sich aus der Partitur. Wenn Opern oder Ballette begleitet werden, treten die Musiker - ebenfalls partiturbedingt - in kleineren Gruppen an, was für alle, die sich im Orchestergraben befinden, bequemer und „gesünder" ist.

Es gibt in der Medizin einen Zweig, der sich auf "Orchesterkrankheiten" spezialisiert hat. Dabei geht es nicht nur um Haltungsschäden bei Musikern - ausgelöst durch die intensive einseitige körperliche Betätigung beim Spielen eines Instruments, wie beispielsweise Wirbelsäulenprobleme bei Violinisten, diverse Sehnenentzündungen im Hand- und Schulterbereich oder ähnliches - sondern auch um Hörschädigungen, zu denen es immer wieder aufgrund der hohen Dezibelwerte im Orchestergraben oder in den Orchesterübungsräumen kommt - denn der Orchesterarbeitsplatz ist ein ***Lärmarbeitsplatz*** und unterliegt somit den entsprechenden Arbeitsbedingungen. Wenn man sich zum Beispiel einmal die Streicher ansieht (2. Violine oder Violas), die direkt vor den Blasinstrumenten sitzen, oder die Violoncellisten, deren Platz genau vor den Pauken ist, wird deutlich, welcher Schallintensität sie dort gänzlich ungefiltert ausgesetzt sind. Heutzutage werden in dieser Hinsicht schon viele Vorsichtsmaßnahmen getroffen, die die Situation deutlich entschärfen. Einige Orchester installieren Schutzwände aus Plexiglas - Acryl - als Schallbarriere zwischen den Musikern. Und trotzdem bedeutet es eine erhebliche körperliche Belastung, diesen Effekten tagtäglich ausgesetzt zu sein - was einer der Gründe dafür ist, dass sich das Orchester so gut wie nie in voller Besetzung im Orchestergraben versammelt.

---

[67] Die Orchester werden nach Maßgabe bestimmter Absätze aus **§17 des TVK** - Tarifvertrag Kulturorchester - in die Vergütungsgrüppen **A bis D** eingeordnet. Dabei wird sowohl die Gesamtzahl der im Haushaltsplan für die Musiker ausgewiesenen Planstellen als auch die Größe der Streicher- und Bläsergruppen im Organisations- und Stellenplan des Orchesters berücksichtigt. Es gilt die folgende Aufteilung:
Gruppe A – 99 Musiker (55 Streicher + 38 Bläser) / Gruppe B – 66 Musiker (36 Streicher + 26 Bläser) / Gruppe C – 56 Musiker (30 Streicher + 23 Bläser). Die Orchester, die die Mindestvoraussetzungen für die Eingruppierung in die Vergütungsgruppe C nicht erfüllen, gehören der Vergütungsgruppe D an.

BALLETT

Künstlerische Abteilung:

-Betriebsdirektion
-Dramaturgie Ballett
-Tanzdramaturgie Ballett
-Probenleitung
-Repetitoren
-Gäste:

Jedes Jahr führen wir mindestens eine Produktion mit einem **Gastchoreografen** auf. Außerdem gibt es verschiedene **Ballettmeister**, die eingeladen werden, um uns zu trainieren. Ihre Verträge gelten dementsprechend nur für diese spezifische Produktion oder eine begrenzte Zeit.

Unter den **Gästen** sind auch **Bühnen- und Kostümbildner.**
Sie sind im Rahmen bestimmter vertraglicher Konditionen für den Entwurf und das Umfunktionieren von Bühnenbildern und Kostümen verantwortlich, die an die spezifischen Bedürfnisse der Tänzer bzw. des Balletts angepasst sein müssen - zum Beispiel in Bezug auf die Weite des Bühnenbilds, die Dehnbarkeit der Kostüme, die Festigkeit des Bodens, das Verhindern der Rutschgefahr, usw.

.

Ensemble:

Ballettensemble (ca. 30 Tänzer)

-15 Damen
-15 Herren

Gesundheitliche Betreuung:

Physiologische Betreuung:

-Physiotherapie
-Yoga
-Gyrotonics

<u>DIE VERWALTUNGSLEITUNG:</u>

Der kaufmännische Geschäftsführer, die Assistentin der Geschäftsführer und eine Sekretärin bilden die Verwaltungsdirektion und beurteilen alle Verträge von Angestellten und Firmen, die für das Theater Hannover (in den Bereichen Verwaltung, Technik, Kostüm und Maske) tätig sind.

Direkt mit dem Verwaltungsleiter verbunden sind:
-ein Datenschutzbeauftragter
-ein Brandschutzbeauftragter
-ein Abfallbeauftragter
-eine Fachkraft für Arbeitssicherheit
-Controlling und Organisation:
Drei Mitarbeiter sind für die allgemeine Kontrolle der kaufmännischen Funktionen der Oper Hannover verantwortlich.

<u>TECHNICHER BEREICH:</u>

-Maske:
Diese Mitarbeiter sind für das Schminken, das Richten von Frisuren und Perücken und das Zurechtmachen der Künstler bei Vorstellungen verantwortlich.

-Garderobe / Kostümabteilung

Werkstätten:

<u>Herrenschneiderei</u>

<u>Damenschneiderei</u>

-Modistenabteilung:

Zwei Modistinnen sind mit der Fertigung von Hüten, Handschuhen und Accessoires für bestimmte Produktionen betraut.

<u>Putzmacherei</u>

<u>Schuhmacherei</u>

<u>Rüstwerkstatt:</u>

Die Mitarbeiter der Rüstwerkstatt sind für alle auf der Bühne eingesetzten Waffen verantwortlich – und für ihre Ungefährlichkeit.

<u>Kostümfundus:</u>

Ein Fundusverwalter und zwei Mitarbeiter tragen die Verantwortung für den gewaltigen Bestand an Kostümen, den so genannten Fundus, der alles von jahrhundertealten historischen Kostümen bis hin zu gerade für moderne Produktionen gefertigten Kleidungsstücken enthält.

Färberei

Das Färben der Kostüme bedarf einer besonderen Vorsicht und obliegt zwei Angestellten.

Ankleider:

Diese Mitarbeiter sind ganz speziell dafür eingestellt, vor und während der Aufführung helfend bereit zu stehen. Sie sind Tag für Tag für die Organisation, die Vorbereitung und die Reinigung der verwendeten Kleider verantwortlich. Auch bei der Kostümlogistik auf Tourneen und für schnelle Kleidungswechsel während einer laufenden Aufführung sind sie unverzichtbar.

-Technische Abteilung:

Technisches Betriebsbüro

Gebäude und Veranstaltungsmanagement:

Sie bilden ein Team, das in kleinen, nach Tagesdienst eingeteilten Gruppen in den vielen Gebäuden des Staatstheaters arbeitet. Die Schichten sind davon abhängig, wie viele Mitarbeiter jeden Tag in den Häusern unterwegs sein müssen und ob bei anstehenden Vorstellungen noch Publikum hinzukommt.

Transport und Magazine:

Diese Mitarbeiter kümmern sich um den Transport von Kulissen, Kostümen, Musikinstrumenten und anderen Requisiten, nicht ohne vorher alle für die Verpackung und den Transport notwendigen Sicherheitsmaßnahmen ergriffen zu haben, damit nichts beschädigt werden kann.

Werkstätten der Technischen Abteilung:

Malsaal / Theaterplastik

Tischlerei:

Trotz aller technischen Entwicklungen ist der Tischlerberuf an einem Theater nach wie vor ein sehr gefragter Beruf. Sie sind - neben anderen Handwerkern - unter anderem für den Bau der Kulissen und die Instandhaltung der Bühne verantwortlich.

Schlosserei

Tapezierwerkstatt

Konstruktionsabteilung

Auszubildende Fachkräfte für Veranstaltungstechnik:

In der Spielzeit 2013/2014 wurden 27 Auszubildende an der Staatsoper Hannover angenommen.

Standort: OPER[68]

Beleuchtung und Video

Ton

Bühnentechniker:
Die Bühnentechniker verteilen sich auf die folgenden Funktionen: Bühnendirektor, Bühnenmeister, Probenmeister, Seitenmeister (und Stellvertreter), Schnürmeister (und Stellvertreter), Vorhangmeister (für die Mechanik zum Öffnen und Schließen des Vorhangs - und Stellvertreter), Obertapezierer (und Stellvertreter).

Maschinenabteilung:
Diese Abteilung kümmert sich um die bühnentechnischen Maschinen für technisch gesteuerte Verwandlungen.

Requisite:
Eine extrem wichtige Funktion in einem Theater. Es sind die Requisiteure, die sich um besondere Effekte kümmern: Blut, Tassen, Teller, Besteck, Flaschen, Leichen, Püppchen, Schaufensterpuppen, Stühle, Tische, uvm. Dafür müssen sie mit einer gewaltigen Kreativität gesegnet und in der Lage sein, sehr detaillierte handwerkliche Arbeiten anzufertigen, deren Bedeutung nicht zu unterschätzen ist.

Tapezierer:
Diese Mitarbeiter sind auch für das Verlegen des **Tanzbodens** zuständig - des speziellen PVC-Bodens für das Ballett.

Inspizient:
Der Inspizient ist die Person mit der größten Befehlsgewalt während einer laufenden Vorstellung. Er ist der allgemeine Koordinator einer Aufführung, die Schnittstelle zwischen **Bühnenkünstlern und Technik**. Während der Proben erlernen diese Leute die komplette Koordination einen Stückes (mit mechanischen und elektronischen Bewegungen auf der Bühne, den von der Choreografie vorgegebenen Auftritten, der Musik, der Beleuchtung, Multimedia-Effekten, etc.). In dieser so wichtigen Funktion arbeiten 3 Leute, auf die ohne Ausnahme alle Vorführungen dieser Spielzeit aufgeteilt werden.

---

[68] Das Staatstheater Hannover verfügt über mehrere Spielstätten im Raum Hannover, u.a. das **Schauspielhaus** und den **Ballhof Eins** und **Zwei**. Hier geht es gezielt nur um die Staatsoper und die Zusammensetzung ihres Mitarbeiterstabs.

VERWALTUNGSBEREICH:

-Finanzen:

Finanzbuchhaltung/ Kostenrechnung

-EDV:

EDV – Fachabteilung

-Personal- und Rechtsabteilung:

Fachabteilung Personal:

Ein Abteilungsleiter und sechs Mitarbeiter kümmern sich um Lohn- und Gehaltsabrechnungen, Bescheinigungen, uvm.

-Rechtsabteilung:

Referentin Recht

Allgemeine Verwaltung

-Hausdienstleistung (HDL):

Abendpersonal Oper:

Sie sind für die Kontrolle der Eintrittskarten, die Platzanweisung, den Verkauf von Programmheften und allgemein dafür zuständig, dem Publikum bei Vorstellungen helfend zur Seite zu stehen - in einem Saal, der bis zu 1202 Zuschauer fasst, mit vier reservierten Plätzen für Rollstuhlfahrer, die mit Hilfe spezieller Aufzüge und Rampen zu erreichen sind.

Pförtnerei Oper

Ein Organisator und fünf Mitarbeiter sind für die tägliche Kontrolle des Kommens und Gehens von Mitarbeitern im Opernhaus verantwortlich

-Bibliothek

-Poststelle / Druckerei

-Vertriebsabteilung:

Kasse / Ticketing

Abonnementsbüro

Call Center

Unter der allgemeinen Geschäftsführung des niedersächsischen Staatstheaters Hannover (Intendant Oper/ Intendant Schauspiel/ Verwaltungsdirektor) stehen noch:

-Fundraising, Sponsoring, Vertriebs-Marketing
-Grafik
-Theatermuseum und -archiv:
Ein Leiter und zwei Mitarbeiter sorgen für das Theatermuseum und das Archiv des Staatstheaters.

AUFSICHTSRAT
Da es sich bei der Staatsoper Hannover um eine GmbH im Eigentum des Landes Niedersachsen handelt, hat sie einen Aufsichtsrat, der vom Land Niedersachsen bestellt wird.

Die Hauptaufgabe des Aufsichtsrates ist die Überwachung der *Rechtmäßigkeit, Zweckmäßigkeit* und *Wirtschaftlichkeit* der Geschäftsführung. Die folgenden Personen bilden den Aufsichtsrat der Niedersächsische Staatstheater Hannover GmbH: die *niedersächsische (Landes-) Ministerin für Wissenschaft und Kultur* als Vorsitzende des Aufsichtsrats, der *Staatssekretär des niedersächsischen (Landes-) Finanzministeriums* als Stellvertreter sowie weitere Sachverständige, zwei Betriebsratsvorsitzende[69] und ein Stellvertreter.

Die technischen Werkstätten, Kostümwerkstätten und die Büros, die in der obigen Liste aufgeführt sind, gehören allgemein zum *„Staatstheater Hannover“* - das verschiedene Aufführungsstätten in der ganzen Stadt umfasst. Einige sind größer, andere kleiner, aber sie alle verfügen über eine ähnliche technische Infrastruktur. Ebenfalls unerwähnt gelassen habe ich die Mitglieder des **Schauspiels Hannover: professionelle Schauspieler und Schauspielerinnen.**

Das Schauspiel agiert mit ähnlichen Vertrags- und Tarifbedingungen wie wir Tänzer, und die Schauspieler sind innerhalb desselben vom Land Niedersachsen gewährten finanziellen Rahmens angestellt, der auch für uns gilt. Sie sind jedoch in einem anderen Gebäude untergebracht, das in der Nähe der Staatsoper liegt und in dem weitere ca. 120 Angestellte für einen

[69] Ein Vorsitzender, sein Stellvertreter, ein Sekretär, zehn Repräsentanten der verschiedenen Bereiche der Oper Hannover, eine Frauenbeauftragte, eine Jugend- und Auszubildendenvertretung und ein Schwerbehindertenobmann bilden gemeinsam den **Betriebsrat** der Staatsoper Hannover.

reibungslosen Ablauf der dort stattfindenden Tätigkeiten und Vorstellungen sorgen: dem so genannten *„Schauspielhaus Hannover"*, dessen Infrastruktur ganz speziell auf diesen künstlerischen Zweig ausgerichtet ist.

In der Spielzeit 2013/2014, beschäftigte das *Staatstheater Hannover* insgesamt über **922 Menschen**. Dazu kamen **271 Mitarbeiter** mit produktionsbezogenen Gastverträgen und **69 Abendgäste** (die für eine einzige Vorstellung engagiert wurden).

An dieser Stelle möchte ich den Bogen zurück zu dem Kapitel ***„Darauf kommt es an"*** schlagen und noch einmal betonen *„Die Schaffung von Arbeitsplätzen und von bezahlten Tätigkeiten innerhalb des Kunstsystems ist eine große soziokulturelle Investition, von der der Staat sehr wohl profitiert."* Und ich möchte hinzufügen, dass es nicht nur der Staat ist, der hier profitiert, sondern auch die Region, für die ein solch großer Arbeitgeber ein starker sozialer und wirtschaftlicher Impuls ist - und natürlich die Bevölkerung selbst. Die Staatsoper Hannover ist (als Zweig des Staatstheaters Hannover) ein gutes Beispiel dafür, welch gewaltige Kreise die Investition in Kunst und Kultur zieht.

Schließen möchte ich an dieser Stelle mit der *Schlussbetrachtung* des *IZA Diskussionspapiers* der Wissenschaftler **Oliver Falck, Michael Fritsch** und **Stephan Heblich,** das ich hier nahezu ungekürzt wiedergebe:
„Natürlich ist Kultur nicht umsonst zu haben. Auch wird Kultur im Vergleich zu vielen anderen Produkten, bei denen relativ hohe Produktivitätsfortschritte erzielt werden können, im Zeitverlauf vergleichsweise teurer.[...]Er wies aber darauf hin, dass diese »Kostenkrankheit« noch lange kein Argument dafür sei, in den betreffenden Bereichen übermäßig zu sparen. Unsere Studie liefert nun auch eine normative Untermauerung für dieses Argument, indem sie die positiven externen Effekte von Kultur auf die wirtschaftliche Entwicklung von Regionen empirisch belegt. Kulturelle Einrichtungen können die Attraktivität einer Region für Hochqualifizierte wesentlich erhöhen. Viele ihrer Wirkungen sind langfristig und eher »atmosphärischer« Natur, weshalb sie sich einer direkten Messung auch häufig entziehen. Gerade deshalb ist es wichtig, auf solche positiven indirekten Wirkungen hinzuweisen, damit sie im Rahmen von Budgetentscheidungen nicht vernachlässigt werden."[70]

---

[70] http://www.theater-neu-ulm.de/cmsroot/pdf/prunksucht.pdf -

Geschichte

Im Jahr 1845 beauftragte König ***Ernst August von Hannover*** *seinen Hofbaumeister* ***Georg Friedrich Ludwig Laves*** *mit der Planung eines neuen Opernhauses. Eingeweiht wurde die Oper unter dem Namen „Königliche Oper Niedersachsen" allerdings erst sieben Jahre später, am 1. September 1852, bereits unter der Herrschaft von* ***Georg V****. Am 26. Juli 1943 wurde sie bei alliierten Luftangriffen durch Brandbomben nahezu vollkommen zerstört. Ihre Außenmauern waren die einzigen architektonischen Überlebenden und wurden in der Folgezeit wieder aufgebaut, wobei man einige Änderungen vornahm, um das Gebäude an die Bedürfnisse des 20. Jahrhunderts anzupassen. Die kulturelle Aktivität lief jedoch in dieser „theaterlosen" Zeit an verschiedenen Stellen der Stadt ununterbrochen weiter - wenn auch unter etwas dürftigen Umständen. Man spielte inmitten der Trümmer, die nach dem Brand geblieben waren. Zeitzeugen, die heute noch am Leben sind, erzählen phantastische Geschichten von damals. Sie berichten von den langen Wegen, die das Publikum freudig auf sich nahm - oftmals mehr als 10 Kilometer - um Künstler und Tanz-, Theater- oder Opernaufführungen zu sehen. Die öffentlichen Verkehrsmittel waren vollkommen zerstört, und so zogen Familien und Gruppen von Freunden „trällernd und tanzend durch die Stadt" (so lauten die Berichte), unterwegs zu diesen so geschätzten Veranstaltungen. Manchmal war der Eintrittspreis ein Stück Kohle - das dann verwendet wurde, um den Veranstaltungsort zu beheizen - oder Ziegel und Steine - die man für den Wiederaufbau der Theaterhäuser benötigte.*

„Die Menschen hatten nicht nur Hunger nach Essbarem, sondern nach den Jahren der Barbarei auch Hunger nach Kultur", *betont* ***Herr Braasch****.*

Weitere Arten der Unterhaltung gab es in diesen „dunklen" Zeiten kaum. Am 16. Januar 1950 nahm man Gespräche zum Wiederaufbau des Opernhauses auf. Man lobte einen nationalen Wettbewerb für Architekten aus, wobei das Hauptaugenmerk auf der Rekonstruktion des Parketts und der Ränge lag, unter Verwendung der architektonischen Struktur von ***Laves*** *aus dem 19. Jahrhundert. Allerdings sollte auch Raum für eine notwendige Steigerung des Fassungsvermögens bleiben. Vorgesehen war, ungefähr 1300 Plätze für Zuschauer einzurichten. Man einigte sich auf einen Wiederaufbau des Notwendigsten, und in einer Rekordzeit von nur 10 Monaten und mit relativ geringen Kosten in Höhe von 3 Millionen D-Mark wurde - unter der Leitung von Werner Kallmorgen - die erste Bauphase des damals „Oper Hannover" genannten Gebäudes fertig gestellt. Im Dezember 1950 nahm man dort mit einer armselig ausgestatteten Bühne und einem Zuschauerraum, in dem nur* *das Parkett und der 1. Rang genutzt werden konnten, die kulturelle Tätigkeit wieder auf. Seit 1992 wird das Haus nun zu 100% vom Bundesland Niedersachsen finanziert und trägt seitdem den Namen „Staatsoper Hannover".*[71]

Natürlich hat es diese Bemühungen um Erhaltung und Wiederaufbau von Tanz und Künsten - und selbstverständlich deren Genuss - zur damaligen Zeit (1950) nicht nur in Hannover gegeben. Sie haben auf gleiche Weise im ganzen Land stattgefunden, ob nun im Norden, im Süden, im Osten oder im Westen[72]. Das sei an dieser Stelle noch einmal mit aller Deutlichkeit - und als **Schlussakkord** - erwähnt.

---

[71] Informationsquellen:

- *„Das Opernhaus in Hannover: Architektur u. Theatergeschichte"* / hrsg. von Sabine Hammer - Seite 97 - 98 / Schlütersche, 1986 - ISBN 3-87706-029-3
- Ausstellung **Tanzstadt Hannover V** - *„Fliegeralarm und Puppenfee"* - Geschichte des Tanzes in der Staatsoper Hannover - In einer Initiative von **Steven Markusfeld** - Von der Künstlerin **Gudrun Pätzold** und den Ballettkennerinnen **Sylvia und Maritta Kadlec** - Mit dabei u. a. eine Bilderausstellung von **Marlis Nation-Dixon** (geb. Berthmann - damalige Solotänzerin an der Staatsoper Hannover) und mehr als 30 Berichte von Zeitzeugen.
- Private Erzählungen

[72]*„**DDR** - Politisches Theater im Dienste des Sozialismus (Sozialistischer Realismus); -Staatlich gefördert (**größte Theaterdichte der Welt**); -zentralistisch organisiert; -staatliche Kontrolle (z.B. der Spielpläne),Im Mittelpunkt muss der neue Mensch stehen, der Kämpfer für ein einheitliches Deutschland, der Aktivist, der Held des sozialistischen Aufbaus'*
***BRD** -Unterhaltungstheater (hohe Zuschauerzahlen); -staatlich gefördert; -föderalistisch strukturiert (Länder/ Städte); -Kunstfreiheit im Grundgesetz verankert Artikel 5"*
Entnommen aus der Website: http://www.theaterwissenschaft.uni-muenchen.de/studium/lehrveranstaltungen/materialien/vorles_kaz/material-th_heute/th_ger_natith_bis_ht_15.pdf - Stand von Februar 2016

DIE STAATSOPER HANNOVER

Winter 2013 (©Lilit Hakobyan)

-Bonusmaterial-

„Ein Arbeitstag" - Staatsoper Hannover 2010©Privatarchiv

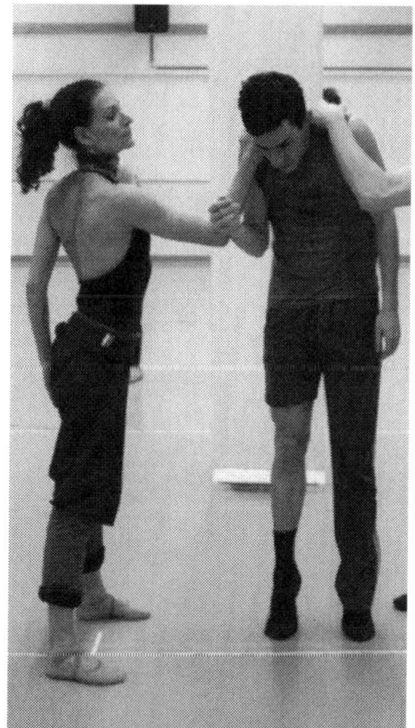

Mit David Blasquez

Mit Jörg Mannes
&
Mathias Brühlmann
←

Mit
Catherine Franco→

Mit David Blasquez, Denis
Piza & Catherine Franco
↓

Mit Marco Boschetti

#Tanz #Körper #Seele

#Tanz #Körper #Seele - Cássia Lopes

17583370R00189

Printed in Poland
by Amazon Fulfillment
Poland Sp. z o.o., Wrocław